MBA BEDRIJFSADMINISTRATIE MET RESULTAAT
THEORIEBOEK

D1722755

De studiemethode Moderne Bedrijfsadministratie (MBA) bestaat uit:

MBA Bedrijfsadministratie met resultaat (3ᵉ druk)	
Theorieboek	ISBN 978-94-63170-77-2
Opgavenboek	ISBN 978-94-63170-78-9
Uitwerkingenboek	ISBN 978-94-63170-79-6
MBA Kostencalculatie met resultaat (3ᵉ druk)	
Theorieboek	ISBN 978-94-63170-87-1
Opgavenboek	ISBN 978-94-63170-88-8
Uitwerkingenboek	ISBN 978-94-63170-89-5
MBA Financiering met resultaat (3ᵉ druk)	
Theorieboek	ISBN 978-94-63170-97-0
Opgavenboek	ISBN 978-94-63170-98-7
Uitwerkingenboek	ISBN 978-94-63170-99-4
MBA Belastingwetgeving met resultaat (editie 2017/2018)	
Theorieboek	ISBN 978-94-63170-61-1
Opgavenboek	ISBN 978-94-63170-62-8
Uitwerkingenboek	ISBN 978-94-63170-63-5

Deze boeken zijn te bestellen via www.convoy.nl

DERDE DRUK

ANNEMIEKE LAMMERS

MBA BEDRIJFS-ADMINISTRATIE

MET RESULTAAT

THEORIEBOEK

CONVOY

Convoy Uitgevers

Dordrecht, 2017

Colofon

Auteur
A. Lammers

Uitgever
W.H.L. Muijser

Eindredactie
O. Koppenhagen

Grafische vormgeving en zetwerk
Coco Bookmedia, Amersfoort

© 2017 Convoy Uitgevers
Binnen Kalkhaven 263
3311 JC Dordrecht
tel: (078) 645 23 98
fax: (078) 645 37 56
e-mail: info@convoy.nl
website: www.convoy.nl

ISBN 978-94-63170-77-2
NUR 786

Voorwoord

Voor u ligt het theorieboek MBA Bedrijfsadministratie met resultaat, gebaseerd op de exameneisen van Bedrijfsadministratie 5 van de opleiding Moderne Bedrijfs-administratie zoals die vanaf 1 januari 2016 gelden. Het theorieboek is opgebouwd uit de volgende vijf delen:

- Deel 1: in- en verkopen van goederen en grondstoffen;
- Deel 2: kosten;
- Deel 3: de besloten vennootschap;
- Deel 4: productieboekhouding;
- Deel 5: projectgeoriënteerde ondernemingen.

In de derde druk is ook aandacht besteed aan het maken van correctiejournaalpos-ten. De theorie wordt in het eerste hoofdstuk behandeld en komt in het opgaven-boek onder de andere hoofdstukken aan de orde.

In deel 1 worden de in- en verkopen behandeld, waarbij de toepassing van de waar-deringsgrondslagen van de voorraad tegen inkoopprijs, consumentenprijs of vaste verrekenprijs centraal staat. Ook komen in dit deel de technische voorraad en de economische voorraad aan de orde.

Deel 2 gaat over het boeken van de werkelijke kosten in rubriek 4, zoals de kosten van duurzame productiemiddelen, kosten van arbeid en voorzieningen. Daarnaast wordt in dit deel aandacht besteed aan het boeken van de periodekosten en -op-brengsten. De student raakt hierdoor vertrouwd met de boekhoudprincipes, zoals het realisatiebeginsel en het matchingprincipe. Nieuwe onderwerpen in de derde druk zijn: interestresultaat en comptabele en calculatorische afschrijvingen.

In deel 3 wordt de boekhouding van de besloten vennootschap besproken, waarbij de volgende onderwerpen aan de orde komen: de oprichting, de winstverdeling, het uitgeven van aandelen en het vergroten van het maatschappelijk kapitaal, het herwaarderen van materiële vaste activa, de inbreng vanuit een eenmanszaak en de financiering met behulp van een obligatielening.

In deel 4 wordt een eerste aanzet gegeven tot het voeren van de productieboek-houding van ondernemingen met massaproductie. Hierbij staan de boekingen in rubriek 5, 6, 7, 8 en 9 centraal. Bij de bespreking van het doorberekenen van de indirecte kosten worden met name de kostenplaatsenmethode en activity based costing behandeld.

In deel 5 komen de projectgeoriënteerde ondernemingen aan de orde. Hierbij staat zowel de typologie stukproductie als de typologie dienstverlening centraal, waarbij de prestaties van de productieafdeling worden gemeten in resultaten per order.

Er is in dit boek bewust gekozen voor het behandelen van de theorie, aangevuld met cijfervoorbeelden. In deze cijfervoorbeelden wordt gebruikgemaakt van de grootboekrekeningnummers die ook tijdens het examen worden gebruikt (een overzicht hiervan is te downloaden in de digitale leeromgeving), aangevuld met grootboekrekeningnummers die in specifieke situaties nodig zijn. Hierdoor kan elke (e-learning) student zich goed voorbereiden op het examen. Daarnaast is ook aandacht besteed aan de koppeling tussen theorie en praktijk. In het boek wordt hier en daar verwezen naar praktijkvoorbeelden, zoals het gebruik van de controlerende tussenrekening Gelden onderweg bij betalingen van crediteuren middels internetbankieren.

Samen met het bijbehorende opgavenboek, het uitwerkingenboek én de digitale leeromgeving op www.mbabedrijfsadministratiemetresultaat.nl, bereidt dit boek u optimaal voor op het af te leggen examen.

Dit studieboek is met de grootst mogelijke zorgvuldigheid geschreven. Indien u echter toch nog verbeterpunten heeft, stellen wij het zeer op prijs indien u die per e-mail (info@convoy.nl) aan ons wilt doorgeven.

Annemieke Lammers
juli 2017

Inhoudsopgave

Deel 1
IN- EN VERKOPEN
VAN GOEDEREN EN
GRONDSTOFFEN

Het boekhoudkundig proces in grote lijnen

1.1 Boekhouding als onderdeel van de bedrijfsadministratie

Administratie Elk bedrijf voert een administratie, waarbij alle gegevens op papier en digitaal vastgelegd worden. Een bedrijf is een organisatie van mensen en middelen met als doel het leveren van producten of het verlenen van diensten aan andere organisaties of particulieren. De term bedrijf wordt in dit boek gebruikt voor alle ondernemingen, instellingen en andere organisaties – zowel met als zonder winstoogmerk.

Administratie, doel Het belangrijkste doel van een administratie is dat, indien gegevens systematisch verzameld, vastgelegd en verwerkt worden in de administratie, informatie beschikbaar komt waarmee:
- verantwoording afgelegd kan worden aan de leiding van het bedrijf;
- de leiding het bedrijf goed kan besturen, laten functioneren en beheersen.

Administratie, eisen Daarnaast worden ook wettelijke eisen gesteld aan het voeren van een bedrijfsadministratie, waarin niet alleen wordt aangegeven welke documenten geadministreerd moeten worden, maar waarin ook wordt aangegeven wat de bewaartermijnen van deze documenten zijn en aan welke eisen documenten moeten voldoen.

Een administratie kan onder andere bestaan uit:
- de uitgaande verkoopfacturen;
- de inkomende inkoop- en kostenfacturen;
- bankafschriften;
- kasboek en/of -register;
- contracten, offertes, overeenkomsten en andere afspraken;
- agenda's en afsprakenboeken;
- correspondentie;
- personeels- en urenregistraties.

De financiële administratie, ook wel de boekhouding genoemd, is een onderdeel van de administratie. De financiële administratie geeft een voortdurend inzicht in de financiële situatie van het bedrijf. Een belangrijke eis die aan de administratie gesteld wordt, is dat deze 'bij' (up-to-date) is. Alle financiële gegevens moeten direct vastgelegd worden.

1.2 De balans en winst-en-verliesrekening

De balans en de winst-en-verliesrekening zijn de belangrijkste overzichten waarmee inzicht in de financiële situatie van het bedrijf gegeven kan worden.

De balans

Balans De balans is een overzicht van bezittingen, schulden en eigen vermogen op een bepaald moment. Bezittingen worden ook wel kapitaal of activa genoemd.

Duurzame productiemiddelen Een bedrijf heeft dit kapitaal of deze productiemiddelen nodig om zijn bedrijfsactiviteiten uit te kunnen oefenen. Indien een bedrijf deze productiemiddelen gedurende langere tijd (lees: langer dan een jaar) in het bedrijf gebruikt, is er sprake van duurzame productiemiddelen. Voorbeelden hiervan zijn: vergunningen, bedrijfsgebouwen, machines, inventaris, vervoermiddelen en deelnemingen.

Niet duurzame productiemiddelen De niet duurzame productiemiddelen (deze gaan in het algemeen korter dan een jaar mee) oftewel het werkkapitaal van het bedrijf bestaan uit: voorraden, vorderingen, effecten en liquide middelen.

Bedrijfskapitaal In de balans wordt het bedrijfskapitaal onderscheiden in vaste activa en vlottende activa, zodat de liquiditeitspositie – dit is de mogelijkheid om op korte termijn aan de verplichtingen te voldoen – zichtbaar wordt.

Het bedrijf moet het bedrijfskapitaal financieren. De gelden waarmee wordt gefinancierd, worden het vermogen of de passiva van het bedrijf genoemd. De eigenaar kan financieren door eigen vermogen in het bedrijf te steken. Er kan ook gefinancierd worden met vreemd vermogen (vermogen door derden in de onderneming gestoken ofwel geld dat geleend wordt) aan te trekken. Omdat bij eigen vermogen geen aflossingsverplichting aanwezig is, wordt dit gezien als permanent vermogen. Vreemd vermogen moet ofwel afgelost dan wel op korte termijn terugbetaald worden. In de balans wordt voor het vreemd vermogen aangegeven of dit langer (lang vreemd vermogen) of korter (kort vreemd vermogen) dan een jaar in het bedrijf aanwezig is. Daarmee wordt ook hier de liquiditeitspositie zichtbaar.

De balans ziet er als volgt uit:

ACTIEF	PASSIEF
Vaste activa	**Eigen vermogen**
Immateriële vaste activa:	
Onderzoeks- en ontwikkelingskosten	
Vergunningen en concessies	
Goodwill	
Materiële vaste activa:	**Lang vreemd vermogen**
Bedrijfsgebouwen en –terreinen	Hypothecaire leningen o/g
Machines en installaties	Onderhandse leningen o/g
Overige bedrijfsmiddelen	
Financiële vaste activa:	
Deelnemingen	
Overige vorderingen	
Vlottende activa	**Kort vreemd vermogen**
Voorraden	Crediteuren
Vorderingen	Schuld aan bank
Overlopende activa`	Te betalen belastingen
Effecten	Te betalen posten
Liquide middelen	Overlopende passiva
TOTAAL ACTIVA	TOTAAL PASSIVA

Belangrijk kenmerk van de balans is dat deze altijd in evenwicht is. Het saldo van de bezittingen en de schulden is het eigen vermogen, ofwel:

Eigen vermogen = Totale bezittingen – totale schulden

of

Eigen vermogen = Totale activa – totale schulden

De winst-en-verliesrekening

Winst-en-verliesrekening De winst-en-verliesrekening is een overzicht van baten en lasten over een bepaalde periode en wordt ook wel een exploitatierekening of resultatenrekening genoemd.

Baten Baten zijn de werkelijke opbrengsten en andere voordelen van een onderneming die leiden tot een toename van het eigen vermogen. Voorbeeld van een bate is de opbrengst die behaald wordt met de verkoop van goederen bij een handelsonderneming.

Lasten Lasten zijn de werkelijke kosten en verliezen van een onderneming die leiden tot een afname van het eigen vermogen. Voorbeeld van lasten zijn de huurkosten van de bedrijfspand of de loonkosten van personeel.

De winst wordt aan het einde van de verslagperiode toegevoegd aan het eigen vermogen.

De winst-en-verliesrekening van een handelsonderneming (eenmanszaak), concreet met bedragen, kan er als volgt uitzien:

Netto-omzet		€ 833.000
Af: Inkoopwaarde van de omzet		- € 333.000
Brutowinst		€ 500.000
Lonen en salarissen	€ 180.000	
Huisvestingskosten	€ 150.000	
Afschrijvingskosten	€ 30.000	
Verkoopkosten	€ 12.000	
Kantoorkosten	€ 8.000	
Overige algemene kosten	€ 1.000	
Som van de kosten		- € 381.000
Bedrijfsresultaat		€ 119.000
Af: Financieringskosten		- € 90.000
Nettowinst		€ 29.000

1.3 Verwerken van financiële feiten en journaalposten

Een financieel feit dat zich voordoet, heeft altijd als gevolg dat de balans verandert. De bezittingen worden hoger of lager en/of de schulden worden hoger of lager en/of het eigen vermogen wordt hoger of lager.

Cijfervoorbeeld 1

Mevrouw A. Dekker start op 1 januari van jaar 1 met haar onderneming vanuit de eenmanszaak DEHA. De volgende volgtijdelijke financiële feiten doen zich in januari van jaar 1 voor:

1. Om startkapitaal te krijgen, stort mevrouw Dekker € 1.100 vanuit haar privébankrekening op de zakelijke bankrekening.

2. Om de bedrijfsactiviteiten uit te kunnen oefenen, huurt mevrouw Dekker een bedrijfspand. Over de maand januari van jaar 1 betaalt zij hiervoor € 100 aan huurkosten per bank.
3. DEHA koopt goederen met een inkoopprijs van € 1.000 op rekening bij de leverancier. De goederen worden dezelfde dag geleverd.
4. DEHA betaalt de leverancier € 1.000 per bank.
5. DEHA verkoopt de goederen op rekening aan een nieuwe afnemer voor een bedrag van € 1.400. De goederen worden dezelfde dag afgeleverd.
6. De afnemer betaalt de rekening van € 1.400 per bank.

Na ieder financieel feit vindt er een verandering in de balans plaats.
1. Door de storting van € 1.100 vanuit privé op de zakelijke bankrekening, neemt het bezit van DEHA toe en neemt ook het eigen vermogen toe. De balans ziet er dan als volgt uit:

Balans DEHA na financieel feit 1

ACTIEF		PASSIEF	
Bank	€ 1.100	Eigen vermogen A. Dekker	€ 1.100
	€ 1.100		€ 1.100

2. Door de betaling van huurkosten van € 100,00 neemt het bezit op de bank af. Daarnaast neemt ook het eigen vermogen met € 100,00 af, omdat er sprake is van een last. De balans ziet er dan als volgt uit:

Balans DEHA na financieel feit 2

ACTIEF		PASSIEF	
Bank	€ 1.000	Eigen vermogen A. Dekker	€ 1.000
	€ 1.000		€ 1.000

3. Door de aankoop op rekening en de levering van goederen voor € 1.000,00 neemt het bezit in de vorm van voorraad toe en neemt de schuld aan crediteuren (is de leverancier) toe. De balans ziet er dan als volgt uit:

Balans DEHA na financieel feit 3

ACTIEF		PASSIEF	
Voorraad	€ 1.000	Eigen vermogen A. Dekker	€ 1.000
Bank	€ 1.000	Crediteuren	€ 1.000
	€ 2.000		€ 2.000

De leverancier hoeft dus nog niet direct betaald te worden bij de levering van de goederen.

4. Door de betaling per bank van € 1.000 aan de leverancier neemt de schuld aan crediteuren af en nemen de bezittingen af. De balans ziet er dan als volgt uit:

Balans DEHA na financieel feit 4

ACTIEF		PASSIEF	
Voorraad	€ 1.000	Eigen vermogen A. Dekker	€ 1.000
Bank	€ 0	Crediteuren	€ 0
	€ 1.000		€ 1.000

5. Door verkoop van de goederen voor € 1.400 krijgt DEHA een vordering op de afnemer en nemen de bezittingen toe. De goederen zijn afgeleverd, dus de bezittingen in voorraden nemen met € 1.000 af. Het verschil tussen € 1.400 en € 1.000 is de winst die DEHA op deze transactie heeft behaald. Het eigen vermogen neemt daarom toe met € 400. De balans ziet er dan als volgt uit:

Balans DEHA na financieel feit 5

ACTIEF		PASSIEF	
Voorraad	€ 0	Eigen vermogen A. Dekker	€ 1.400
Debiteuren	€ 1.400	Crediteuren	€ 0
Bank	€ 0		
	€ 1.400		€ 1.400

6. Doordat de afnemer de rekening betaalt, neemt het debiteurensaldo af met € 1.400 en neemt het banksaldo toe met € 1.400. De balans ziet er dan als volgt uit:

Balans DEHA na financieel feit 6

ACTIEF		PASSIEF	
Voorraad	€ 0	Eigen vermogen A. Dekker	€ 1.400
Debiteuren	€ 0	Crediteuren	€ 0
Bank	€ 1.400		
	€ 1.400		€ 1.400

DEHA heeft nu weer geld beschikbaar om nieuwe voorraad aan te schaffen.

Na de verwerking van deze financiële feiten blijkt dat het eigen vermogen met € 300 (€ 1.400 – € 1.100) is gestegen. Deze stijging is het gevolg van de winst die de onderneming met de bovengenoemde transacties heeft behaald. Deze winst kan als volgt worden gespecificeerd:

Opbrengst verkoop	€ 1.400
Inkoopprijs van de omzet	– € 1.000
Brutowinst	€ 400
Huurkosten	– € 100
Nettowinst	€ 300

Uit bovenstaande verwerkingswijze van de financiële feiten blijkt dat voor elk financieel feit twee mutaties in de balans worden opgenomen, zodat de balans steeds in evenwicht is. Deze verwerkingswijze wordt het systeem van dubbel boek-houden genoemd. Voor ieder financieel feit wordt een journaalpost gemaakt, be-staande uit een debetboeking (linkerzijde) en een creditboeking (rechterzijde). Om een creditboeking weer te geven, wordt in de journaalpost het woord 'Aan' gebruikt.

Dubbel boekhouden

Cijfervoorbeeld 1 vervolg

De noteringswijzen van de boekingen van de financiële feiten uit het vorige cijfervoor-beeld zijn als volgt:

1. De storting van € 1.100 vanuit privé op de zakelijke bankrekening:

		Debet	Credit
	Bank	€ 1.100	
Aan	Eigen vermogen		€ 1.100

2. De betaling van huurkosten van € 100 per bank:

	Eigen vermogen	€ 100	
Aan	Bank		€ 100

3. De aankoop op rekening en de levering van goederen voor € 1.000:

	Voorraad	€ 1.000	
Aan	Crediteuren		€ 1.000

4. De betaling per bank van € 1.000 aan de leverancier:

	Crediteuren	€ 1.000	
Aan	Bank		€ 1.000

5. De verkoop op rekening voor € 1.400 van de goederen die ingekocht zijn voor
    € 1.000:

	Debiteuren	€ 1.400	
Aan	Eigen vermogen		€ 1.400
En			
	Eigen vermogen	€ 1.000	
Aan	Voorraad		€ 1.000

6. De betaling van de afnemer per bank:

	Bank	€ 1.400	
Aan	Debiteuren		€ 1.400

Het bijhouden van de financiële situatie van de onderneming is bij een beperkt
aantal financiële feiten op bovenstaande wijze goed bij te houden, maar bij meer
transacties in een verslagperiode wordt deze manier van boekhouden onoverzich-
telijker.

Grootboek-
rekeningen

Als oplossing voor dit probleem is ervoor gekozen om de financiële mutaties eerst
op grootboekrekeningen te verwerken. Op grootboekrekeningen worden gelijksoortige mutaties bijgehouden. Voor de liquide middelen worden bijvoorbeeld de
volgende grootboekrekeningen bijgehouden:
*   Kas;
*   Rabobank;
*   ING bank.

Hulprekeningen
eigen vermogen

Daarnaast worden de financiële transacties die mutaties in het eigen vermogen
veroorzaken, eerst bijgehouden op zogenoemde hulprekeningen van het eigen
vermogen. De hulprekeningen bestaan, voor zover deze betrekking hebben op
de winst, uit opbrengsten en kosten. Het saldo van de opbrengsten en kosten – de
winst – wordt aan het einde van de verslagperiode weer toegevoegd aan het eigen
vermogen.

Cijfervoorbeeld 1 vervolg

In bovengenoemd cijfervoorbeeld zullen de volgende journaalposten gemaakt worden:

1. De storting van € 1.100 vanuit privé op de zakelijke bankrekening:

		Debet	Credit
	Bank	€ 1.100	
Aan	Eigen vermogen		€ 1.100

2. De betaling van huurkosten van € 100 per bank:

	Kosten (hulprekening eigen vermogen)	€ 100	
Aan	Bank		€ 100

3. De aankoop op rekening en de levering van goederen voor € 1.000:

	Voorraad	€ 1.000	
Aan	Crediteuren		€ 1.000

4. De betaling per bank van € 1.000 aan de leverancier:

	Crediteuren	€ 1.000	
Aan	Bank		€ 1.000

5. De verkoop op rekening voor € 1.400 van de goederen die ingekocht zijn voor € 1.000:

	Debiteuren	€ 1.400	
Aan	Opbrengst verkopen (hulprekening eigen vermogen)		€ 1.400
En			
	Inkoopprijs van de omzet (hulprekening eigen vermogen)	€ 1.000	
Aan	Voorraad		€ 1.000

6. De betaling van de afnemer per bank:

	Bank	€ 1.400	
Aan	Debiteuren		€ 1.400

De winst-en-verliesrekening ziet er dan als volgt uit:

Opbrengst verkoop	€ 1.400
Inkoopprijs van de omzet	– € 1.000
Brutowinst	€ 400
Huurkosten	– € 100
Nettowinst	€ 300

De winst van € 300 wordt vervolgens toegevoegd aan het eigen vermogen.

Als vuistregel voor het boeken van journaalposten geldt:

Financieel feit	Boeking debet of credit?	Toelichting
Toename van een bezit	Debet	Bezittingen staan debet op de balans
Afname van een bezit	Credit	
Toename van een schuld	Credit	Schulden staan credit op de balans
Afname van een schuld	Debet	
Toename van eigen vermogen	Credit	Eigen vermogen staat credit op de balans
Afname van eigen vermogen	Debet	
Boeken van kosten	Debet	Kosten staan debet op de winst-en-verliesrekening
Boeken van opbrengsten	Credit*	Opbrengsten staan credit op de winst-en-verliesrekening

* Per saldo zorgt de winst (opbrengsten min kosten) voor een toename van het eigen vermogen, waardoor opbrengsten credit worden geboekt en kosten debet.

Enkelvoudige/ meervoudige journaalpost Wanneer een enkel financieel feit wordt geboekt, is er sprake van een enkelvoudige journaalpost. Het voordeel van het regelmatig boeken van financiële feiten met behulp van enkelvoudige journaalposten is dat de financiële administratie up-to-date is. Over een gehele periode kan ook een journaalpost worden geboekt van een verzameling financiële feiten, zoals de totale verkopen in een maand. Dit wordt een collectieve journaalpost genoemd. In dit boek wordt een enkele keer een collectieve journaalpost gebruikt om de boekingsgang duidelijk te maken.

1.4 Het decimale rekeningstelsel en de grootboekrekeningen

Decimaal rekeningstelsel

Tien rubrieken Het grootboekrekeningschema is een overzicht van alle grootboekrekeningen. Elke onderneming kan het grootboekrekeningschema naar eigen inzicht inrichten, waarbij het wel van belang is dat de inrichting op een dusdanige wijze plaatsvindt dat snel inzicht kan worden gegeven in vermogen en resultaat. In het verleden is er daarom voor gekozen het grootboekrekeningschema in te delen in tien rubrieken, het zogenoemde decimale rekeningstelsel.

Voor een productiebedrijf gelden daarbij de volgende rubrieken:

Rubrieknummer	Omschrijving	Balans of winst-en-verliesrekening?
0	Vaste activa, eigen vermogen, voorzieningen en lang vreemd vermogen	Balans
1	Vorderingen, liquide middelen, kort vreemd vermogen	Balans
2	Controlerende tussenrekeningen	Balans
3	Voorraad grond- en hulpstoffen	Balans
4	Directe en indirecte kosten	Winst-en-verliesrekening
5	Indirecte kosten	Winst-en-verliesrekening
6	Fabricageafdeling	Winst-en-verliesrekening
7	Voorraad gereed product en producten in bewerking	Balans
8	Verkoopafdeling	Winst-en-verliesrekening
9	Periodewinst	Winst-en-verliesrekening

De inrichting van het decimaal rekeningstelsel is zo gekozen dat het gehele productieproces gevolgd wordt, dus:

inkopen van grondstoffen (rubriek 3) → maken van kosten (rubriek 4 en 5) → fabriceren van producten (rubriek 6) → opslaan van gerede producten (rubriek 7) → verkopen van producten (rubriek 8) → presenteren van de periodewinst (rubriek 9)

Controlerende tussenrekening Een controlerende tussenrekening is een grootboekrekening die wordt gebruikt indien nog niet op de definitieve grootboekrekening kan worden geboekt, omdat financiële feiten niet altijd op hetzelfde moment plaatsvinden. De controlerende tussenrekening moet dus altijd weer gladlopen (= op nul uitkomen). Een voorbeeld van zo'n financieel feit is een kasopname. De geldopname en de afschrijving op de bankrekening vinden dan niet gelijktijdig plaats, waardoor de geldopname eerst op de grootboekrekening Kruisposten, een controlerende tussenrekening, wordt opgenomen.

Een handelsbedrijf heeft minder rubrieken nodig, namelijk:

Rubrieknummer	Omschrijving	Balans of winst-en-verliesrekening?
0	Vaste activa, eigen vermogen, voorzieningen en lang vreemd vermogen	Balans
1	Vorderingen, liquide middelen, kort vreemd vermogen	Balans
2	Controlerende tussenrekeningen	Balans
4	Kosten	Winst-en-verliesrekening
5	Indirecte kosten	Winst-en-verliesrekening
7	Voorraad handelsgoederen	Balans
8	Verkoopafdeling	Winst-en-verliesrekening
9	Periodewinst	Winst-en-verliesrekening

Een dienstverlenend bedrijf zal een mix van deze twee zijn, afhankelijk van de vraag of het dienstverlenende bedrijf kenmerken van een productiebedrijf heeft, zoals bijvoorbeeld een restaurant of een uitgeverij.

Grootboekrekeningen

De grootboekrekeningnummers zijn dan als volgt opgebouwd:
- rubrieknummer;
- groepsnummer binnen de rubriek;
- volgnummer binnen de groep.

> Een driecijferig rekeningschema is in de praktijk te beperkend gebleken, waardoor ondernemingen bij voorkeur kiezen voor een uitgebreider rekeningschema met vier of meer cijfers.

Grootboekrekeningnummers eindigend op 99 zijn bedoeld als overboekingsrekening om saldi aan het eind van een periode van een rubriek in de rubrieken 4, 5, 6, 8 en 9 over te boeken, zonder de cumulatieve informatie op de grootboekrekeningen verloren te laten gaan en de overboeking eenvoudig te houden. Dat betekent dat de kosten van alle verslagperioden in een boekjaar bij elkaar worden geteld, zodat uiteindelijk per grootboekrekening de totale kosten over een boekjaar opgenomen zijn.

Cijfervoorbeeld 2

De journaalpost die wordt geboekt om de periodewinst aan het eind van de periode over te boeken naar het eigen vermogen is:

	999	Overboekingsrekening	€ 29.000	
Aan	040	Eigen vermogen		€ 29.000

(Her)openen en afsluiten groot-boekrekeningen

Een bestaande onderneming gaat bij een volgende verslagperiode weer verder met de gegeven saldi op de eindbalans. Deze saldi worden in de nieuwe verslagperiode als beginsaldi opgenomen op de grootboekrekening. Dit wordt het (her)openen van de grootboekrekeningen genoemd. Grootboekrekeningen die betrekking hebben op de winst-en-verliesrekening worden uitsluitend bijgehouden in het verslagjaar zelf, waarbij het saldo van het voorgaande verslagjaar niet meegenomen wordt naar het nieuwe jaar. Gedurende de verslagperiode worden alle debet- en creditmutaties op de grootboekrekening bijgehouden. Aan het einde van de verslagperiode wordt de grootboekrekening afgesloten en wordt het saldo bepaald, dat naar de balans of de winst-en-verliesrekening gaat.

Cijfervoorbeeld 3

Een onderneming heeft op 1 januari een positief banksaldo van € 5.600 (een positief banksaldo staat debet op de balans). Voor de bank heeft de onderneming grootboekrekening 110 Bank in gebruik. In januari vinden de volgende bankmutaties plaats:

- 3 januari: kasopname van € 1.000;
- 10 januari: betaling leverancier van € 1.800 (verlaagt het banksaldo);
- 14 januari: ontvangst afnemer van € 2.300 (verhoogt het banksaldo);
- 18 januari: betaling energienota van € 300 (verlaagt het banksaldo);
- 21 januari: privéopname ondernemer van € 500 (verlaagt het banksaldo).

Volgens het laatste dagafschrift van januari bedraagt het banksaldo € 4.300.

De grootboekrekening 110 Bank ziet er in januari als volgt uit:

Datum	Omschrijving	Debet	Credit
01-01	Van balans	€ 5.600	
03-01	Kasopname		€ 1.000
10-01	Betaling leverancier		€ 1.800
14-01	Ontvangst afnemer	€ 2.300	
18-01	Betaling energienota		€ 300
21-01	Privéopname		€ 500
31-01	Naar balans		€ 4.300
		€ 7.900	€ 7.900
01-02	Van balans		€ 4.300

* In de praktijk is een goede omschrijving van het financiële feit van groot belang, zodat het controleren van de grootboekrekeningen uitvoerbaar blijft en informatie snel kan worden opgezocht.

1.5 Dagboeken en subadministraties

Dagboek Om de verschillende soorten financiële feiten overzichtelijk te verwerken in de financiële administratie wordt gebruikgemaakt van dagboeken. In de dagboeken worden in chronologische volgorde de gelijksoortige financiële feiten vanaf de primaire documenten in de financiële administratie geboekt c.q. bijgehouden met een verwijzing naar deze primaire documenten.

De volgende dagboeken kunnen daarvoor worden gebruikt:
- inkoopboek voor alle inkomende inkoop- en kostenfacturen*;
- verkoopboek voor alle uitgaande verkoopfacturen;
- bankboek voor alle ontvangen bankafschriften;
- kasboek voor alle kasmutaties;
- memoriaal of diverse postenboek voor alle overige financiële feiten.

* Er kan ook voor worden gekozen om een apart dagboek, het 'kostenboek', aan te maken om de kostenfacturen te verwerken.

De mutaties in het dagboek worden vervolgens door middel van een journaalpost op de verschillende grootboekrekeningen geboekt.

Subadministratie Aan de volgende grootboekrekeningen kunnen ook subadministraties gekoppeld worden:
- 130 Debiteuren;
- 140 Crediteuren;
- 300 Voorraad grondstof;
- 700 Voorraad handelsgoederen.

Subadministraties worden gebruikt om een totaalbedrag op een grootboekrekening nader te specificeren, zodat de gewenste informatie sneller uit de financiële administratie kan worden gehaald.

De mutaties in het dagboek worden dan door middel van een journaalpost niet alleen in het grootboek geboekt, maar ook op een rekening in de subadministratie. Uit de subadministratie kan dan bijvoorbeeld informatie per debiteur opgevraagd worden, zoals:
- een saldilijst;
- een openstaande postenlijst;
- een ouderdomsanalyse;
- een historische lijst.

Saldilijst Een saldilijst van debiteuren kan er als volgt uitzien:

Nummer debiteur	Naam debiteur	Openstaand saldo
1302	Debiteur B	€ 1.936
1306	Debiteur F	€ 21.175
1310	Debiteur J	€ 15.246
1318	Debiteur R	€ 2.904
	Totaal	€ 41.261

Het totaalbedrag is het bedrag dat op grootboekrekening 130 Debiteuren geboekt is. De subadministratie geeft dus aan van welke debiteuren nog geld moet worden ontvangen.

Openstaande postenlijst Een openstaande postenlijst per 28 februari kan er als volgt uitzien:

Nummer debiteur	Naam	Factuur- nummer	Factuur- datum	Verval- datum	Factuur- bedrag	Openstaand bedrag
1302	Debiteur B	21310	13-02	13-03	€ 1.936	€ 1.936
						€ 1.936
1306	Debiteur F	21325	19-02	19-03	€ 12.705	€ 7.865
		21336	24-02	24-03	€ 13.310	€ 13.310
						€ 21.175
1310	Debiteur J	21101	15-01	15-02	€ 4.719	€ 4.719
		21190	27-01	27-02	€ 10.527	€ 10.527
						€ 15.246
1318	Debiteur R	21301	04-02	04-03	€ 2.904	€ 2.904
						€ 2.904
	Totaal					€ 41.261

Uit de openstaande postenlijst kan detailinformatie per debiteur worden gehaald. Uit de bovenstaande openstaande postenlijst per 28 februari blijkt dat van debiteur J de vervaldatum verstreken is en dat deze debiteur moet worden aangemaand.

Ouderdomsanalyse De ouderdomsanalyse per 28 februari kan er als volgt uitzien:

Nummer debiteur	< 30 dagen	< 60 dagen	< 90 dagen	≥ 90 dagen	Totaal
1302	€ 1.936				€ 1.936
1306	€ 21.175				€ 21.175
1310		€ 15.246			€ 15.246
1318	€ 2.904				€ 2.904
Totaal	€ 26.015	€ 15.246			€ 41.261

Uit de ouderdomsanalyse blijkt hoelang de vorderingen openstaan.

Historische lijst De historische lijst kan er als volgt uitzien:

Nummer debiteur	Factuurbedrag dit jaar	Factuurbedrag vorig jaar
1302	€ 2.904	€ 15.488
1304	€ 9.438	€ 56.628
1308	€ 0	€ 25.531
1310	€ 15.246	€ 182.952
1313	€ 10.769	€ 129.228
1318	€ 8.470	€ 0
Etc.		

Uit de historische lijst kan informatie per debiteur gehaald worden over de verkopen in dit jaar in vergelijking met het vorige jaar. Aan debiteur 1308 hebben vorig jaar wel verkopen plaatsgevonden, terwijl er in dit jaar nog niets verkocht is aan deze debiteur. Wellicht is dit aanleiding om weer eens contact met deze klant op te nemen.

1.6 Permanence en boekhoudkundige principes

Een eis die wordt gesteld aan een financiële administratie is dat de verwerkte financiële gegevens onmiddellijk worden verwerkt en dat steeds de vereiste informatie uit de financiële administratie kan worden opgevraagd. De financiële administratie moet dan dusdanig ingericht worden dat na afloop van een verslagperiode – dit kan maandelijks, per kwartaal, per halfjaar of per jaar zijn – inzicht kan worden gegeven in vermogen en resultaat.

Zuivere rekeningen Om aan deze eis te voldoen, moet van de te gebruiken grootboekrekeningen steeds worden aangegeven of dit balans- of winst-en-verliesrekeningen zijn. Dit wordt in de theorie ook wel aangeduid als het gebruiken van zuivere rekeningen.

Permanence de l'inventaire, des profits et des pertes Uit het Frans komt de term 'permanence de l'inventaire, des profits et des pertes', vrij vertaald: 'een voortdurend overzicht van bezittingen, schulden, winsten en verliezen'. Hierbij gaat het erom dat de boekhoudkundige principes c.q. toerekeningsprincipe juist worden toegepast.

Deze boekhoudkundige principes bestaan uit:
- het realisatieprincipe;
- het matchingprincipe;
- het voorzichtigheidsprincipe;
- het stelselmatigheidsprincipe.

Realisatieprincipe

Realisatieprincipe Met het realisatieprincipe wordt bedoeld dat opbrengsten c.q. winsten moeten worden genomen op het moment dat zij zijn gerealiseerd. Voor het realisatiemoment van een verkoopopbrengst moeten de volgende momenten in acht worden genomen:
- het sluiten van de verkoopovereenkomst;
- het leveren van de goederen;
- het sturen van de verkoopfactuur;
- het ontvangen van het verkoopbedrag.

In de praktijk wordt meestal het leveringsmoment van de goederen beschouwd als het realisatiemoment, maar in de bedrijfsadministratie wordt de opbrengst in de winst-en-verliesrekening meestal geboekt op het moment van het sturen van de verkoopfactuur.

Matchingprincipe

Matchingprincipe Bij het matchingprincipe gaat het om het moment van opname van de kosten in de winst-en-verliesrekening. Hierbij kan onderscheid worden gemaakt tussen:
- productmatching;
- periodematching.

Productmatching Bij productmatching worden de inkoopkosten van goederen en grondstoffen eerst in de balans onder de voorraden opgenomen. Pas bij verkoop van de goederen of het gebruik van de grondstoffen worden de inkoopkosten in de winst-en-verliesrekening opgenomen. Dus bij iedere boeking van een verkoopfactuur wordt ook de inkoopwaarde van de omzet in rubriek 8 geboekt.

Periodematching Bij periodematching worden de kosten aan de juiste periode toegerekend, onge-acht of deze in dezelfde periode zijn betaald.

Voorbeeld

De huur van een bedrijfspand voor de maand november wordt op 2 december betaald. De huur moet nu wel als kostenpost in de maand november worden opgenomen, ondanks het feit dat de betaling pas in december plaatsvindt.

Voorzichtigheidsprincipe

Voorzichtigheids- Met het voorzichtigheidsprincipe wordt bedoeld dat verliezen en risico's die hun
principe oorsprong vinden voor het einde van het boekjaar en die voor het opmaken van de jaarrekening bekend zijn, als verlies in de winst-en-verliesrekening moeten worden opgenomen.

Voorbeeld

Op 29 oktober van jaar 1 is een verkoopfactuur aan een afnemer gestuurd van € 100.000. Aan de afnemer zijn in de maanden november en december van jaar 1 diverse aanmaningen gestuurd. Op 15 januari van jaar 2 blijkt de afnemer failliet te zijn gegaan. Dit verlies vindt dus zijn oorsprong in jaar 1 en moet in jaar 1 in de winst-en-verliesrekening worden opgenomen.

Het stelselmatigheidsprincipe

Stelselmatigheids- Met het stelselmatigheidsprincipe wordt bedoeld dat in de verslaggevingsperioden
principe zo veel mogelijk dezelfde grondslagen moeten worden toegepast.

Voorbeeld

Een handelsonderneming neemt de voorraad in januari op de balans op tegen de inkoopprijs. Dit betekent dat de onderneming in februari en volgende maanden de voorraad steeds tegen de inkoopprijs blijft opnemen.

1.7 De omzetbelasting

Ondernemerschap De Belastingdienst stelt ondernemerschap voor de omzetbelasting vast indien zelf-
voor OB standig een bedrijf of beroep wordt uitgeoefend. De ondernemer moet dan over zijn geleverde goederen en/of diensten omzetbelasting berekenen en afdragen aan de Belastingdienst. Het algemene tarief voor de omzetbelasting is 21%. Een onderne-

mer kan gebruikmaken van het verlaagde tarief van 6% bij bijvoorbeeld voedings-middelen, boeken en water of 0% bij export naar niet-EU-landen. Daartegenover kan de ondernemer de betaalde omzetbelasting over de kosten verrekenen met de af te dragen omzetbelasting, dan wel terugvragen aan de Belastingdienst.

Boeking OB De verschuldigde omzetbelasting over de opbrengsten (leveringen en diensten) wordt in de financiële administratie geboekt op grootboekrekening 175 Verschul-digde OB (regel 1a en 1b van de aangifte omzetbelasting). De betaalde omzet-belasting over de kosten wordt geboekt op grootboekrekening 170 Te verrekenen OB (regel 5b van de aangifte omzetbelasting). Het privégebruik van de ondernemer wordt op een aparte regel (regel 1d van de aangifte omzetbelasting) aangegeven. De omzetbelasting over dit privégebruik wordt in de financiële administratie ge-boekt op 175 Verschuldigde OB.

Een maand na afloop van de aangifteperiode (meestal maandelijks) wordt de aan-gifte ingediend bij de Belastingdienst en wordt de te betalen omzetbelasting be-taald.

Voorbeeld
De aangifte omzetbelasting over januari wordt uiterlijk eind februari bij de Belasting-dienst ingediend en betaald.

In de financiële administratie worden de saldi van de grootboekrekeningen 170 en 175 overgeboekt naar de grootboekrekening 176 Te betalen OB of 177 Terug te vorderen OB. De journaalpost die in het memoriaal aan het einde van de verslag-periode wordt gemaakt, is:

	175	Verschuldigde OB	€	
Aan	170	Te verrekenen OB		€
Aan	176	Af te dragen OB		€

Of:

	175	Verschuldigde OB	€	
	177	Terug te vorderen OB	€	
Aan	170	Te verrekenen OB		€

21

Voorbeeld aangifte omzetbelasting

Gegevens omzet en omzetbelasting	Bedrag waarover omzetbelasting wordt berekend	Omzetbelasting
1 Prestaties binnenland		
1a Leveringen/diensten belast met hoog tarief	€	€
1b Leveringen/diensten belast met laag tarief	€	€
1c Leveringen/diensten belast met overige tarieven, behalve 0%	€	€
1d Privégebruik	€	€
1e Leveringen/diensten belast met 0% of niet bij u belast	€	
2 Verleggingsregelingen binnenland		
2a Leveringen/diensten waarbij de omzetbelasting naar u is verlegd	€	€
3 Prestaties naar of in het buitenland		
3a Leveringen naar landen buiten de EU (uitvoer)	€	
3b Leveringen naar of diensten in landen binnen de EU	€	
3c Installatie/afstandsverkopen binnen de EU	€	
4 Prestaties vanuit het buitenland aan u verricht		
4a Leveringen/diensten uit landen buiten de EU	€	€
4b Leveringen/diensten uit landen binnen de EU	€	€ _____ +
5 Voorbelasting, kleineondernemersregeling, schatting en eindtotaal		
5a Omzetbelasting (rubrieken 1 t/m 4)		€ 0
5b Voorbelasting		€ _____ -
5c Subtotaal (rubriek 5a min 5b)		€ 0
5d Vermindering volgens de kleineondememersre-geling		€
5e Schatting vorige aangifte(n)		€
5f Schatting deze aangifte		€ _____ +/-
Totaal ☒ te betalen. Maak het bedrag over op rekeningnummer NL86 INGB 0002 4455 88 t.n.v. Belastingdienst Apeldoom		€ 0

Een onderneming kan ook vrijgestelde prestaties leveren. Gevolg hiervan is dat zij over de geleverde goederen en diensten geen omzetbelasting hoeft te berekenen, maar dat daartegenover de betaalde omzetbelasting over kosten niet kan worden verrekend. De kosten worden dan inclusief omzetbelasting geboekt in de financiële administratie.

Tip

Gebruik bij het maken van journaalposten met betrekking tot inkopen/kosten altijd grootboekrekening 170 Te verrekenen OB, ook als het om een creditfactuur gaat.

Gebruik bij het maken van journaalposten met betrekking tot verkopen/opbrengsten en privégebruik altijd grootboekrekening 175 Verschuldigde OB, ook als het om een creditfactuur gaat.

1.8 De kolommenbalans en de voorafgaande journaalposten

Kolommenbalans Met behulp van de kolommenbalans worden de balans en de winst-en-verliesrekening opgesteld vanuit de grootboekrekeningen.

De kolommenbalans bestaat uit de volgende onderdelen:
- proefbalans;
- saldibalans;
- voorafgaande journaalposten;
- gecorrigeerde saldibalans;
- winst-en-verliesrekening;
- balans.

Proefbalans De proefbalans bevat in twee kolommen de telling van de gedebiteerde bedragen en de telling van de gecrediteerde bedragen van alle bijgewerkte grootboekrekeningen. Uitgaande van het gehanteerde systeem van dubbel boekhouden, moeten de tellingen van de twee kolommen aan elkaar gelijk zijn.

Saldibalans De saldibalans bevat in twee kolommen van alle bijgewerkte grootboekrekeningen de gesaldeerde bedragen uit de proefbalans. Ook hierbij moeten de tellingen van de twee kolommen aan elkaar gelijk zijn.

De laatste correcties die nog in de saldibalans moeten worden gemaakt, worden opgenomen in de voorafgaande journaalposten. Bij elke voorafgaande journaalpost wordt een debet- en een creditboeking gemaakt, zodat de tellingen van de twee kolommen aan elkaar gelijk zijn.

Gecorrigeerde saldibalans De saldi op de grootboekrekeningen worden nu opnieuw bepaald na verwerking van de voorafgaande journaalposten. Dit levert de gecorrigeerde saldibalans op.

Winst-en-
verliesrekening

Vervolgens worden vanuit de gecorrigeerde saldibalans de balans en de winst-en-verliesrekening samengesteld. De kosten en opbrengsten van de grootboek-rekeningen die beginnen met 4, 5, 6, 8 of 9 worden in de twee kolommen van de winst-en-verliesrekening geplaatst. De grootboekrekeningen uit de rubrieken 0, 1, 2, 3 en 7 worden in de twee kolommen van de balans geplaatst. De totaaltellingen van de twee kolommen van de winst-en-verliesrekeningen moeten aan elkaar gelijk zijn. Het verschil tussen de opbrengstkolom (credit) en de kostenkolom (debet) is de winst over de verslagperiode en deze wordt als saldopost in de debetkolom van de winst-en-verliesrekening opgenomen. In de balans wordt de winst als saldopost toegevoegd aan het eigen vermogen. Heeft de onderneming in de verslagperiode verlies geleden, dan wordt dit verlies als saldopost in de creditkolom van de winst-en-verliesrekening opgenomen. In de balans wordt het eigen vermogen dan verminderd met het geleden verlies.

Kolommenbalans

De kolommenbalans bestaat uit 14 kolommen. Daarom wordt de kolommenbalans in de praktijk uitgewerkt op 14-kolommenpapier (tegenwoordig geautomatiseerd in het boekhoudpakket opgenomen).

Voorbeeld kolommenbalans

1	2	3	4	5	6	7	8	9	10	11	12	13	14
Groot-boek-rekening-nummer	Omschrij-ving	Proefbalans		Saldibalans		Vooraf-gaande journaal-posten		Gecor-rigeerde saldibalans		Winst-en-verlies-rekening		Balans	
		Debet	Credit	Debet	Credit	Debet	Credit	Debet	Credit	Debet	Credit	Debet	Credit
090	Eigen vermogen												
	Winst									€			

Cijfervoorbeeld 4

Een handelsonderneming, uitgeoefend in de vorm van een eenmanszaak, heeft de volgende proef- en saldibalans over jaar 1 opgesteld:

		Proefbalans		Saldibalans	
		Debet	Credit	Debet	Credit
020	Inventaris	€ 80.000	€ 15.000	€ 65.000	€ 0
090	Eigen vermogen	€ 0	€ 160.000	€ 0	€ 160.000
091	Privé	€ 36.200	€ 5.000	€ 31.200	€ 0
100	Kas	€ 3.200	€ 400	€ 2.800	€ 0
110	Bank	€ 905.490	€ 838.200	€ 67.290	€ 0
130	Debiteuren	€ 744.150	€ 677.600	€ 66.550	€ 0
140	Crediteuren	€ 592.900	€ 641.300	€ 0	€ 48.400
170	Te verrekenen OB	€ 117.600	€ 420	€ 117.180	€ 0
175	Verschuldigde OB	€ 630	€ 129.150	€ 0	€ 128.520
176	Af te dragen OB	€ 0	€ 0	€ 0	€ 0
400	Brutolonen	€ 38.100	€ 0	€ 38.100	€ 0
421	Afschrijvingskosten inventaris	€ 15.000	€ 0	€ 15.000	€ 0
430	Huurkosten	€ 24.000	€ 0	€ 24.000	€ 0
700	Voorraad goederen	€ 527.000	€ 438.300	€ 88.700	€ 0
800	Inkoopwaarde van de omzet	€ 435.000	€ 2.100	€ 432.900	€ 0
850	Opbrengst verkopen	€ 3.200	€ 615.000	€ 0	€ 611.800
910	Kasverschillen	€ 0	€ 0	€ 0	€ 0
920	Voorraadverschillen	€ 0	€ 0	€ 0	€ 0
	Totaal	€ 3.522.470	€ 3.522.470	€ 948.720	€ 948.720

Na controle van de grootboekrekeningen blijkt dat nog de volgende correcties in de saldibalans gemaakt moeten worden:

- Het kassaldo moet volgens de inventarisatie € 2.760 zijn.
- Volgens de aangifte omzetbelasting moet over jaar 1 € 11.340 omzetbelasting worden betaald.
- De voorraad is volgens de inventarisatie € 89.000.

Gevraagd:
1. Welke voorafgaande journaalposten moeten naar aanleiding van bovengenoemde correcties nog worden gemaakt?
2. Hoe ziet de gecorrigeerde saldibalans er na boeking van de voorafgaande journaalposten uit?
3. Werk de kolommenbalans verder uit in een balans en een winst-en-verliesrekening over jaar 1.
4. Geef een verklaring voor het bedrag van het eigen vermogen op de balans.

Uitwerking:

1. De volgende voorafgaande journaalposten moeten nog worden gemaakt in het memoriaal:

a. Correctie kassaldo:

	910	Kasverschillen (€ 2.800 – € 2.760)	€ 40	
Aan	100	Kas		€ 40

Het kassaldo is in werkelijkheid lager dan in de administratie, dus moet de grootboekrekening Kas credit worden geboekt.

b. Aangifte omzetbelasting:

	175	Verschuldigde OB	€ 128.520	
Aan	170	Te verrekenen OB		€ 117.180
Aan	176	Af te dragen OB		€ 11.340

c. Correctie voorraad:

	700	Voorraad goederen	€ 300	
Aan	920	Voorraadverschillen		€ 300

2. De gecorrigeerde saldibalans ziet er na boeking van de voorafgaande journaalposten als volgt uit:

		Saldibalans		Voorafgaande Journaalposten		Gecorrigeerde saldibalans	
		Debet	Credit	Debet	Credit	Debet	Credit
020	Inventaris	€ 65.000	€ 0	€ 0	€ 0	€ 65.000	€ 0
090	Eigen vermogen	€ 0	€ 160.000	€ 0	€ 0	€ 0	€ 160.000
091	Privé	€ 31.200	€ 0	€ 0	€ 0	€ 31.200	€ 0
100	Kas	€ 2.800	€ 0	€ 0	€ 40	€ 2.760	€ 0
110	Bank	€ 67.290	€ 0	€ 0	€ 0	€ 67.290	€ 0
130	Debiteuren	€ 66.550	€ 0	€ 0	€ 0	€ 66.550	€ 0
140	Crediteuren	€ 0	€ 48.400	€ 0	€ 0	€ 0	€ 48.400
170	Te verrekenen OB	€ 117.180	€ 0	€ 0	€ 117.180	€ 0	€ 0
175	Verschuldigde OB	€ 0	€ 128.520	€ 128.520	€ 0	€ 0	€ 0
176	Af te dragen OB	€ 0	€ 0	€ 0	€ 11.340	€ 0	€ 11.340
400	Brutolonen	€ 38.100	€ 0	€ 0	€ 0	€ 38.100	€ 0
421	Afschrijvingskosten inventaris	€ 15.000	€ 0	€ 0	€ 0	€ 15.000	€ 0
430	Huurkosten	€ 24.000	€ 0	€ 0	€ 0	€ 24.000	€ 0
700	Voorraad goederen	€ 88.700	€ 0	€ 300	€ 0	€ 89.000	€ 0
800	Inkoopwaarde van de omzet	€ 432.900	€ 0	€ 0	€ 0	€ 432.900	€ 0
850	Opbrengst verkopen	€ 0	€ 611.800	€ 0	€ 0	€ 0	€ 611.800
910	Kasverschillen	€ 0	€ 0	€ 40	€ 0	€ 40	€ 0
920	Voorraadverschillen	€ 0	€ 0	€ 0	€ 300	€ 0	€ 300
	Totaal	€ 948.720	€ 948.720	€ 128.860	€ 128.860	€ 831.840	€ 831.840

3. Uitwerken kolommenbalans in een balans en een winst-en-verliesrekening:

		Gecorrigeerde saldibalans		Winst-en-verliesrekening		Balans	
		Debet	Credit	Debet	Credit	Debet	Credit
010	Inventaris	€ 65.000	€ 0	€ 0	€ 0	€ 65.000	€ 0
090	Eigen vermogen	€ 0	€ 160.000	€ 0	€ 0	€ 0	€ 230.860
091	Privé	€ 31.200	€ 0	€ 0	€ 0	€ 0*	€ 0
100	Kas	€ 2.760	€ 0	€ 0	€ 0	€ 2.760	€ 0
110	Bank	€ 67.290	€ 0	€ 0	€ 0	€ 67.290	€ 0
130	Debiteuren	€ 66.550	€ 0	€ 0	€ 0	€ 66.550	€ 0
140	Crediteuren	€ 0	€ 48.400	€ 0	€ 0	€ 0	€ 48.400
170	Te verrekenen OB	€ 0	€ 0	€ 0	€ 0	€ 0	€ 0
175	Verschuldigde OB	€ 0	€ 0	€ 0	€ 0	€ 0	€ 0
176	Af te dragen OB	€ 0	€ 11.340	€ 0	€ 0	€ 0	€ 11.340
400	Brutolonen	€ 38.100	€ 0	€ 38.100	€ 0	€ 0	€ 0
421	Afschrijvingskosten inventaris	€ 15.000	€ 0	€ 15.000	€ 0	€ 0	€ 0
430	Huurkosten	€ 24.000	€ 0	€ 24.000	€ 0	€ 0	€ 0
700	Voorraad goederen	€ 89.000	€ 0	€ 0	€ 0	€ 89.000	€ 0
800	Inkoopwaarde van de omzet	€ 432.900	€ 0	€ 432.900	€ 0	€ 0	€ 0
850	Opbrengst verkopen	€ 0	€ 611.800	€ 0	€ 611.800	€ 0	€ 0
910	Kasverschillen	€ 40	€ 0	€ 40	€ 0	€ 0	€ 0
920	Voorraadver- schillen	€ 0	€ 300	€ 0	€ 300	€ 0	€ 0
	Winst	€ 0	€ 0	€ 102.060	€ 0	€ 0*	€ 0
	Totaal	€ 831.840	€ 831.840	€ 612.100	€ 612.100	€ 290.600	€ 290.600

* De privéopnamen op grootboekrekening 091 en de winst worden aan het einde van het jaar overgeboekt naar grootboekrekening 090 Eigen vermogen.

4. Het eigen vermogen op de balans kan als volgt worden verklaard:

Eigen vermogen begin van jaar 1	€ 160.000
Bij: winst jaar 1	€ 102.060
Af: privéopnamen	− € 31.200
Eigen vermogen eind van jaar 1	€ 230.860

1.9 Het gemak van automatisering

Automatisering De introductie van softwarepakketten heeft het boekhoudkundige proces aanzienlijk efficiënter en effectiever gemaakt.

De computer vervangt veel handmatige handelingen, zoals:
- het invullen van de journalen in de dagboeken;
- het invullen van de grootboekkaarten en subgrootboekkaarten naar aanleiding van de journalen;
- het (her)openen en afsluiten van grootboekkaarten;
- het aansluiten van de subadministratie met het grootboek;
- het uitwerken van een kolommenbalans.

De computer neemt ook het grootste deel van het rekenwerk over, waardoor informatie veel sneller vanuit de financiële administratie beschikbaar komt. Daarnaast kan bij een goede inrichting van de financiële administratie ook veel meer informatie beschikbaar komen, door bijvoorbeeld het toevoegen van budgetten of het gebruiken van kostenplaatsen/kostendragers. Tot slot maakt het gebruik van softwarepakketten het ook mogelijk om op een efficiënte en effectieve wijze gegevens te exporteren, zodat deze onder andere gebruikt kunnen worden voor:
- het opstellen van begrotingen;
- het opstellen van managementrapportages;
- het opstellen van de jaarrekening;
- het opstellen van de aangiften voor de Belastingdienst.

Kortom: een goede toepassing van de automatisering maakt het mogelijk om de financiële administratie efficiënt en effectief uit te voeren.

1.9.1 Het invullen van de journalen in de dagboeken

Invoerschermen

Vaste In de volgende dagboeken wordt het aantal administratieve handelingen aanzien-
tegenrekeningen lijk verminderd door gebruik te maken van vaste tegenrekeningen:
- bankboek;
- kasboek;
- verkoopboek;
- inkoopboek.

Doordat een vaste tegenrekening wordt gebruikt, kan in het softwarepakket met behulp van het invoeren van slechts één regel in een dagboek automatisch een journaalpost worden gegenereerd.

Dus de volgende invoerregel in het bankboek met vaste tegenrekening 110:

Datum	Grootboek-rekening	Valuta	Bedrag debet	Bedrag credit	Omschrijving
3 mei van jaar 1	091	Euro	2.000		Privéopname

wordt in de financiële administratie verwerkt als de volgende journaalpost:

	091	Privé		€ 2.000	
Aan	110	Bank			€ 2.000

Importeren gegevens

Het traditionele boekhoudkundige proces zorgde ervoor dat gegevens van een financieel document dubbel geregistreerd werden, vaak op de betreffende afdeling zelf en op de financiële administratie. De mogelijkheid om gegevens, zoals bankmutaties en inkoopfacturen, te importeren in de financiële administratie maakt het aantal administratieve handelingen aanzienlijk kleiner.

1.9.2 Het invullen van grootboekkaarten en subgrootboekkaarten

Indien bij het invullen van een invoerregel velden worden toegevoegd, zoals het subgrootboekrekeningnummer, het factuurnummer en de vervaldatum, kunnen automatisch de gegevens in de subadministratie worden bijgewerkt.

Dus de volgende invoerregel in het verkoopboek met vaste tegenrekening 130:

Datum	Groot-boek-rekening	Subgroot-boek-rekening	Factuur-nummer	Verval-datum	Valuta	Bedrag debet	Bedrag credit	Omschrij-ving
18-06	850	1302	1500140	18-07	Euro	2.000		Verkoop fiets

wordt in de financiële administratie verwerkt als de volgende journaalpost:

	130	Debiteuren		€ 2.000	
Aan	850	Opbrengst verkopen			€ 2.000

De instellingen in het boekhoudpakket kunnen naar eigen wens worden ingericht. In dit geval betekent de kolom 'Bedrag debet' dat € 2.000 debet op grootboek-rekening 130 wordt geboekt.

In het verkoopboek wordt door het verplicht invullen van subgrootboekrekenin-gen, factuurnummers en vervaldata, automatisch de subadministratie debiteuren bijgewerkt. Vanuit de bovengenoemde invoerregel wordt dus ook informatie over factuurnummer en vervaldatum op subgrootboekrekening 1302 bijgehouden.

Door deze automatische koppeling komen er geen verschillen voor tussen groot-boekrekening 130 Debiteuren en de subadministratie debiteuren. Informatie uit de debiteurenadministratie is direct beschikbaar, zoals:
- een saldilijst;
- een openstaande postenlijst;
- een ouderdomsanalyse;
- een historische lijst.

1.9.3 Het doen van de aangifte omzetbelasting

Omzetbelasting-code In de financiële administratie wordt bij het invoeren van verkoopfacturen, inkoop-facturen en kostenfacturen ook een omzetbelastingcode ingevuld. Deze correspon-deert met de plaats waar de omzetbelasting moet worden verwerkt in de aangifte omzetbelasting.

Bijvoorbeeld:
- OB-code 1: leveringen/diensten belast met hoog tarief (aangifteregel 1a);
- OB-code 2: leveringen/diensten belast met laag tarief (aangifteregel 1b);
- OB-code 3: voorbelasting (aangifteregel 5b).

Dus de volgende invoerregel in het verkoopboek met vaste tegenrekening 130:

Datum	Groot-boek-rekening	Subgroot-boek-rekening	Factuur-nummer	Verval-datum	Valuta	Bedrag debet	Bedrag credit	OB-code	OB-bedrag	Omschrij-ving
18-06	850	1302	1500140	18-07	Euro	2.420		1		Verkoop fiets

wordt in de financiële administratie verwerkt als de volgende journaalpost:

	130	Debiteuren	€ 2.420	
Aan	175	Verschuldigde OB		€ 420
Aan	850	Opbrengst verkopen		€ 2.000

31

Het boekhoudpakket kan naar eigen wensen ingericht worden. In dit geval betekent de kolom 'Bedrag debet' dat € 2.420 debet op de grootboekrekening 130 wordt geboekt en dat het bedrag inclusief omzetbelasting is opgenomen. De computer berekent zelf het OB-bedrag op basis van de formule € 2.420 / 1,21 × 0,21.

Aan het einde van de aangifteperiode kan op deze manier op eenvoudige wijze de aangifte omzetbelasting uit de financiële administratie worden gehaald.

Periodeafsluiting/ jaarafsluiting

Om te voorkomen dat boekingen in de verkeerde periode plaatsvinden, waardoor een onjuiste aangifte omzetbelasting wordt ingediend, is het belangrijk in de financiële administratie een periodeafsluiting en een jaarafsluiting te gebruiken. Na controle van de boekingen in een verslagperiode wordt de periode afgesloten en kunnen daarin geen boekingen meer worden gemaakt.

1.9.4 Het gebruikmaken van automatische (vaste) boekingen en het maken van correctieboekingen

Aan het einde van een verslagperiode worden de boekingen gecontroleerd en worden eventuele correctieposten gemaakt. Vanuit het toerekeningsbeginsel moeten kosten en opbrengsten aan de juiste periode worden toegerekend. Daarbij kan het gebeuren dat bepaalde journaalposten periodiek (maandelijks) terugkomen. De automatisering heeft het mogelijk gemaakt deze periodiek terugkerende journaalposten automatisch te genereren. Voorbeelden van deze periodiek terugkerende journaalposten zijn:
- afschrijvingskosten van een duurzaam productiemiddel;
- transitorische posten, zoals Vooruitbetaalde bedragen of Te betalen bedragen.

Bij de maand- of jaarafsluiting controleert de financieel manager (of een soortgelijke functie op de financiële administratie) of:
1. alle financiële feiten, die betrekking hebben op de periode, geboekt zijn;
2. alle financiële feiten correct geboekt zijn.

Ad 1. Nog niet geboekte financiële feiten

Bij nog niet geboekte financiële feiten kan gedacht worden aan:
- nog niet geboekte facturen uit de verslagperiode, die nog in de crediteuren- of debiteurenadministratie moet worden opgenomen;
- nog te betalen bedragen of nog te factureren bedragen van facturen, die na de verslagperiode ontvangen c.q. verzonden zijn;
- boeken van voorraad- en kasverschillen vanuit de inventarisaties;
- boeken van extra dotaties aan de voorziening of vrijval van de voorziening naar aanleiding van de statische onderbouwing;

- boeken van de te betalen omzetbelasting naar aanleiding van de controle op de vooraangifte omzetbelasting.

Ad 2. Corrigeren van financiële boekingen

De correctieboekingen worden in het memoriaal geboekt, in die situatie dat boekingen direct worden verwerkt in de financiële administratie en geen herstelboekingen gemaakt kunnen worden. De foute journaalpost wordt dan tegengeboekt (stornoboeking) en de juiste journaalpost wordt geboekt.

Bijvoorbeeld:
Van de ontvangst van de factuur van € 9.400 exclusief 21% omzetbelasting inzake de reparatie van een machine _is_ geboekt:

	440	Onderhoudskosten	€ 4.900	
	170	Te verrekenen OB	€ 1.029	
Aan	140	Crediteuren		€ 5.929

Er heeft dus een omdraaiing van het bedrag exclusief omzetbelasting plaatsgevonden. De boeking _had_ moeten zijn:

	440	Onderhoudskosten	€ 9.400	
	170	Te verrekenen OB	€ 1.974	
Aan	140	Crediteuren		€ 11.374

In het dagboek memoriaal worden dan de volgende correctieboekingen gemaakt:

1. Stornoboeking:

	140	Crediteuren	€ 5.929	
Aan	170	Te verrekenen OB		€ 1.029
Aan	440	Onderhoudskosten		€ 4.900

2. Juiste boeking:

	440	Onderhoudskosten	€ 9.400	
	170	Te verrekenen OB	€ 1.974	
Aan	140	Crediteuren		€ 11.374

Indien tijdens het examen te weinig invoerregels beschikbaar zijn, kunnen de stornoboeking en de juiste boeking ook worden samengevoegd tot één correctie-boeking. Hierbij worden de grootboekrekeningen van beide journaalposten gesal-deerd. De volgende journaalpost wordt dan in het memoriaal gemaakt:

	440	Onderhoudskosten	€ 4.500	
	170	Te verrekenen OB	€ 945	
Aan	140	Crediteuren		€ 5.445

In de praktijk is samenvoeging niet aan te raden, omdat dat de controle van de groot-boekrekeningen moeilijker maakt.

! In het opgavenboek worden in verband met het belang van het maken van cor-rectiejournaalposten in veel hoofdstukken opgaven van correctieboekingen opge-nomen.

1.9.5 Het gebruikmaken van rapporten zoals de balans en de winst-en-verliesrekening

Rapport Vanuit de grootboekrekeningen wordt periodiek een balans en een winst-en-ver-liesrekening opgesteld. De automatisering heeft het mogelijk gemaakt de balans en de winst-en-verliesrekening direct als rapport uit te printen door:
- in de vaste gegevens van de grootboekrekeningen aan te geven of sprake is van een balansrekening of winst-en-verliesrekening (in de theorie ook wel zuivere rekeningen genoemd);
- het inrichten van de balans en winst-en-verliesrekening door grootboekrekenin-gen te koppelen aan de elementen in de balans en de winst-en-verliesrekening.

Het handmatig uitwerken van een kolommenbalans wordt daarmee overbodig.

1.10 Standaard Bedrijfsrapportage (SBR) en Referentie Grootboekschema (RGS)

Standaard Bedrijfsrapportage (SBR) Standaard Bedrijfsrapportage (SBR) is ontwikkeld op initiatief van de Nederlandse overheid in samenwerking met de Belastingdienst, de Kamers van Koophandel en diverse marktpartijen, zoals banken, accountants en softwareleveranciers. Het doel van SBR is de administratieve lasten van ondernemers te verminderen.

Met SBR kunnen financiële standaardrapportages digitaal worden uitgewisseld in-zake:

- aangiften inkomstenbelasting, vennootschapsbelasting, intracommunautaire leveringen, omzetbelasting en loonheffing via de digipoort met de Belasting-dienst;
- kredietrapportages met de banken;
- rapportages met het Centraal Bureau voor de Statistiek (CBS);
- publicatiestukken met de Kamer van Koophandel.

Referentie
Grootboekschema
(RGS)

Om de brug te slaan tussen de financiële administratie en de interne en externe rapportages, zoals de SBR-rapportages, is het Referentie Grootboekschema (RGS) ontwikkeld. Het RGS is opgebouwd uit referentiecodes die aansluiten met de SBR-programma's (middels het XBRL, dit is een open standaard om financiële gegevens uit te wisselen via het internet). Deze referentiecodes kunnen worden gekoppeld aan het eigen grootboekrekeningschema van de ondernemer in de financiële administratie of kunnen het eigen grootboekrekeningschema vervangen.

Referentiecodes

Een voorbeeld van de referentiecodes die worden gebruikt voor Overlopende pas-siva onder de Kortlopende schulden is:

Referentie-code	Referentie-nummer	Omschrijving	D/C	Niveau
BSch		Kortlopende schulden	c	2
BSchOpa	1210000	Overlopende activa	c	3
BSchOpaNto	1210010	Nog te ontvangen facturen	c	4
BSchOpaNtb	1210020	Nog te betalen kosten	c	4
BSchOpaTbr	1210030	Te betalen rente	c	4
BSchOpaVor	1210040	Vooruitontvangen rente	c	4
BSchOpaOop	1210050	Overige overlopende passiva	c	4

De indeling van de referentienummers is als volgt:

Referentienummers beginnend met	Gebruikt voor welke balans- en winst-en-verliesrekeningposten
01	Immateriële vaste activa
02	Materiële vaste activa
03	Financiële vaste activa
04	Effecten
05	Eigen vermogen
07	Voorzieningen
08	Langlopende schulden
10	Liquide middelen

Referentienummers beginnend met	Gebruikt voor welke balans- en winst-en-verliesrekeningposten
11	Vorderingen
12	Kortlopende schulden
30 + 31	Voorraad
35	Onderhanden projecten
40	Personeelskosten
41	Afschrijvingen
42	Overige bedrijfskosten
70	Inkoopwaarde van de omzet
80	Omzet
81	Wijziging voorraden
82	Overige bedrijfsopbrengsten
84	Financiële baten en lasten
85	Buitengewone baten en lasten
90	Belastingen
99	Nettoresultaat

De overeenkomst tussen het RGS en het decimaal rekeningstelsel is dat er een logische indeling gebruikt wordt voor balans- en winst-en-verliesrekeningposten.

De verschillen tussen het RGS en het decimaal rekeningstelsel zijn:
- Grootboekrekeningnummers in het decimaal rekeningstelsel zijn 3-cijferig en de referentienummers in het RGS zijn 7-cijferig.
- Rubriek 3 wordt in het decimaal rekeningstelsel gebruikt voor de voorraad grondstoffen en in het RGS voor alle voorraden.
- Rubriek 7 is in het decimaal rekeningstelsel een balansrubriek die wordt gebruikt voor de voorraad handelsgoederen, de voorraad gereed product en het onderhanden werk. Rubriek 7 is in het RGS een winst-en-verliesrekeningrubriek waarin de inkoopwaarde van de omzet wordt geboekt.
- Rubriek 4, 7, 8 en 9 volgen in het RGS het model van de externe winst-en-verliesrekening. Rubriek 4, 5, 6, 8 en 9 worden in het decimaal rekeningstelsel gebruikt om de (interne) boekingen en analyses in een productieproces mogelijk te maken.

2 Boekingen van inkopen – waardering voorraad tegen inkoopprijs

2.1 (Retour)inkopen en betaling (inkoopprijs + directe inkoopkosten + kwantumkorting)

2.1.1 Inkopen

Handelsonder-neming

Een handelsonderneming is een bedrijf dat goederen in- en verkoopt zonder iets te veranderen aan het goed zelf. Dit in tegenstelling tot een productiebedrijf, dat grondstoffen inkoopt en hiervan met de inzet van arbeid en productiemiddelen een product maakt.

De aankoop van handelsgoederen wordt, zolang deze nog niet verkocht zijn, onder de handelsvoorraden aan de debetzijde in de balans (rubriek 7) opgenomen.

Verkrijgingsprijs

De waardering van de voorraad handelsgoederen op de balans vindt plaats tegen de verkrijgingsprijs. Deze verkrijgingsprijs bestaat uit:
- de inkoopprijs;
- de bijkomende kosten.

Kwantum-kortingen en rabatten

Kwantumkortingen en rabatten met betrekking tot de inkoop worden in mindering gebracht op de inkoopprijs.

Bijkomende kosten

Onder de bijkomende kosten worden die kosten verstaan die direct met de inkoop samenhangen, zoals invoerrechten, transport- en behandelingskosten.

Inkoopwaarde van de omzet

Zodra de handelsgoederen worden verkocht, wordt de verkrijgingsprijs in de winst- en-verliesrekening als 'inkoopwaarde van de omzet' opgenomen. Bij fungibele goederen – dat zijn homogene goederen die onderling verwisselbaar zijn – doet zich het probleem voor dat bij wisselende inkoopprijzen niet duidelijk is welk goed tegen welke verkrijgingsprijs is verkocht. Voor fungibele goederen kan voor de waardering van de voorraad worden gekozen voor de volgende methoden:
- fifo (first in first out): het goed dat het eerst is ingekocht, wordt ook geacht als eerste te zijn verkocht;
- gemiddelde inkoopprijzen: bij elke nieuwe aankoop wordt op basis van de aanwezige voorraad een nieuwe gemiddelde inkoopprijs berekend. Bij verkoop

wordt dan de inkoopwaarde van de omzet geboekt tegen deze gemiddelde inkoopprijs;

- lifo (last in first out): het goed dat het laatst is ingekocht, wordt ook geacht als eerste te zijn verkocht.

Voor de boekingen van de inkoopfactuur gelden de volgende twee situaties:
1. contante inkopen;
2. inkopen op rekening.

Ad 1. Contante inkopen

Contante inkopen Bij de ontvangst van de goederen en de contante betaling van de inkoopfactuur wordt de volgende journaalpost in het kasboek gemaakt:

	700	Voorraad handelsgoederen (inkoopprijs)	€	
	170	Te verrekenen OB	€	
Aan	100	Kas (inkoopprijs inclusief OB)		€

Ad 2. Inkopen op rekening

Inkopen op rekening Bij de ontvangst van de goederen en de inkoopfactuur wordt de volgende journaalpost in het inkoopboek gemaakt:

	700	Voorraad handelsgoederen (inkoopprijs)	€	
	170	Te verrekenen OB	€	
Aan	140	Crediteuren (inkoopprijs inclusief OB)		€

En van de betaling van de inkoopfactuur wordt de volgende journaalpost in het bankboek gemaakt:

	140	Crediteuren	€	
Aan	110	Bank		€

Voorbeeld 2.1 Contante inkopen van handelsgoederen

Een markthandelaar koopt op 13 september bij de groothandel 300 paar sokken met een inkoopprijs van € 1,20 per paar exclusief 21% omzetbelasting. Hij rekent het bedrag inclusief omzetbelasting contant af en neemt de sokken direct mee naar de markt.

Gevraagd:

Welke journaalpost maakt de markthandelaar van het bovengenoemde financiële feit?

Uitwerking:

De markthandelaar maakt van dit financiële feit op 13 september de volgende journaalpost in het kasboek:

	700	Voorraad handelsgoederen: 300 × € 1,20	€ 360	
	170	Te verrekenen OB: € 360 × 21%	€ 75,60	
Aan	100	Kas		€ 435,60

Voorbeeld 2.2 Inkopen handelsgoederen op rekening

Een handelsonderneming waardeert de voorraad tegen inkoopprijs. In juni doen zich de volgende financiële feiten voor:

a. Op 3 juni bestelt de handelsonderneming een piano met een inkoopprijs van € 2.625,70 inclusief 21% omzetbelasting. De leverancier is bereid de piano op rekening te leveren.

b. De piano wordt op 10 juni tegelijkertijd met de inkoopfactuur door de leverancier bij de handelsonderneming afgeleverd.

c. De factuur wordt op 24 juni per bank betaald.

Gevraagd:

Welke journaalposten maakt de handelsonderneming van de bovengenoemde financiële feiten?

Uitwerking:

a. Van de bestelling op 3 juni wordt geen journaalpost gemaakt.

b. De handelsonderneming maakt van de ontvangst van de piano en de inkoopfactuur op 10 juni de volgende journaalpost in het inkoopboek:

	700	Voorraad handelsgoederen: € 2.625,70 / 1,21	€ 2.170	
	170	Te verrekenen OB	€ 455,70	
Aan	140	Crediteuren		€ 2.625,70

c. De handelsonderneming maakt van de betaling per bank op 24 juni de volgende journaalpost in het bankboek:

	140	Crediteuren	€ 2.625,70	
Aan	110	Bank		€ 2.625,70

Voorbeeld 2.3 Inkopen handelsgoederen op rekening met kwantumkorting en bijkomende kosten

Een handelsonderneming koopt op 3 april via de webmodule van de leverancier 2.500 ordners tegen een inkoopprijs van € 3,30 per stuk. De handelsonderneming ontvangt 2% kwantumkorting en is 21% omzetbelasting verschuldigd over het nettobedrag.

De inkoopfactuur en de ordners worden op 5 april via een koerier geleverd. De koerier stuurt hiervoor op 30 april een factuur van € 202,07 inclusief 21% omzetbelasting.

Gevraagd:
1. Welke journaalpost maakt de handelsonderneming van de ontvangst van de ordners en de inkoopfactuur op 5 april?
2. Welke journaalpost maakt de handelsonderneming van de ontvangst van de factuur van de koerier op 30 april?

Uitwerking:
1. De handelsonderneming maakt van de ontvangst van de inkoopfactuur en de ordners op 5 april de volgende journaalposten in het inkoopboek:

	700	Voorraad handelsgoederen: 2.500 × € 3,30 × 98%	€ 8.085	
	170	Te verrekenen OB: € 8.085 × 21%	€ 1.697,85	
Aan	140	Crediteuren		€ 9.782,85

2. Van de ontvangst van de factuur van de koerier op 30 april wordt de volgende journaalpost gemaakt in het inkoopboek:

	700	Voorraad handelsgoederen: € 202,07 / 1,21	€ 167	
	170	Te verrekenen OB: € 167 × 21%	€ 35,07	
Aan	140	Crediteuren		€ 202,07

De kosten van de koerier zijn direct toerekenbaar aan de inkoop van de ordners en worden daarom tot de verkrijgingsprijs gerekend. Dit is een vorm van productmatching.

De korting kan ook achteraf worden gegeven vanwege bijvoorbeeld verminderde kwaliteit van de geleverde goederen. Deze korting wordt ook als onderdeel van de verkrijgingsprijs beschouwd.

Voorbeeld 2.4 Korting achteraf op geleverde handelsgoederen

Een handelsonderneming koopt op 6 mei een partij hout voor een bedrag van € 6.140 exclusief 21% omzetbelasting. De partij wordt door de leverancier op 20 mei geleverd, tegelijkertijd met de inkoopfactuur.

Gevraagd:

1. Welke journaalpost maakt de handelsonderneming op 20 mei van de levering van de partij hout en de inkoopfactuur?

Uitwerking:

1. De handelsonderneming maakt op 20 mei de volgende journaalpost in het inkoop-boek:

	700	Voorraad handelsgoederen	€ 6.140	
	170	Te verrekenen OB: € 6.140 × 21%	€ 1.289,40	
Aan	140	Crediteuren		€ 7.429,40

Bij ontvangst van de partij hout heeft de magazijnmeester kleine beschadigingen geconstateerd. De inkoopafdeling heeft daarom contact met de leverancier opge-nomen, waarbij is afgesproken dat de handelsonderneming een korting ontvangt ter grootte van € 125 exclusief 21% omzetbelasting. De creditnota wordt op 31 mei ontvangen.

Gevraagd:

2. Welke journaalpost maakt de handelsonderneming op 31 mei van de ontvangst van de creditnota?

Uitwerking:

2. De handelsonderneming maakt op 31 mei de volgende journaalpost in het inkoop-boek:

	140	Crediteuren: € 125 × 121%	€ 151,25	
Aan	170	Te verrekenen OB		€ 26,25
Aan	700	Voorraad handelsgoederen		€ 125

Op 15 juni betaalt de handelsonderneming het bedrag van de inkoopfactuur onder inhouding van het bedrag van de creditnota.

Gevraagd:

3. Welke journaalpost maakt de handelsonderneming van de betaling van de inkoop-factuur en de creditnota op 15 juni?

Uitwerking:

3. De handelsonderneming maakt op 15 juni de volgende journaalpost in het bankboek:

	140	Crediteuren: € 7.429,40 - € 151,25	€ 7.278,15	
Aan	110	Bank		€ 7.278,15

In de praktijk worden in een financiële administratie de twee bedragen apart geboekt,
omdat de openstaande posten in de subadministratie ook moeten worden afgeboekt.

Voorbeeld 2.5 Inkoop grondstoffen

Een jachtbotenbouwer koopt op 6 augustus een partij teakhout voor een bedrag van
€ 16.100 exclusief 21% omzetbelasting. Hij ontvangt een kwantumkorting van 2%
exclusief omzetbelasting. De leverancier levert de partij op 20 augustus, tegelijkertijd
met de inkoopfactuur.

De jachtbotenbouwer neemt de voorraad op tegen inkoopprijs.

Gevraagd:

Welke journaalpost maakt de jachtbotenbouwer op 20 augustus van de ontvangst van
het teakhout en de inkoopfactuur?

Uitwerking:

De jachtbotenbouwer maakt op 20 augustus de volgende journaalpost in het inkoopboek:

	300	Voorraad grondstoffen: € 16.100 × 98%	€ 15.778	
	170	Te verrekenen OB: € 15.778 × 21%	€ 3.313,38	
Aan	140	Crediteuren		€ 19.091,38

De jachtbotenbouwer is een productiebedrijf, waardoor de inkoop van teakhout in
rubriek 3 wordt opgenomen in plaats van in rubriek 7. De omschrijving van de grootboekrekening kan eventueel worden aangepast naar 300 Voorraad teakhout.

2.1.2 Retourinkopen

Retourinkopen Bij een retourinkoop wordt een tegengestelde journaalpost geboekt van de boeking
van een inkoop.

Bij de ontvangst van de goederen en de inkoopfactuur wordt de volgende journaal-post gemaakt:

	700	Voorraad handelsgoederen	€	
	170	Te verrekenen OB	€	
Aan	140	Crediteuren		€

Bij de retourlevering van de goederen en de ontvangst van de creditfactuur wordt de volgende journaalpost gemaakt:

	140	Crediteuren	€	
Aan	170	Te verrekenen OB		€
Aan	700	Voorraad handelsgoederen		€

Voorbeeld 2.6 Retourinkopen handelsgoederen

Een scooterwinkel koopt op 18 oktober 10 scooters van de groothandelaar voor een bedrag € 650 per stuk exclusief 21% omzetbelasting. De scooters worden op 25 oktober tegelijkertijd met de inkoopfactuur afgeleverd.

De scooterwinkel waardeert de voorraad tegen inkoopprijs.

Gevraagd:

1. Welke journaalpost maakt de scooterwinkel op 25 oktober van de ontvangst van de scooters en de inkoopfactuur?

Uitwerking:

1. De scooterwinkel maakt op 25 oktober de volgende journaalpost in het inkoop-boek:

	700	Voorraad handelsgoederen: 10 × € 650	€ 6.500	
	170	Te verrekenen OB: € 6.500 × 21%	€ 1.365	
Aan	140	Crediteuren		€ 7.865

De eigenaar van de scooterwinkel constateert een defect aan één van de 10 scooters en spreekt met de leverancier af dat de scooter wordt teruggenomen en dat de scooter-winkel een creditfactuur ontvangt. Op 31 oktober wordt de scooter opgehaald en ontvangt de scooterwinkel de creditfactuur.

Gevraagd:

2. Welke journaalpost maakt de scooterwinkel op 31 oktober van de retourlevering en de ontvangst van de creditfactuur?

Uitwerking:

2. De scooterwinkel maakt op 31 oktober de volgende journaalpost in het inkoop-boek:

	140	Crediteuren: € 650 × 1,21	€ 786,50	
Aan	170	Te verrekenen OB		€ 136,50
Aan	700	Voorraad handelsgoederen		€ 650

Dit is een tegengestelde journaalpost van de journaalpost van 25 oktober, maar met andere bedragen, omdat het om andere aantallen gaat.

2.2 Ontvangst goederen en facturen op verschillende tijdstippen

2.2.1 Boekingen bij verschillende volgordes van ontvangen goederen en inkoopfacturen

Het is niet altijd zo dat goederen en inkoopfactuur op hetzelfde moment worden ontvangen. Indien de goederen en inkoopfacturen op een verschillend tijdstip wor-den ontvangen, is er sprake van twee financiële feiten, die apart moeten worden geboekt.

Om de ontvangst van de goederen en de ontvangst van de inkoopfactuur in de financiële administratie op elkaar af te kunnen stemmen, wordt gebruikgemaakt van een controlerende tussenrekening. Het kenmerk van deze controlerende tus-senrekening is dat deze weer 'glad' loopt nadat zowel de goederen als de inkoop-factuur zijn ontvangen.

De volgende situaties kunnen zich voordoen:
1. eerst goederenontvangst, dan ontvangst inkoopfactuur;
2. eerst ontvangst inkoopfactuur, dan goederenontvangst;
3. geen vaste volgorde in goederenontvangst en ontvangst inkoopfactuur.

Ad 1. Eerst goederenontvangst, dan ontvangst inkoopfactuur

Eerst goederen, dan factuur

Indien er een vaste volgorde bestaat, kan de afloop eenvoudig door middel van één controlerende tussenrekening worden vastgesteld. Dit is grootboekrekening 148 Nog te ontvangen facturen.

Bij de ontvangst van de goederen in het magazijn wordt de volgende journaalpost gemaakt:

	700	Voorraad handelsgoederen	€	
Aan	148	Nog te ontvangen facturen		€

Bij de ontvangst van de inkoopfactuur wordt de volgende journaalpost gemaakt:

	148	Nog te ontvangen facturen	€	
	170	Te verrekenen OB	€	
Aan	140	Crediteuren		€

Het saldo op de grootboekrekening 148 Nog te ontvangen facturen is altijd een creditsaldo, omdat eerst de goederenontvangst wordt geboekt en daarna de ontvangst van de inkoopfactuur. Het is een controlerende tussenrekening die tijdelijk (tot de inkoopfactuur wordt ontvangen) in de plaats komt van de creditboeking op de grootboekrekening 140 Crediteuren.

Ad 2. Eerst ontvangst inkoopfactuur, dan goederenontvangst

Eerst factuur, dan goederen Ook in deze situatie is er sprake van een vaste volgorde en kan de afloop door middel van één controlerende tussenrekening worden vastgesteld, namelijk de grootboekrekening 720 Nog te ontvangen goederen.

Bij de ontvangst van de inkoopfactuur wordt de volgende journaalpost gemaakt:

	720	Nog te ontvangen goederen	€	
	170	Te verrekenen OB	€	
Aan	140	Crediteuren		€

Bij de ontvangst van de goederen in het magazijn wordt de volgende journaalpost gemaakt:

	700	Voorraad handelsgoederen	€	
Aan	720	Nog te ontvangen goederen		€

Het saldo op de grootboekrekening 720 Nog te ontvangen goederen is altijd een debetsaldo, omdat altijd eerst de ontvangst van de inkoopfactuur wordt geboekt. Dit is een controlerende tussenrekening, die tijdelijk (tot de goederen ontvangen worden) in de plaats komt van de grootboekrekening 700 Voorraad goederen.

Ad 3. Geen vaste volgorde in goederenontvangst en ontvangst inkoopfactuur

Geen vaste volgorde Indien er geen sprake is van een vaste volgorde, kan de afloop niet door middel van één controlerende tussenrekening worden vastgesteld. Daarom wordt zowel grootboekrekening 148 Nog te ontvangen facturen als grootboekrekening 720 Nog te ontvangen goederen gebruikt. Na afloop van de verslagperiode worden deze twee grootboekrekeningen op elkaar afgestemd en worden de financiële feiten tegen elkaar weggeboekt als geconstateerd is dat zowel de goederen als de inkoopfactuur zijn ontvangen.

Bij de ontvangst van de goederen in het magazijn wordt de volgende journaalpost gemaakt in het memoriaal (of eventueel in een apart dagboek, zoals het voorraadboek):

	700	Voorraad handelsgoederen (inkoopprijs)	€	
Aan	148	Nog te ontvangen facturen (inkoopprijs)		€

Bij de ontvangst van de inkoopfactuur wordt de volgende journaalpost gemaakt in het inkoopboek:

	720	Nog te ontvangen goederen (inkoopprijs)	€	
	170	Te verrekenen OB	€	
Aan	140	Crediteuren		€

Afstemregister Aan het einde van de verslagperiode wordt de ontvangst van de goederen afgestemd met de ontvangst van de inkoopfactuur. Hiervoor wordt een afstemregister gebruikt. Vanuit deze afstemming wordt de journaalpost in het memoriaal gemaakt:

	148	Nog te ontvangen facturen (inkoopprijs)	€	
Aan	720	Nog te ontvangen goederen (inkoopprijs)		€

Een eventueel saldo op de grootboekrekening 148 Nog te ontvangen facturen aan het begin en aan het einde van de verslagperiode is altijd een creditsaldo, omdat eerst de goederenontvangst wordt geboekt en daarna de afstemming plaatsvindt. Een eventueel saldo op de grootboekrekening 720 Nog te ontvangen goederen is altijd een debetsaldo, omdat eerst de ontvangst van de inkoopfactuur wordt geboekt en daarna de afstemming plaatsvindt.

Bij een productiebedrijf vinden soortgelijke boekingen plaats, maar worden de ingekochte grondstoffen geboekt op de grootboekrekening 300 Voorraad grondstoffen, en wordt de rekening 720 Nog te ontvangen goederen vervangen door de rekening 310 Nog te ontvangen grondstoffen.

Voorbeeld 2.7 Eerst goederenontvangst, dan ontvangst inkoopfactuur

Een kantoorcentrum heeft op 12 mei bij een leverancier een inkoopbestelling geplaatst van 120 bureaustoelen voor € 142 per stuk exclusief 21% omzetbelasting. Met de leverancier is afgesproken dat altijd eerst de goederen worden geleverd en daarna de inkoopfactuur.

De bureaustoelen worden op 17 mei geleverd en op 20 mei ontvangt het kantoor-centrum de inkoopfactuur.

Het kantoorcentrum neemt de voorraad tegen inkoopprijs op.

Gevraagd:
1. Welke journaalpost maakt het kantoorcentrum van de ontvangst van de bureaustoelen op 17 mei?
2. Welke journaalpost maakt het kantoorcentrum van de ontvangst van de inkoop-factuur op 20 mei?

Uitwerking:
1. Het kantoorcentrum maakt op 17 mei de volgende journaalpost in het memoriaal:

	700	Voorraad handelsgoederen: 120 × € 142	€ 17.040	
Aan	148	Nog te ontvangen facturen		€ 17.040

2. Het kantoorcentrum maakt op 20 mei de volgende journaalpost in het inkoopboek:

	148	Nog te ontvangen facturen	€ 17.040	
	170	Te verrekenen OB: € 17.040 × 21%	€ 3.578,40	
Aan	140	Crediteuren		€ 20.618,40

Voorbeeld 2.8 Eerst ontvangst inkoopfactuur, dan goederenontvangst

Een bakkersbedrijf koopt op 4 januari meel in voor een bedrag van € 3.740 exclu-sief 6% omzetbelasting. Conform afspraken met de meelleverancier krijgt het bakkersbedrijf 5% kwantumkorting. De inkoopfactuur wordt altijd eerder ontvangen dan de grondstof.

Op 6 januari ontvangt het bakkersbedrijf de inkoopfactuur en op 7 januari wordt het meel afgeleverd.

Het bakkersbedrijf neemt de voorraad op tegen inkoopprijs.

Gevraagd:

1. Welke journaalpost maakt het bakkersbedrijf van de ontvangst van de inkoopfactuur op 6 januari?
2. Welke journaalpost maakt het bakkersbedrijf van de ontvangst van het meel op 7 januari?

Uitwerking:

1. Het bakkersbedrijf maakt op 6 januari de volgende journaalpost in het inkoopboek:

	310	Nog te ontvangen grondstoffen: € 3.740 × 95%*	€ 3.553	
	170	Te verrekenen OB: € 3.553 × 6%	€ 213,18	
Aan	140	Crediteuren		€ 3.766,18

* De kwantumkorting is in mindering gebracht op de inkoopprijs.

2. Het bakkersbedrijf maakt op 7 januari de volgende journaalpost in het memoriaal:

| | 300 | Voorraad grondstoffen | € 3.553 | |
| Aan | 310 | Nog te ontvangen grondstoffen | | € 3.553 |

Voorbeeld 2.9 Geen vaste volgorde in goederenontvangst en ontvangst inkoopfactuur

In een handelsbedrijf is geen sprake van een vaste volgorde voor de ontvangst van de goederen en de ontvangst van de inkoopfactuur.

Op 23 april is het saldo van grootboekrekening 720 Nog te ontvangen goederen € 21.430 debet en het saldo van grootboekrekening 148 Nog te ontvangen facturen € 24.080 credit.

De volgende financiële feiten doen zich voor in de laatste week van april:

a. Op 24 april wordt een inkoopfactuur ontvangen van leverancier A met een factuurbedrag van € 3.206,50 inclusief 21% omzetbelasting.
b. Op 26 april worden goederen ontvangen met een inkoopprijs van € 1.670 exclusief 21% omzetbelasting.
c. Op 27 april wordt een inkoopfactuur ontvangen van leverancier C voor een bedrag van € 4.452,80 inclusief 21% omzetbelasting.
d. Op 30 april blijkt uit het afstemregister dat van de ontvangst van goederen op 26 april nog geen inkoopfactuur is ontvangen en dat van de ontvangst van de inkoopfactuur op 27 april nog geen goederen zijn ontvangen.

Het handelsbedrijf neemt de voorraad op tegen inkoopprijs.

Gevraagd:

Welke journaalposten maakt het handelsbedrijf van bovengenoemde financiële feiten?

Uitwerking:

Het handelsbedrijf maakt de volgende journaalposten:

a. Van de ontvangst van de inkoopfactuur op 24 april in het inkoopboek:

	720	Nog te ontvangen goederen: € 3.206,50 / 1,21	€ 2.650	
	170	Te verrekenen OB	€ 556,50	
Aan	140	Crediteuren		€ 3.206,50

b. Van de ontvangst van de goederen op 26 april in het memoriaal:

	700	Voorraad handelsgoederen	€ 1.670	
Aan	148	Nog te ontvangen facturen		€ 1.670

c. Van de ontvangst van de inkoopfactuur op 27 april in het inkoopboek:

	720	Nog te ontvangen goederen: € 4.452,80 / 1,21	€ 3.680	
	170	Te verrekenen OB	€ 772,80	
Aan	140	Crediteuren		€ 4.452,80

d. Op 30 april worden de ontvangst van de handelsgoederen en de ontvangst van de inkoopfacturen op elkaar afgestemd. Hieruit komt de volgende informatie:

Grootboekrekening 720 Nog te ontvangen goederen:

Saldo 23 april	debet	€ 21.430
Inkoopfactuur 24 april	debet	€ 2.650
Inkoopfactuur 27 april	debet	€ 3.680 +
Saldo 30 april	debet	€ 27.760
Nog niet afgestemd op 30 april	debet	€ 3.680 -
Afgestemd per 30 april	credit	€ 24.080

Grootboekrekening 148 Nog te ontvangen facturen:

Saldo 23 april	credit	€ 24.080
Ontvangst goederen 26 april	credit	€ 1.670 +
Saldo 30 april	credit	€ 25.750
Nog niet afgestemd op 30 april	credit	€ 1.670 -
Afgestemd per 30 april	debet	€ 24.080

Het handelsbedrijf maakt de volgende journaalpost van de afstemming op 30 april in het memoriaal:

	148	Nog te ontvangen facturen	€ 24.080	
Aan	720	Nog te ontvangen goederen		€ 24.080

2.2.2 Boekingen bij verschillende volgordes van geretourneerde goederen en ontvangen creditfacturen

Het is niet altijd zo dat goederen retour worden gezonden en op hetzelfde moment de creditfactuur wordt ontvangen. Indien het retourzenden van de goederen en het ontvangen van de creditfacturen op verschillende momenten plaatsvinden, is er sprake van twee financiële feiten, die apart moeten worden geboekt.

Om zowel het retourzenden van de goederen als de ontvangst van de creditfactuur in de financiële administratie op elkaar af te kunnen stemmen, wordt gebruikgemaakt van een controlerende tussenrekening. Het kenmerk van deze controlerende tussenrekening is dat deze weer 'glad' loopt nadat de goederen zijn geretourneerd en de creditfactuur is ontvangen.

De volgende situaties kunnen zich voordoen:
1. eerst retourzending goederen, dan ontvangst creditfactuur;
2. eerst ontvangst creditfactuur, dan retourzending goederen;
3. geen vaste volgorde van retourzending goederen en ontvangst creditfactuur.

Ad 1. Eerst retourzending goederen, dan ontvangst creditfactuur

Eerst retour-
zending, dan
creditfactuur
Indien er een vaste volgorde bestaat waarbij eerst de goederen worden geretourneerd en daarna de creditfactuur wordt ontvangen, kan de afloop eenvoudig door middel van één controlerende tussenrekening worden vastgesteld, namelijk grootboekrekening 145 Te ontvangen creditnota's.

Van de retourzending van de goederen wordt de volgende journaalpost in het memoriaal gemaakt:

	145	Te ontvangen creditnota's (inkoopprijs)	€	
Aan	700	Voorraad handelsgoederen (inkoopprijs)		€

Van de ontvangen creditfactuur wordt de volgende journaalpost in het memoriaal gemaakt:

	140	Crediteuren	€	
Aan	170	Te verrekenen OB		€
Aan	145	Te ontvangen creditnota's (inkoopprijs)		€

Het saldo op grootboekrekening 145 Te ontvangen creditnota's is altijd een debetsaldo, omdat altijd eerst de boeking van de retourzending van de goederen wordt gemaakt.

Ad 2. Eerst ontvangst creditfactuur, dan retourzending goederen

Eerst creditfactuur, dan retourzeding

Indien er een vaste volgorde bestaat waarbij eerst de creditfactuur wordt ontvangen en daarna de retourzending plaatsvindt, kan de afloop eenvoudig met behulp van één controlerende tussenrekening worden vastgesteld, namelijk grootboekrekening 721 Te retourneren goederen.

Van de ontvangen creditfactuur wordt de volgende journaalpost gemaakt in het memoriaal:

	140	Crediteuren	€	
Aan	170	Te verrekenen OB		€
Aan	721	Te retourneren goederen (inkoopprijs)		€

Van de retourzending van de goederen wordt de volgende journaalpost gemaakt in het memoriaal:

	721	Te retourneren goederen (inkoopprijs)	€	
Aan	700	Voorraad handelsgoederen (inkoopprijs)		€

Het saldo op de grootboekrekening 721 Te retourneren goederen is altijd een creditsaldo (de retourzending verlaagt immers de voorraad), omdat altijd eerst de boeking van de ontvangst van de creditfactuur wordt gemaakt.

51

Ad 3. Geen vaste volgorde van retourzending goederen en ontvangst creditfactuur

Geen vaste volgorde Indien er geen sprake is van een vaste volgorde, kan de afloop niet door middel van één controlerende tussenrekening worden vastgesteld. Daarom wordt zowel grootboekrekening 145 Te ontvangen creditnota's als grootboekrekening 721 Te retourneren goederen gebruikt. Na afloop van de verslagperiode worden deze twee grootboekrekeningen op elkaar afgestemd. Hierbij worden de financiële feiten tegengeboekt als geconstateerd is dat zowel de goederen retour zijn gezonden als de creditfactuur is ontvangen.

Bij het retourzenden van de goederen wordt de volgende journaalpost gemaakt in het memoriaal:

	145	Te ontvangen creditnota's (inkoopprijs)	€	
Aan	700	Voorraad handelsgoederen (inkoopprijs)		€

Bij de ontvangst van de inkoopfactuur wordt de volgende journaalpost gemaakt in het inkoopboek:

	140	Crediteuren	€	
Aan	170	Te verrekenen OB		€
Aan	721	Te retourneren goederen (inkoopprijs)		€

Aan het einde van de verslagperiode wordt de afstemming tussen de retourzending van de goederen en de ontvangst van de creditfactuur gemaakt. Vanuit deze afstemming wordt de volgende journaalpost gemaakt in het memoriaal:

	721	Te retourneren goederen (inkoopprijs)	€	
Aan	145	Te ontvangen creditnota's (inkoopprijs)		€

Een eventueel saldo op grootboekrekening 145 Te ontvangen creditnota's aan het begin en aan het einde van de verslagperiode is altijd een debetsaldo, omdat eerst de retourzending wordt geboekt en daarna de afstemming plaatsvindt.

Een eventueel saldo op de grootboekrekening 721 Te retourneren goederen is altijd een creditsaldo, omdat eerst de ontvangst van de creditfactuur wordt geboekt en daarna de afstemming plaatsvindt.

Productiebedrijf Bij een productiebedrijf vinden soortgelijke boekingen plaats, maar worden de geretourneerde grondstoffen afgeboekt van grootboekrekening 300 Voorraad grondstoffen, en wordt rekening 721 Te retourneren goederen vervangen door rekening 311 Te retourneren grondstoffen.

Voorbeeld 2.10 Te ontvangen creditfacturen

Een productiebedrijf heeft op 3 september een bestelling geplaatst voor de inkoop van grondstoffen voor een bedrag van € 163.108 inclusief 21% omzetbelasting. De grondstoffen worden op 10 september geleverd.

Het productiebedrijf waardeert de voorraad tegen inkoopprijs.

Gevraagd:
1. Welke journaalpost maakt het productiebedrijf van de grondstoffenontvangst op 10 september?

Uitwerking:
1. Het productiebedrijf maakt van de grondstoffenontvangst op 10 september de volgende journaalpost in het memoriaal:

	300	Voorraad grondstoffen: € 163.108 / 1,21	€ 134.800	
Aan	148	Nog te ontvangen facturen		€ 134.800

Op 10 september reclameert het productiebedrijf bij de leverancier, omdat een deel van de geleverde grondstoffen niet aan de gewenste kwaliteit voldoet. Grondstoffen met een inkoopwaarde van € 6.740 exclusief 21% omzetbelasting worden op 11 september retour gezonden.

Gevraagd:
2. Welke journaalpost maakt het productiebedrijf van de retourzending op 11 september?

Uitwerking:
2. Het productiebedrijf maakt de volgende journaalpost van de retourzending in het memoriaal:

	145	Te ontvangen creditnota's	€ 6.740	
Aan	300	Voorraad grondstoffen		€ 6.740

Op 12 september ontvangt het productiebedrijf de inkoopfactuur.

Gevraagd:
3. Welke journaalpost maakt het productiebedrijf van de ontvangst van de inkoopfactuur op 12 september?

53

Uitwerking:

3. Het productiebedrijf maakt op 12 september de volgende journaalpost in het inkoopboek:

	148	Nog te ontvangen facturen	€ 134.800	
	170	Te verrekenen OB: € 134.800 × 21%	€ 28.308	
Aan	140	Crediteuren		€ 163.108

Op 15 september wordt de creditfactuur ontvangen.

Gevraagd:

4. Welke journaalpost maakt het productiebedrijf van de ontvangst van de creditfactuur op 15 september?

Uitwerking:

4. Het productiebedrijf maakt de volgende journaalpost op 15 september in het inkoopboek:

	140	Crediteuren: € 6.740 × 1,21	€ 8.155,40	
Aan	170	Te verrekenen OB		€ 1.415,40
Aan	145	Te ontvangen creditnota's		€ 6.740

Boekingen van verkopen – waardering voorraad tegen inkoopprijs

3.1 (Retour)verkopen en ontvangst

3.1.1 Boekingen van verkopen en ontvangst betaling

Op het examen MBA Bedrijfsadministratie wordt de winst in principe als gerealiseerd beschouwd zodra de verkoopfactuur is verzonden. Op dat moment wordt zowel de omzet als de inkoopwaarde van de omzet (bij handelsbedrijven) of de kostprijs van de omzet (bij productiebedrijven) in rubriek 8 geboekt.

Bruto-omzet
Netto-omzet

Bij de omzet wordt onderscheid gemaakt tussen de bruto-omzet en de netto-omzet. De bruto-omzet is het totaal van de verkopen zonder aftrek van rabatten, kortingen en bonussen. De netto-omzet is het totaal van de verkopen na aftrek van rabatten, kortingen en bonussen. In de financiële administratie worden de bruto-verkoopprijs, de rabatten, de kortingen en de bonussen geboekt op aparte grootboekrekeningen in rubriek 8. Op deze wijze kan intern worden gecontroleerd of verkopen tegen de juiste prijzen zijn opgenomen en of de verstrekte kortingen conform de richtlijnen zijn verstrekt.

Voor de boekingen van de verkoopfactuur gelden de volgende twee situaties:
1. contante verkopen;
2. verkopen op rekening.

Ad 1. Contante verkopen

Contante verkopen

Bij contante verkopen kan sprake zijn van:
- ontvangst van kasgeld;
- pintransacties;
- creditcardtransacties.

Van de contante verkopen wordt de volgende journaalpost gemaakt in het kasboek:

	100	Kas	€	
	227	Tussenrekening pintransacties*	€	
	228	Tussenrekening creditcardtransacties*	€	
	840	Rabatten en kortingen	€	
Aan	850	Opbrengst verkopen		€
Aan	175	Verschuldigde OB		€

Van de bijschrijving op de bankrekening van de pintransacties en de creditcardtransacties (onder inhouding van creditcardkosten) wordt de volgende journaalpost gemaakt in het bankboek:

	110	Bank	€	
	461	Bankkosten	€	
Aan	227	Tussenrekening pintransacties		€
Aan	228	Tussenrekening creditcardtransacties		€

* Indien de grootboekrekeningen 227 en 228 niet in gebruik zijn, kan ook voor de grootboekrekening 200 Kruisposten worden gekozen.

Van de afgifte van de handelsgoederen wordt de volgende journaalpost gemaakt in het memoriaal:

	800	Inkoopwaarde van de omzet	€	
Aan	700	Voorraad handelsgoederen		€

Productiebedrijf Bij een productiebedrijf luidt de journaalpost bij de afgifte van producten als volgt:

	800	Kostprijs van de omzet	€	
Aan	700	Voorraad producten		€

Voorbeeld 3.1 Contante verkopen

De Z-rapportage van het kasregister van een kledingwinkel geeft aan dat op 4 januari de omzet inclusief 21% omzetbelasting € 4.719 is geweest, waarvan € 3.303,30 met pinpassen is betaald, € 471,90 via creditcards en € 943,80 contant. De vanwege de opruimperiode verstrekte korting bedroeg € 3.146 inclusief 21% omzetbelasting. De inkoopwaarde van de omzet is € 2.840.

De kledingwinkel waardeert de voorraad tegen inkoopprijs en maakt naast de standaardrekeningen gebruik van de volgende grootboekrekeningen:

Rekeningnummer	Naam
227	Tussenrekening pintransacties
228	Tussenrekening creditcardtransacties
461	Bankkosten

Gevraagd:

1. Welke journaalpost maakt de kledingwinkel op 4 januari van de contante verkopen?

Uitwerking:

1. De kledingwinkel maakt de volgende journaalpost van de contante verkopen in het kasboek:

	100	Kas	€ 943,80	
	227	Tussenrekening pintransacties	€ 3.303,30	
	228	Tussenrekening creditcardtransacties	€ 471,90	
	840	Rabatten en kortingen: € 3.146 / 1,21	€ 2.600	
Aan	850	Opbrengst verkopen: (€ 4.719 + € 3.146) / 1,21*		€ 6.500
Aan	175	Verschuldigde OB: (€ 6.500 - € 2.600) × 0,21**		€ 819

* Op grootboekrekening 850 wordt het brutobedrag van de verkopen geboekt. De verstrekte kortingen worden apart geboekt.

** De omzetbelasting is verschuldigd over het nettobedrag van de verkopen.

Van de inkoopwaarde van de omzet wordt de volgende journaalpost gemaakt in het memoriaal:

	800	Inkoopwaarde van de omzet	€ 2.840	
Aan	700	Voorraad handelsgoederen		€ 2.840

Op 5 januari worden de pintransacties bijgeschreven op de bankrekening van de kledingwinkel.

Gevraagd:

2. Welke journaalpost wordt op 5 januari gemaakt van de bijschrijving van de pintransacties op de bankrekening?

Uitwerking:
2. De kledingwinkel maakt de volgende journaalpost in het bankboek:

	110	Bank	€ 3.303,30	
Aan	227	Tussenrekening pintransacties		€ 3.303,30

Op 12 januari worden de creditcardtransacties op de bankrekening van de kleding-winkel bijgeschreven, onder inhouding van € 7 transactiekosten.

Gevraagd:
3. Welke journaalpost wordt op 12 januari gemaakt van de bijschrijving van de credit-cardtransacties op de bankrekening?

Uitwerking:
3. De kledingwinkel maakt de volgende journaalpost in het bankboek:

	110	Bank	€ 464,90	
	461	Bankkosten	€ 7	
Aan	228	Tussenrekening creditcardtransacties		€ 471,90

Ad 2. Verkopen op rekening en korting

Verkopen op rekening Indien verkopen op rekening plaatsvinden, worden de volgende twee journaal-posten gemaakt.

Van de verzonden verkoopfactuur wordt in het verkoopboek de volgende journaal-post gemaakt:

	130	Debiteuren	€	
	840	Rabatten en kortingen	€	
Aan	850	Opbrengst verkopen		€
Aan	175	Verschuldigde OB		€

Van de afgifte van de goederen wordt in het memoriaal de volgende journaalpost gemaakt:

	800	Inkoopwaarde van de omzet	€	
Aan	700	Voorraad handelsgoederen		€

Daarnaast wordt de volgende journaalpost van de ontvangst van de debiteur gemaakt in het bankboek:

	110	Bank	€	
Aan	130	Debiteuren		€

Voorbeeld 3.2 Verkopen op rekening en korting

Een groothandelsbedrijf in sportartikelen verkoopt op 14 oktober 240 paar voetbalschoenen aan een sportzaak voor een bedrag van € 50 bruto per paar exclusief 21% omzetbelasting. Met de sportzaak is de afspraak gemaakt dat een kwantumkorting van 2% wordt gegeven. De inkoopprijs van de voetbalschoenen voor het groothandelsbedrijf bedraagt € 36 per paar.

Op 17 oktober worden de verkoopfactuur en de voetbalschoenen aan de sportzaak geleverd.

Het groothandelsbedrijf waardeert de voorraad tegen inkoopprijs.

Gevraagd:

1. Welke journaalpost maakt het groothandelsbedrijf van de levering van de goederen en de verkoopfactuur op 17 oktober?

Uitwerking:

1. Het groothandelsbedrijf maakt de volgende journaalpost in het verkoopboek:

	130	Debiteuren: 240 × € 50 × 98% × 121%	€ 14.229,60	
	840	Rabatten en kortingen: 240 × € 50 × 2%	€ 240	
Aan	850	Opbrengst verkopen: 240 × € 50		€ 12.000
Aan	175	Verschuldigde OB: € 14.229,60 / 1,21 × 0,21		€ 2.469,60

Van de aflevering van de voetbalschoenen wordt op 17 oktober de volgende journaalpost gemaakt in het memoriaal:

	800	Inkoopwaarde van de omzet: 240 × € 36	€ 8.640	
Aan	700	Voorraad handelsgoederen		€ 8.640

Op 31 oktober heeft de sportzaak de verkoopfactuur per bank betaald en heeft bijschrijving op de bankrekening van het groothandelsbedrijf plaatsgevonden.

Gevraagd:

2. Welke journaalpost maakt het groothandelsbedrijf van de bijschrijving op de bank-rekening op 31 oktober?

Uitwerking:

2. Het groothandelsbedrijf maakt de volgende journaalpost in het bankboek:

	110	Bank	€ 14.229,60	
Aan	130	Debiteuren		€ 14.229,60

3.1.2 Retourverkopen

Retourverkopen Bij een retourverkoop wordt een tegengestelde journaalpost geboekt als bij een verkoop.

Van een verzonden verkoopfactuur wordt de volgende journaalpost gemaakt in het verkoopboek:

	130	Debiteuren	€	
	840	Rabatten en kortingen	€	
Aan	850	Opbrengst verkopen		€
Aan	175	Verschuldigde OB		€

De journaalpost van een verzonden creditfactuur ziet er dan als volgt uit:

	850	Opbrengst verkopen	€	
	175	Verschuldigde OB	€	
Aan	840	Rabatten en kortingen		€
Aan	130	Debiteuren		€

Van de afgifte van de goederen wordt de volgende journaalpost gemaakt in het memoriaal:

	800	Inkoopwaarde van de omzet	€	
Aan	700	Voorraad handelsgoederen		€

De journaalpost van de retourontvangst van de goederen ziet er dan als volgt uit*:

	700	Voorraad handelsgoederen	€	
Aan	800	Inkoopwaarde van de omzet		€

* Indien de goederen niet retour worden ontvangen, wordt het maken van deze journaalpost achterwege gelaten.

Voorbeeld 3.3 Retourverkopen

Een handelsbedrijf heeft op 15 maart een verkooporder ontvangen voor de levering van goederen met een verkoopprijs van € 25.600 exclusief 21% omzetbelasting. De inkoopprijs van deze goederen bedraagt € 15.360.

Het handelsbedrijf levert de goederen op 18 maart uit onder gelijktijdige verzending van de verkoopfactuur.

Het handelsbedrijf waardeert de voorraad tegen inkoopprijs.

Gevraagd:
1. Welke journaalpost maakt het handelsbedrijf op 18 maart van de verzending van de goederen en de verkoopfactuur?

Uitwerking:
1. Het handelsbedrijf maakt de volgende journaalpost in het verkoopboek:

	130	Debiteuren: € 25.600 × 1,21	€ 30.976	
Aan	850	Opbrengst verkopen		€ 25.600
Aan	175	Verschuldigde OB		€ 5.376

Daarnaast wordt op 18 maart de volgende journaalpost gemaakt in het memoriaal:

	800	Inkoopwaarde van de omzet	€ 15.360	
Aan	700	Voorraad handelsgoederen		€ 15.360

Op 19 maart ontvangt de verkoopafdeling een klacht van de afnemer dat enkele goederen beschadigd zijn. Met de afnemer wordt afgesproken dat een creditfactuur wordt gestuurd voor de beschadigde goederen, maar dat de goederen niet retour worden genomen.

Op 22 maart stuurt het handelsbedrijf een creditfactuur van € 1.280 exclusief 21% omzetbelasting.

61

Gevraagd:

2. Welke journaalpost maakt het handelsbedrijf van de verzending van de creditfactuur op 22 maart?

Uitwerking:

2. Het handelsbedrijf maakt de volgende journaalpost in het verkoopboek:

	850	Opbrengst verkopen	€ 1.280	
	175	Verschuldigde OB: € 1.280 × 21%	€ 268,80	
Aan	130	Debiteuren		€ 1.548,80

Op 20 april betaalt de afnemer de verkoopfactuur onder aftrek van de creditfactuur.

Gevraagd:

3. Welke journaalpost maakt het handelsbedrijf van de betaling op 20 april?

Uitwerking:

3. Het handelsbedrijf maakt hiervan de volgende journaalpost in het bankboek:

	110	Bank: € 30.976 - € 1.548,80	€ 29.427,20	
Aan	130	Debiteuren		€ 29.427,20

3.2 Verzending goederen en facturen op verschillende tijdstippen

Het is niet altijd zo dat goederen en verkoopfacturen op hetzelfde moment worden
afgegeven. Indien de goederen en verkoopfacturen op verschillende tijdstippen
worden verstrekt, is er sprake van twee financiële feiten, die apart moeten worden
geboekt.

De volgende situaties kunnen zich voordoen;
1. eerst verzending verkoopfactuur, daarna verzending goederen;
2. eerst verzending goederen, daarna verzending verkoopfactuur.
3. geen vaste volgorde van verzending goederen en verzending verkoopfactuur.

Ad 1. Eerst verzending verkoopfactuur, daarna verzending goederen

*Eerst factuur,
daarna goederen*
Indien de factuur eerder wordt verzonden dan de goederen, wordt tussenrekening
750 Af te leveren goederen gebruikt.

Van het versturen van de verkoopfactuur wordt de volgende journaalpost gemaakt in het verkoopboek:

	130	Debiteuren	€	
	840	Rabatten en kortingen	€	
Aan	850	Opbrengst verkopen		€
Aan	175	Verschuldigde OB		€

Van de te verzenden goederen wordt de volgende journaalpost gemaakt in het memoriaal*:

	800	Inkoopwaarde van de omzet	€	
Aan	750	Af te leveren goederen (inkoopprijs)		€

* Met de boeking van de te verzenden goederen wordt voldaan aan het matchingprincipe.

Van het verzenden van de goederen wordt de volgende journaalpost gemaakt in het memoriaal:

	750	Af te leveren goederen (inkoopprijs)	€	
Aan	700	Voorraad handelsgoederen (inkoopprijs)		€

Een eventueel saldo op de grootboekrekening 750 Af te leveren goederen is altijd een creditsaldo, omdat altijd eerst de inkoopwaarde van de omzet wordt geboekt.

Voorbeeld 3.4 Verzending goederen en facturen op verschillende tijdstippen

Een kampeerwinkel verkoopt via een webwinkel goederen aan particulieren, waarbij de bestelde goederen via iDEAL moeten worden betaald, waarna de levering van de goederen plaatsvindt.

In mei vinden de volgende financiële feiten plaats:
a. Op 25 mei bestelt een particulier via een website een tent met een verkoopprijs van € 598,95 inclusief 21% omzetbelasting en betaalt deze per iDEAL. De verkoopfactuur wordt direct per e-mail naar de particulier verzonden. De inkoopprijs van de tent is € 320.
b. Op 26 mei wordt de tent per koerier aan de particulier verzonden.
c. Op 26 mei wordt de iDEAL-betaling bijgeschreven op de bankrekening van de kampeerwinkel.

De kampeerwinkel waardeert de voorraad tegen inkoopprijs.

Gevraagd:

1. Welke journaalposten maakt de kampeerwinkel van bovengenoemde financiële feiten?

Uitwerking:

1. De kampeerwinkel maakt de volgende journaalposten:

a. Van de verzonden verkoopfactuur op 25 mei in het verkoopboek:

	130	Debiteuren	€ 598,95	
Aan	850	Opbrengst verkopen: € 598,95 / 1,21		€ 495
Aan	175	Verschuldigde OB		€ 103,95

En van de te verzenden goederen wordt de volgende journaalpost gemaakt in het memoriaal:

	800	Inkoopwaarde van de omzet	€ 320	
Aan	750	Af te leveren goederen		€ 320

b. Van de verzending van de tent op 26 mei in het memoriaal:

	750	Af te leveren goederen	€ 320	
Aan	700	Voorraad handelsgoederen		€ 320

c. Van de ontvangst van de iDEAL-betaling op 26 mei in het bankboek:

	110	Bank	€ 598,95	
Aan	130	Debiteuren		€ 598,95

Ad 2. Eerst verzending goederen, daarna verzending verkoopfactuur

Eerst verzending goederen, dan factuur Indien de goederen eerder worden verzonden dan de factuur, wordt tussenrekening 751 Afgeleverde goederen gebruikt. De verkoopfactuur moet nog worden verzonden en de vordering op de afnemer mag nog niet als debiteur worden geboekt.

Van het verzenden van de goederen wordt de volgende journaalpost gemaakt in het memoriaal:

	751	Afgeleverde goederen	€	
Aan	700	Voorraad handelsgoederen		€

Van het verzenden van de verkoopfactuur wordt de volgende journaalpost gemaakt in het verkoopboek:

	130	Debiteuren	€	
	840	Rabatten en kortingen	€	
Aan	175	Verschuldigde OB		€
Aan	850	Opbrengst verkopen (verkoopprijs)		€

En in het memoriaal:

	800	Inkoopwaarde van de omzet	€	
Aan	751	Afgeleverde goederen		€

Een eventueel saldo op grootboekrekening 751 Afgeleverde goederen is altijd een debetsaldo, omdat altijd eerst de goederenverzending wordt geboekt.

Voorbeeld 3.5 Versturen goederen en facturen op verschillende tijdstippen

Een kampeerwinkel verkoopt goederen, waarbij eerst de bestelde goederen worden geleverd en daarna de facturering plaatsvindt.

In mei vinden de volgende financiële feiten plaats:
a. Op 25 mei bestelt een afnemer een tent met een verkoopprijs van € 598,95 inclusief 21% omzetbelasting. De inkoopprijs van de tent is € 320.
b. Op 26 mei wordt de tent per koerier aan de afnemer verzonden.
c. Op 27 mei wordt de verkoopfactuur aan de afnemer verzonden.

De kampeerwinkel waardeert de voorraad tegen inkoopprijs en maakt naast de standaardrekeningen gebruik van grootboekrekening 751 Afgeleverde goederen.

Gevraagd:
1. Welke journaalposten maakt de kampeerwinkel van bovengenoemde financiële feiten?

Uitwerking:
1. De kampeerwinkel maakt de volgende journaalposten:
    a. Van de bestelling op 25 mei wordt geen journaalpost gemaakt.
    b. Van de verzending van de tent op 26 mei in het memoriaal:

	751	Afgeleverde goederen	€ 320	
Aan	700	Voorraad handelsgoederen		€ 320

c. Van de verzending van de verkoopfactuur in het verkoopboek:

	130	Debiteuren	€ 598,95	
Aan	175	Verschuldigde OB: € 598,95 × 21%/121%		€ 103,95
Aan	850	Opbrengst verkopen		€ 495

En in het memoriaal:

	800	Inkoopwaarde van de omzet	€ 320	
Aan	751	Afgeleverde goederen		€ 320

Ad 3. Geen vaste volgorde van verzending verkoopfactuur en verzending goederen

Een onderneming kan ervoor kiezen na ontvangst van een verkooporder tegelijkertijd de verkoopfactuur op te laten stellen en de goederen verzendklaar te maken. Dit *Tussenfacturering* wordt ook wel tussenfacturering genoemd. De financiële administratie maakt dan gebruik van twee controlerende tussenrekeningen, namelijk grootboekrekening 750 Af te leveren goederen en grootboekrekening 751 Afgeleverde goederen. Na afloop van de verslagperiode worden deze twee grootboekrekeningen op elkaar afgestemd. Van de verkopen waarvan bij afstemming blijkt dat zowel de goederen als de verkoopfactuur zijn verzonden, worden de twee controlerende tussenrekeningen dan tegen elkaar weggeboekt.

Bij het verzenden van de verkoopfactuur wordt de volgende journaalpost gemaakt in het verkoopboek:

	130	Debiteuren	€	
Aan	175	Verschuldigde OB		€
Aan	850	Opbrengst verkopen		€

In het memoriaal wordt geboekt:

	800	Inkoopwaarde van de omzet	€	
Aan	750	Af te leveren goederen (inkoopprijs)		€

Bij het verzenden van de goederen wordt de volgende journaalpost gemaakt in het memoriaal:

	751	Afgeleverde goederen (inkoopprijs)	€	
Aan	700	Voorraad handelsgoederen		€

Aan het einde van de verslagperiode vindt de afstemming plaats tussen de verzonden verkoopfacturen en de verzonden goederen. Hiervoor wordt een afstemregister gebruikt. Van deze afstemming wordt in het memoriaal de volgende journaalpost gemaakt:

	750	Af te leveren goederen (inkoopprijs)	€	
Aan	751	Afgeleverde goederen (inkoopprijs)		€

Voorbeeld 3.6 Verzending goederen en facturen op verschillende tijdstippen

Een kampeerwinkel verkoopt via een webwinkel goederen aan particulieren. Na de ontvangst van een verkooporder worden de goederen en de verkoopfactuur verzonden. Na afloop van de verslagperiode worden de verzonden goederen en de verzonden verkoopfacturen met elkaar afgestemd door middel van een afstemregister.

In mei vinden de volgende financiële feiten plaats:
a. Op 25 mei bestelt een particulier via een website een tent met een verkoopprijs van € 598,95 inclusief 21% omzetbelasting. De verkoopfactuur wordt per e-mail naar de particulier verzonden. De inkoopprijs van de tent is € 320.
b. Op 26 mei wordt de tent per koerier aan de afnemer verzonden.
c. Op 31 mei worden de verzonden verkoopfacturen en de verzonden goederen afgestemd met behulp van het afstemregister.

De kampeerwinkel waardeert de voorraad tegen inkoopprijs en maakt naast de standaardrekeningen gebruik van de grootboekrekening 751 Afgeleverde goederen.

Gevraagd:
1. Welke journaalposten maakt de kampeerwinkel van bovengenoemde financiële feiten?

Uitwerking:

1. De kampeerwinkel maakt de volgende journaalposten:

a. Van de verzending van de verkoopfactuur op 25 mei in het verkoopboek:

	130	Debiteuren	€ 598,95	
Aan	175	Verschuldigde OB		€ 103,95
Aan	850	Opbrengst verkopen		€ 495

En in het memoriaal:

	800	Inkoopwaarde van de omzet	€ 320	
Aan	750	Af te leveren goederen		€ 320

b. Van de verzending van de goederen op 26 mei in het memoriaal:

	751	Afgeleverde goederen	€ 320	
Aan	700	Voorraad goederen		€ 320

c. Van het afstemregister op 31 mei in het memoriaal:

	750	Af te leveren goederen	€ 320	
Aan	751	Afgeleverde goederen		€ 320

Let op! Zowel de grootboekrekening 750 Af te leveren goederen als de grootboekrekening 751 Afgeleverde goederen wordt bijgehouden tegen de inkoopprijs.

3.3 Boekingen van verkopen bij realisatie van de winst op het moment van verzending c.q. retourontvangst van de goederen

Op het moment dat de winst als gerealiseerd wordt beschouwd bij het versturen van de goederen – of wordt teruggeboekt bij de retourontvangst van de goederen – zal gebruik worden gemaakt van de volgende grootboekrekeningen:

• 138 Nog te verzenden facturen (verkoopprijs);
• 139 Te verzenden creditnota's.

Bij het versturen van de goederen zal de volgende journaalpost worden gemaakt in het memoriaal:

	800	Inkoopwaarde van de omzet	€	
Aan	700	Voorraad goederen		€

En:

	138	Nog te verzenden facturen (verkoopprijs)	€	
Aan	850	Opbrengst verkopen		€

Bij het versturen van de verkoopfactuur wordt in het verkoopboek de volgende journaalpost gemaakt:

	130	Debiteuren	€	
Aan	175	Verschuldigde OB		€
Aan	138	Nog te verzenden facturen (verkoopprijs)		€

Bij de retourontvangst van de goederen zal in het memoriaal de volgende journaalpost worden gemaakt:

	700	Voorraad goederen	€	
Aan	800	Inkoopwaarde van de omzet		€

En:

	850	Opbrengst verkopen	€	
Aan	139	Te verzenden creditnota's (verkoopprijs)		€

Bij de verzending van de creditnota zal in het verkoopboek de volgende journaalpost worden gemaakt:

	175	Verschuldigde OB	€	
	139	Te verzenden creditnota's (verkoopprijs)	€	
Aan	130	Debiteuren		€

Voorbeeld 3.7 Retourontvangst goederen en verzending creditfactuur op verschillende tijdstippen

Een producent van kant-en-klare maaltijden ontvangt op 28 augustus een verkooporder voor de levering van kant-en-klare maaltijden aan een supermarktketen tegen een bedrag van € 59.466 inclusief 6% omzetbelasting. De kostprijs van deze kant-en-klare maaltijden zijn € 42.100. De winst wordt gerealiseerd (of teruggeboekt) bij het verzenden (of de retourontvangst) van de goederen.

69

Bij de producent vinden daarna de volgende financiële feiten plaats:

a. De producent levert de kant-en-klare maaltijden op 30 augustus.

b. Op 31 augustus wordt de verkoopfactuur aan de supermarktketen verzonden.

c. Op 31 augustus ontvangt de verkoopafdeling een klacht van de supermarktketen dat een deel van de kant-en-klare maaltijden niet conform de bestelling is geleverd. Op 1 september wordt dit deel weer bij de leverancier opgehaald en in het magazijn opgeslagen. De kostprijs van deze retourontvangen producten is € 4.200.

d. Op 4 september stuurt de producent een creditfactuur naar de supermarktketen voor een bedrag van € 5.946,60 inclusief 6% omzetbelasting.

De producent waardeert de voorraad tegen inkoopprijs.

Gevraagd:

Welke journaalposten maakt de producent van de bovengenoemde financiële feiten?

Uitwerking:

De producent maakt de volgende journaalposten:

a. Van de levering van de kant-en-klaarmaaltijden op 30 augustus in het memoriaal:

	800	Inkoopwaarde van de omzet	€ 42.100	
Aan	700	Voorraad producten		€ 42.100

Tegelijkertijd wordt van de te verzenden verkoopfactuur de volgende journaalpost gemaakt in het memoriaal (realisatieprincipe):

	138	Nog te verzenden facturen	€ 56.100	
Aan	850	Opbrengst verkopen: € 59.466 / 1,06		€ 56.100

b. Van het verzenden van de verkoopfactuur op 31 augustus in het verkoopboek:

	130	Debiteuren	€ 59.466	
Aan	175	Verschuldigde OB: € 56.100 × 6%		€ 3.366
Aan	138	Nog te verzenden facturen		€ 56.100

c. Van het ophalen en in het magazijn opnemen van kant-en-klare maaltijden op 31 augustus in het memoriaal:

	700	Voorraad producten	€ 4.200	
Aan	800	Inkoopwaarde van de omzet		€ 4.200

En:

	850	Opbrengst verkopen	€ 5.610	
Aan	139	Te verzenden creditnota's		€ 5.610

d. Van het verzenden van de creditfactuur op 4 september in het verkoopboek:

	139	Te verzenden creditnota's	€ 5.610	
	175	Verschuldigde OB	€ 336,60	
Aan	130	Debiteuren		€ 5.946,60

Boekingen van in- en verkopen – waardering voorraad tegen consumentenprijs

4.1 Waardering voorraad tegen consumentenprijs en inkopen en verkopen

4.1.1 Waardering tegen consumentenprijs

Waardering tegen verkrijgingsprijs

De algemene regel is dat de voorraad wordt gewaardeerd tegen de verkrijgingsprijs, oftewel inkoopprijs en bijkomende kosten. Toch zijn er situaties denkbaar waarin grootboekrekening 700 niet bijgehouden wordt tegen de verkrijgingsprijs, maar tegen de consumentenprijs.

Consumentenprijs

Met de consumentenprijs wordt bedoeld de verkoopprijs inclusief omzetbelasting. Dit wordt ook wel de bruto verkoopprijs of de winkelprijs genoemd. De consumentenprijs bestaat uit:

Verkrijgingsprijs	€
Bij: Winstopslag	€
(Bruto) verkoopprijs exclusief omzetbelasting	€
Bij: Omzetbelasting	€
Consumentenprijs	€

Om de voorraadadministratie aan te laten sluiten met de prijzen waarvoor de goederen in de winkel zijn opgenomen, kan er in de detailhandel voor worden gekozen om grootboekrekening 700 Voorraad handelsgoederen bij te houden tegen de consumentenprijs.

Aangezien de in de consumentenprijs opgenomen winst nog niet gerealiseerd is en daarom nog niet in de winst-en-verliesrekening mag worden opgenomen, wordt de winstopslag credit op de balans opgenomen op grootboekrekening 740 Ongerealiseerde winst en omzetbelasting.

Daarnaast is de in de consumentenprijs opgenomen omzetbelasting nog niet verschuldigd aan de Belastingdienst. De omzetbelasting wordt pas verschuldigd op het moment dat de verkoop heeft plaatsgevonden. De omzetbelasting wordt daarom credit op de balans opgenomen, eveneens op grootboekrekening 740 Ongerealiseerde winst en omzetbelasting.

Het saldo van de grootboekrekeningen 700 en 740 geeft dan weer de voorraadwaarde aan tegen de inkoopprijs.

4.1.2 Inkopen en verkopen

Inkopen Bij inkopen wordt bij de ontvangst van de goederen in de winkel en de ontvangst van de inkoopfactuur de volgende journaalpost gemaakt in het inkoopboek:

	700	Voorraad handelsgoederen (consumentenprijs)	€	
	170	Te verrekenen OB	€	
Aan	740	Ongerealiseerde winst en omzetbelasting		€
Aan	140	Crediteuren (inkoopprijs inclusief OB)		€

Per saldo is de voorraad opgenomen tegen de inkoopprijs, namelijk:

	700	Voorraad handelsgoederen	consumentenprijs
Af:	740	Ongerealiseerde winst en omzetbelasting	– ongerealiseerde winst en omzetbelasting
			inkoopprijs

Verkopen Bij een contante verkoop wordt de volgende journaalpost gemaakt in het kasboek:

	100	Kas	€	
Aan	175	Verschuldigde OB		€
Aan	850	Opbrengst verkopen		€

Van de afgifte van de goederen uit de winkel wordt de volgende journaalpost gemaakt in het memoriaal:

	800	Inkoopwaarde van de omzet (inkoopprijs)	€	
	740	Ongerealiseerde winst en omzetbelasting	€	
Aan	700	Voorraad handelsgoederen (consumentenprijs)		€

Indien de onderneming ervoor kiest alleen gebruik te maken van grootboekrekening 851 Brutowinst verkopen en niet van de grootboekrekeningen 850 en 800, worden de bovenstaande journaalposten samengevoegd tot:

	100	Kas (consumentenprijs)	€	
Aan	700	Voorraad handelsgoederen (consumentenprijs)		€

En:

	740	Ongerealiseerde winst en omzetbelasting	€	
Aan	175	Verschuldigde OB		€
Aan	851	Brutowinst verkopen		€

De informatiewaarde over de omzet gaat hierbij wel verloren in de administratie.

Voorbeeld 4.1 Voorraad tegen consumentenprijs en inkopen en verkopen

Een detailhandelsonderneming verkoopt goederen aan consumenten. Voor de vaststelling van de consumentenprijs wordt een winstopslag berekend van 40% van de verkoopprijs en 21% omzetbelasting van de verkoopprijs.

a. Op 13 oktober bestelt de detailhandelsonderneming bij de leverancier 240 goederen met een inkoopprijs van € 81 exclusief 21% omzetbelasting per stuk. De detailhandelsonderneming bepaalt de consumentenprijs als volgt:

Inkoopprijs	€ 81	60%
Winstopslag	€ 54	40%
Verkoopprijs: € 81 × 100/60	€ 135	100%
Omzetbelasting 21%	€ 28,35	21%
Consumentenprijs	€ 163,35	121%

b. Op 20 oktober worden de goederen en de inkoopfactuur geleverd.

c. Op 26 oktober verkoopt de detailhandelsonderneming 12 van de op 20 oktober ontvangen goederen via pintransacties.

d. Op 27 oktober worden de gepinde bedragen bijgeschreven op de bankrekening.

De detailhandelsonderneming waardeert de voorraad tegen de consumentenprijs en maakt naast de standaardrekeningen gebruik van grootboekrekening 227 Tussenrekening pintransacties.

Gevraagd:

1. Welke journaalposten worden gemaakt van bovengenoemde financiële feiten?

Uitwerking:

1. De detailhandelsonderneming maakt de volgende journaalposten:
   a. Van de bestelling op 13 oktober wordt geen journaalpost gemaakt.

b. Van de levering van de goederen en de inkoopfactuur op 20 oktober in het inkoopboek:

	700	Voorraad handelsgoederen: 240 × € 163,35	€ 39.204	
	170	Te verrekenen OB: 240 × € 81 × 21%	€ 4.082,40	
Aan	740	Ongerealiseerde winst en omzetbelasting: 240 × (€ 54 + € 28,35)		€ 19.764
Aan	140	Crediteuren: 240 × € 81 × 121%		€ 23.522,40

c. Van de verkoop op 26 oktober in het verkoopboek:

	227	Tussenrekening pintransacties: 12 × € 163,35	€ 1.960,20	
	175	Verschuldigde OB: 12 × € 28,35		€ 340,20
Aan	850	Opbrengst verkopen: 12 × € 135		€ 1.620

En in het memoriaal:

	800	Inkoopwaarde van de omzet: 12 × € 81	€ 972	
	740	Ongerealiseerde winst en omzetbelasting: 12 × (€ 54 + € 28,35)	€ 988,20	
Aan	700	Voorraad handelsgoederen: 12 × € 163,35		€ 1.960,20

d. Van de bijschrijving op de bankrekening op 27 oktober in het bankboek:

| | 110 | Bank | € 1.960,20 | |
| Aan | 227 | Tussenrekening pintransacties | | € 1.960,20 |

4.2 Verkopen met korting

4.2.1 Verkopen met korting

We gaan nog altijd uit van de situatie waarin de voorraad wordt bijgehouden tegen de consumentenprijs, oftewel bruto verkoopprijs plus omzetbelasting. Indien bij de verkopen korting wordt verleend, is de omzetbelasting verschuldigd over de netto verkoopprijs. Hierbij wijken de bedragen af van de bedragen die zijn geboekt op de rekeningen 700 Voorraad handelsgoederen en 740 Ongerealiseerde winst en omzetbelasting. Bij de boeking van de inkoopwaarde van de omzet moet hiermee rekening worden gehouden.

Voorbeeld 4.2 Verkopen met korting

Een warenhuis verkoopt goederen aan consumenten. Voor de vaststelling van de consumentenprijs wordt een winstopslag berekend van 60% van de inkoopprijs en 21% omzetbelasting van de verkoopprijs.

a. Op 2 april bestelt het warenhuis bij de leverancier 400 goederen met een inkoopprijs van € 40 exclusief 21% omzetbelasting per stuk. De kwantumkorting is 2%.

De detailhandelsonderneming bepaalt de consumentenprijs als volgt:

Inkoopprijs: € 40 × (100% - 2%)	€ 39,20	100%
Winstopslag: € 39,20 × 60%	€ 23,52	60%
Verkoopprijs	€ 62,72	160%
Omzetbelasting: 21% × € 62,72	€ 13,17	
Consumentenprijs	€ 75,89	

b. Op 6 april worden de goederen en de inkoopfactuur geleverd.
c. Op 30 november blijkt dat van de ingekochte goederen van 2 april 25 stuks nog niet zijn verkocht. De verkochte goederen zijn geboekt. De winkel besluit de niet-verkochte goederen in december met een korting van 30% aan te bieden. De voorraadwaarde wordt niet aangepast in de financiële administratie.
d. De winkel verkoopt op 2 december alsnog 20 van deze goederen contant.

Het warenhuis waardeert de voorraad tegen de consumentenprijs.

Gevraagd:
1. Welke journaalposten worden gemaakt van bovengenoemde financiële feiten?

Uitwerking:
1. Het warenhuis maakt de volgende journaalposten:
   a. Van de bestelling op 2 april wordt geen journaalpost gemaakt.
   b. Van de levering van de goederen en de inkoopfactuur op 6 april in het inkoopboek:

	700	Voorraad handelsgoederen: 400 × € 75,89	€ 30.356	
	170	Te verrekenen OB: 400 × € 39,20 × 21%	€ 3.292,80	
Aan	740	Ongerealiseerde winst en omzetbelasting: 400 × (€ 23,52 + € 13,17)		€ 14.676
Aan	140	Crediteuren: 400 × € 39,20 × 121%		€ 18.972,80

c. Van het besluit om de goederen met 30% korting aan te bieden wordt geen journaalpost gemaakt.

d. Van de contante verkoop op 2 december in het kasboek:

	100	Kas: € 1.254,40 - € 376,32 + € 184,40	€ 1.062,48	
	840	Rabatten en kortingen: 30% × € 20 × € 62,72	€ 376,32	
Aan	175	Verschuldigde OB: 21% × (€ 1.254,40 - € 376,32)		€ 184,40
Aan	850	Opbrengst verkopen: 20 × € 62,72		€ 1.254,40

Daarnaast maakt de detailhandelsonderneming de volgende journaalpost in het memoriaal:

	800	Inkoopwaarde van de omzet: 20 × € 39,20	€ 784	
	740	Ongerealiseerde winst en omzetbelas- ting: 20 × (€ 23,52 + € 13,17)	€ 733,80	
Aan	700	Voorraad handelsgoederen: 20 × € 75,89		€ 1.517,80

4.3 Voorraadverschillen

Aan het einde van de verslagperiode wordt intern gecontroleerd of de werkelijk aanwezige voorraad aansluit met de kantoorvoorraadadministratie. Indien hierbij voorraadverschillen worden geconstateerd die niet kunnen worden verklaard en die ontstaan kunnen zijn als gevolg van diefstal of onopzettelijke fouten, moeten deze in de kantoorvoorraadadministratie (lees: financiële administratie) worden afgeboekt.

4.3.1 Voorraadverschillen en waardering voorraad tegen inkoopprijs

Voorraadverschil De volgende journaalpost wordt gemaakt van het afboeken van een positief voorraadverschil (de werkelijke voorraad is hoger dan de kantoorvoorraad) in het memoriaal:

	700	Voorraad handelsgoederen	€	
Aan	920	Voorraadverschillen		€

De volgende journaalpost wordt gemaakt van het afboeken van een negatief voor-raadverschil (de kantoorvoorraad is hoger dan de werkelijke voorraad) in het memoriaal:

	920	Voorraadverschillen	€	
Aan	700	Voorraad handelsgoederen		€

4.3.2 Voorraadverschillen en waardering voorraad tegen consumentenprijs

Wanneer grootboekrekening 700 Voorraad handelsgoederen is opgenomen tegen de consumentenprijs, is bij geconstateerde voorraadverschillen het verlies (of de winst) niet de consumentenprijs, maar de inkoopprijs.

De volgende journaalpost wordt dan gemaakt van het afboeken van een negatief voorraadverschil (de kantoorvoorraad is hoger dan de werkelijke voorraad) in het memoriaal:

	920	Voorraadverschillen (inkoopprijs)	€	
	740	Ongerealiseerde winst en omzetbelasting	€	
Aan	700	Voorraad handelsgoederen (consumentenprijs)		€

Voorbeeld 4.3 Voorraadverschillen en consumentenprijs

Een detailhandel heeft op 31 december de volgende saldi op de grootboekrekeningen staan:

700	Voorraad handelsgoederen	debet	€ 520.542
740	Ongerealiseerde winst en omzetbelasting	credit	€ 262.422

De grootboekrekening 700 is opgenomen tegen de consumentenprijs van € 54,45, die bestaat uit de inkoopprijs plus een winstopslag van 40% van de verkoopprijs plus 21% omzetbelasting van de verkoopprijs, oftewel:

Inkoopprijs	€ 27	60%
Winstopslag	€ 18	40%
Verkoopprijs	€ 45	100%
Omzetbelasting	€ 9,45	21%
Consumentenprijs	€ 54,45	121%

Uit de inventarisatie van 31 december blijkt dat er een negatief verschil van 21 stuks is tussen de kantoorvoorraadadministratie en de werkelijk aanwezige voorraad. Voor het verschil kan geen verklaring worden gevonden en daarom wordt besloten tot afboeken in de financiële administratie.

Gevraagd:
Welke journaalpost wordt gemaakt van het voorraadverschil?

Uitwerking:
De detailhandel maakt in het memoriaal de volgende journaalpost van het voorraad-verschil:

	920	Voorraadverschillen: 21 × € 27	€ 567	
	740	Ongerealiseerde winst en omzetbelas-ting: 21 × (€ 18 + € 9,45)	€ 576,45	
Aan	700	Voorraad handelsgoederen: 21 × € 54,45		€ 1.143,45

4.4 Aanpassen consumentenprijs

Aanpassen consumentenprijs

Aan het begin van de nieuwe verslagperiode kan worden besloten de consumen-tenprijs aan te passen.

Van een verhoging van de consumentenprijs wordt de volgende journaalpost ge-maakt in het memoriaal:

	700	Voorraad handelsgoederen	€	
Aan	740	Ongerealiseerde winst en omzetbelasting		€

Voorbeeld 4.4 Aanpassen consumentenprijs
Een detailhandelsbedrijf hanteert de volgende opbouw van de consumentenprijs:

Inkoopprijs	€ 15	100%
Winstopslag: € 15 × 60%	€ 9	60%
Verkoopprijs	€ 24	160%
Omzetbelasting: € 24 × 21%	€ 5,04	
Consumentenprijs	€ 29,04	

Op 1 januari heeft het detailhandelsbedrijf de volgende saldi op de grootboekrekeningen staan:

700	Voorraad handelsgoederen: 13.400 × € 29,04	debet	€ 389.136
740	Ongerealiseerde winst en omzetbelasting: 13.400 × (€ 9 + € 5,04)	credit	€ 188.136
	Voorraad tegen inkoopprijs	debet	€ 201.000

Uit de begroting volgt dat de consumentenprijs wordt aangepast van € 29,04 naar € 30,25 per eenheid.

De consumentenprijs kan als volgt worden berekend:

Inkoopprijs	€ 15	100,00%
Winstopslag: € 25 - € 15	€ 10	66,67%
Verkoopprijs	€ 25	166,67%
Omzetbelasting: € 30,25 × 21%/121%	€ 5,25	
Consumentenprijs	€ 30,25	

Gevraagd:
1. Welke journaalpost maakt het detailhandelsbedrijf van de aanpassing van de consumentenprijs op 1 januari?
2. Welke saldi staan er op de grootboekrekeningen 700 en 740 na deze aanpassing?

Uitwerking:
1. Het detailhandelsbedrijf maakt in het memoriaal de volgende journaalpost van de aanpassing van de consumentenprijs:

	700	Voorraad handelsgoederen: 13.400 × (€ 30,25 - € 29,04)	€ 16.214	
Aan	740	Ongerealiseerde winst en omzetbelasting: 13.400 × (10 - € 9) + 13.400 × (€ 5,25 - € 5,04)		€ 16.214

2. De saldi op de grootboekrekeningen zijn na deze aanpassing als volgt:

700	Voorraad handelsgoederen: 13.400 × € 30,25	debet	€ 405.350
740	Ongerealiseerde winst en omzetbelasting: 13.400 × (€ 10 + € 5,25)	credit	€ 204.350
	Voorraad tegen inkoopprijs	debet	€ 201.000

5 Boekingen van in- en verkopen – waardering voorraad tegen vaste verrekenprijs

5.1 Waardering tegen vaste verrekenprijs en (retour)inkopen en betaling

Waardering tegen verkrijgingsprijs

De algemene regel is dat de voorraad wordt gewaardeerd tegen de verkrijgingsprijs, oftewel de inkoopprijs en de bijkomende kosten. Toch zijn er situaties denkbaar waarin grootboekrekening 700 Voorraad handelsgoederen of grootboekrekening 300 Voorraad grondstoffen niet bijgehouden wordt tegen de verkrijgingsprijs, maar tegen de vaste verrekenprijs (vvp).

Vaste verrekenprijs

Met de vaste verrekenprijs wordt een verwachte gemiddelde inkoopprijs bepaald voor de komende verslagperiode. Het verschil tussen de verwachte gemiddelde inkoopprijs en de werkelijke inkoopprijs wordt dan geboekt op grootboekrekening 730 Prijsverschillen bij inkoop of 320 Prijsverschillen bij inkoop grondstoffen. Bij handelsbedrijven is het saldo van de grootboekrekeningen 700 en 730 de voorraad gewaardeerd tegen de inkoopprijs. Bij productiebedrijven is dit het saldo van de grootboekrekeningen 300 en 320.

Voordelen

Voordelen van het werken met de vaste verrekenprijs zijn:
- Productiebedrijven kunnen deze standaardprijs in hun voorcalculatie opnemen, zodat er gedurende de verslagperiode geen wisselende voorcalculaties (kostprijzen bij productie op voorraad) ontstaan.
- Handelsbedrijven kunnen eenvoudiger de inkoopwaarde van de omzet bepalen.
- Inkoopafdelingen kunnen verantwoording afleggen over hun inkoopprestaties, zonder dat inkoopprestaties in het verkoop- of productieresultaat terechtkomen.

5.1.1 Journaalposten bij een handelsbedrijf

Handelsbedrijf De journaalpost die bij een handelsbedrijf wordt gemaakt in het inkoopboek bij het ontvangen van de goederen en de inkoopfactuur luidt als volgt:

	700	Voorraad handelsgoederen (vaste verrekenprijs)	€	
	170	Te verrekenen OB	€	
Aan	140	Crediteuren (inkoopprijs inclusief OB)		€
(Aan)	730	Prijsverschillen bij inkoop (vaste verrekenprijs - inkoopprijs)*		€

* Wanneer de verwachte gemiddelde inkoopprijs (vaste verrekenprijs) hoger is dan de inkoopprijs, wordt grootboekrekening 730 gecrediteerd omdat de inkoopafdeling gunstig heeft ingekocht. De inkoopprijs (of inkoopwaarde) van de voorraad handels-goederen is lager dan de vaste verrekenprijs die op grootboekrekening 700 is geboekt. Wanneer de verwachte gemiddelde inkoopprijs lager is dan de inkoopprijs, wordt grootboekrekening 730 gedebiteerd omdat de inkoopafdeling ongunstig heeft inge-kocht. De inkoopprijs van de voorraad handelsgoederen is dan hoger dan de vaste verrekenprijs die op grootboekrekening 700 is geboekt.

De journaalpost die in het memoriaal wordt gemaakt van de aflevering van de goe-deren is:

	800	Inkoopwaarde van de omzet (vaste verrekenprijs)	€	
Aan	700	Voorraad handelsgoederen (vaste verrekenprijs)		€

Gedurende de verslagperiode blijft het prijsverschil van de verkochte handelsgoe-deren op grootboekrekening 730 staan. Pas aan het einde van de verslagperiode wordt het inkoopresultaat bepaald en overboekt naar de winst-en-verliesrekening. In het memoriaal wordt dan de volgende journaalpost gemaakt indien er sprake is van een positief inkoopresultaat (prijsverschil):

	730	Prijsverschillen bij inkoop	€	
Aan	930	Resultaat prijsverschillen (inkoopresultaat)		€

Tip! Positieve resultaten (baten, opbrengsten of winsten genoemd) staan altijd credit in de winst-en-verliesrekening.

Voorbeeld 5.1 Waardering tegen vaste verrekenprijs en (retour)inkopen en betaling

Een handelsbedrijf heeft de verwachte gemiddelde inkoopprijs van de goederen vast-gesteld op € 80. In de maanden januari en februari doen zich de volgende financiële feiten voor:

a. Op 8 januari koopt het handelsbedrijf bij de leverancier 430 goederen in voor € 81 per stuk exclusief 21% omzetbelasting. De goederen en de inkoopfactuur worden op 12 januari ontvangen.

b. Op 15 januari verkoopt het handelsbedrijf aan een afnemer 40 goederen tegen een verkoopprijs van € 128 exclusief 21% omzetbelasting. Op 16 januari worden de goederen en de verkoopfactuur afgeleverd.

c. Op 14 februari betaalt de afnemer de verkoopfactuur van 16 januari per bank. De afnemer betaalt € 0,20 te weinig en het handelsbedrijf besluit dit betalingsverschil af te boeken.

d. Op 16 februari betaalt het handelsbedrijf de inkoopfactuur van 12 januari aan de leverancier.

Het handelsbedrijf waardeert de voorraad tegen de vaste verrekenprijs en maakt naast de standaardrekeningen gebruik van de grootboekrekening 900 Betalingsverschillen.

Gevraagd:
1. Welke journaalposten maakt het handelsbedrijf van de gegeven financiële feiten?

Uitwerking:
1. Het handelsbedrijf maakt de volgende journaalposten:
a. Van de ontvangst van de inkoopfactuur op 12 januari in het inkoopboek:

	700	Voorraad handelsgoederen: 430 × € 80	€ 34.400	
	170	Te verrekenen OB: 430 × € 81 × 21%	€ 7.314,30	
	730	Prijsverschillen bij inkoop: 430 × € 1	€ 430	
Aan	140	Crediteuren		€ 42.144,30

b. Van de aflevering van de goederen en de verkoopfactuur op 16 januari in het verkoopboek:

	130	Debiteuren: 40 × € 128 × 121%	€ 6.195,20	
Aan	175	Verschuldigde OB: 40 × € 128 × 21%		€ 1.075,20
Aan	850	Opbrengst verkopen: 40 × € 128		€ 5.120

85

En in het memoriaal (productmatching/realisatieprincipe):

	800	Inkoopwaarde van de omzet:		
		40 x € 80	€ 3.200	
Aan	700	Voorraad handelsgoederen		€ 3.200

c. Van de betaling door de afnemer op 14 februari in het bankboek:

	100	Bank	€ 6.195	
	900	Betalingsverschillen	€ 0,20	
Aan	130	Debiteuren		€ 6.195,20

d. Van de betaling van de inkoopfactuur op 16 februari in het bankboek:

	140	Crediteuren	€ 42.144,30	
Aan	110	Bank		€ 42.144,30

5.1.2 Journaalposten bij een productiebedrijf

Productiebedrijf De journaalpost die wordt gemaakt in het inkoopboek bij het ontvangen van de grondstoffen en de inkoopfactuur luidt als volgt:

	300	Voorraad grondstoffen (vaste verrekenprijs)	€	
	170	Te verrekenen OB	€	
Aan	140	Crediteuren (inkoopprijs inclusief OB)		€
(Aan)	320	Prijsverschillen bij inkoop grondstoffen (vaste verrekenprijs - inkoopprijs)		€

De journaalpost die in het memoriaal wordt gemaakt van de afgifte van de grondstoffen aan de productieafdeling is:

	410	Verbruik grondstoffen (vaste verrekenprijs)	€	
Aan	300	Voorraad grondstoffen (vaste verrekenprijs)		€

Gedurende de verslagperiode blijft het prijsverschil van de grondstoffen op grootboekrekening 320 staan. Pas aan het einde van de verslagperiode wordt het inkoopresultaat bepaald en overgeboekt naar de winst-en-verliesrekening. In het memoriaal wordt de volgende journaalpost gemaakt van een positief inkoopresultaat:

	320	Prijsverschillen bij inkoop grondstoffen	€	
Aan	930	Resultaat prijsverschillen		€

Voorbeeld 5.2 Waardering tegen vaste verrekenprijs en (retour)inkopen en betaling

Een productiebedrijf koopt grondstoffen in die in de financiële administratie worden opgenomen tegen een vaste verrekenprijs van € 5,10 per kilogram. In juli doen zich de volgende financiële feiten voor:

a. Op 1 juli bestelt de inkoopafdeling van het productiebedrijf bij de leverancier 10.000 kilogram a € 5,25 exclusief 6% omzetbelasting. Met de leverancier is een vaste afspraak gemaakt dat het productiebedrijf 4% kwantumkorting ontvangt.

b. Op 3 juli worden de grondstoffen en de inkoopfactuur ontvangen.

c. Op 5 juli wordt 5.100 kilogram afgegeven aan de productieafdeling.

d. Op 21 juli wordt de inkoopfactuur per bank betaald aan de leverancier.

Gevraagd:

Welke journaalposten maakt het productiebedrijf van de bovengenoemde financiële feiten?

Uitwerking:

Het productiebedrijf maakt de volgende journaalposten:

a. Van de bestelling van de grondstoffen op 1 juli wordt geen journaalpost gemaakt.

b. Van de ontvangst van de grondstoffen en inkoopfactuur op 3 juli in het inkoopboek:

	300	Voorraad grondstoffen: 10.000 × € 5,10	€ 51.000	
	170	Te verrekenen OB: 10.000 × € 5,25 × 96%* × 6%	€ 3.024	
Aan	140	Crediteuren: 10.000 × € 5,25 × 96% × 106%		€ 53.424
Aan	320	Prijsverschillen bij inkoop grondstoffen: 10.000 × (€ 5,10 - € 5,25 × 96%)		€ 600

* De omzetbelasting wordt berekend over het netto factuurbedrag.

c. Van de afgifte van de grondstoffen aan de productieafdeling op 5 juli in het memoriaal:

	410	Verbruik grondstoffen: 5.100 × € 5,10	€ 26.010	
Aan	300	Voorraad grondstoffen		€ 26.010

d. Van de betaling van de inkoopfactuur op 21 juli in het bankboek:

	140	Crediteuren	€ 53.424	
Aan	110	Bank		€ 53.424

5.2 (Retour)ontvangst goederen en facturen op verschillende tijdstippen

5.2.1 Ontvangen goederen en facturen op verschillende tijdstippen

Het komt voor dat de goederen (of grondstoffen) en de inkoopfactuur niet op het-zelfde moment ontvangen worden. Dan is er sprake van twee financiële feiten (het ontvangen van de goederen en het ontvangen van de inkoopfacturen), die apart moeten worden geboekt.

Om de ontvangst van de goederen en de ontvangst van de inkoopfactuur in de financiële administratie op elkaar te kunnen afstemmen, wordt gebruikgemaakt van een controlerende tussenrekening. Het kenmerk van deze controlerende tussenrekening is dat deze weer 'glad' loopt nadat zowel de goederen als de inkoop-factuur ontvangen zijn.

De volgende situaties kunnen zich voordoen:
1. eerst goederenontvangst, daarna ontvangst inkoopfactuur;
2. eerst ontvangst inkoopfactuur, daarna goederenontvangst;
3. geen vaste volgorde van goederenontvangst en ontvangst inkoopfactuur.

Ad 1. Eerst goederenontvangst, daarna ontvangst inkoopfactuur

Eerst goederen, dan factuur In deze situatie wordt de controlerende tussenrekening 148 Nog te ontvangen facturen gebruikt. Grootboekrekening 148 kan worden bijgehouden tegen:
a. vaste verrekenprijs;
b. inkoopprijs.

Ad a. Tussenrekening 148 Nog te ontvangen facturen tegen vaste verrekenprijs

Vaste verrekenprijs De volgende journaalposten worden gemaakt in het geval grootboekrekening 148 Nog te ontvangen facturen wordt bijgehouden tegen de vaste verrekenprijs.

a. Van de ontvangst van de goederen in het magazijn in het memoriaal:

	700	Voorraad handelsgoederen (vaste verrekenprijs)	€	
Aan	148	Nog te ontvangen facturen (vaste verrekenprijs)		€

b. Van de ontvangst van de inkoopfactuur in het inkoopboek:

	148	Nog te ontvangen facturen (vaste verrekenprijs)	€	
	170	Te verrekenen OB	€	
Aan	140	Crediteuren (inkoopprijs inclusief OB)		€
(Aan)	730	Prijsverschillen bij inkoop (vaste verrekenprijs - inkoopprijs)		€

Na ontvangst van de inkoopfactuur loopt de controlerende tussenrekening 148 weer glad.

Voorbeeld 5.3 Nog te ontvangen facturen tegen vaste verrekenprijs

Een productiebedrijf waardeert de voorraad grondstoffen tegen de vaste verrekenprijs van € 6 per kilogram. Grootboekrekening 148 Nog te ontvangen facturen wordt in de financiële administratie bijgehouden tegen de vaste verrekenprijs. In september doen zich de volgende financiële feiten voor:

a. Op 11 september wordt een inkoopbestelling bij een leverancier geplaatst voor 2.300 kilogram grondstof tegen een inkoopprijs van € 5,90 exclusief 21% omzetbelasting.
b. Op 15 september worden de grondstoffen in het magazijn afgeleverd.
c. Op 18 september wordt de inkoopfactuur ontvangen.

Gevraagd:
Welke journaalposten maakt het productiebedrijf van bovengenoemde financiële feiten?

Uitwerking:

Het productiebedrijf maakt de volgende journaalposten:

a. Van de inkoopbestelling op 11 september wordt geen journaalpost gemaakt.

b. Van de aflevering van de grondstoffen in het magazijn op 15 september in het memoriaal:

	300	Voorraad grondstoffen: 2.300 × € 6	€ 13.800	
Aan	148	Nog te ontvangen facturen		€ 13.800

c. Van de ontvangst van de inkoopfactuur op 18 september in het inkoopboek:

	148	Nog te ontvangen facturen	€ 13.800	
	170	Te verrekenen OB: (2.300 × € 5,90) × 21%	€ 2.849,70	
Aan	140	Crediteuren: (2.300 × € 5,90) × 121%		€ 16.419,70
Aan	320	Prijsverschillen bij inkoop grondstoffen: 2.300 × (€ 6 - € 5,90)		€ 230

Ad b. Nog te ontvangen facturen tegen inkoopprijs

Inkoopprijs De volgende journaalposten worden gemaakt in het geval grootboekrekening 148 Nog te ontvangen facturen wordt bijgehouden tegen de inkoopprijs.

a. Van de ontvangst van de goederen in het magazijn in het memoriaal:

	700	Voorraad handelsgoederen (vaste verreken- prijs)	€	
Aan	148	Nog te ontvangen facturen (inkoopprijs)		€
(Aan)	730	Prijsverschillen bij inkoop (vaste verrekenprijs - inkoopprijs)		€

b. Van de ontvangst van de inkoopfactuur in het inkoopboek:

	148	Nog te ontvangen facturen (inkoopprijs)	€	
	170	Te verrekenen OB	€	
Aan	140	Crediteuren (inkoopprijs inclusief OB)		€

Voorbeeld 5.4 Nog te ontvangen facturen tegen inkoopprijs

Een productiebedrijf waardeert de ingekochte grondstoffen tegen de vaste verrekenprijs van € 3 per eenheid. In de financiële administratie van het productiebedrijf wordt
grootboekrekening 148 Nog te ontvangen facturen bijgehouden tegen de inkoopprijs.
In april doen zich de volgende financiële feiten voor:

a. Op 13 april bestelt het productiebedrijf bij de vaste leverancier 12.000 eenheden
   grondstof voor een inkoopprijs van € 3,10 exclusief 21% omzetbelasting.
b. Op 17 april worden de 12.000 eenheden afgeleverd bij het magazijn.
c. Op 20 april ontvangt het productiebedrijf de inkoopfactuur. Het productiebedrijf
   mag volgens de inkoopfactuur van de leverancier gebruikmaken van een korting
   voor contante betaling van 1% indien de factuur binnen 8 dagen wordt betaald.

   De factuur ziet er als volgt uit:

Inkoop grondstof: 12.000 × € 3,10	€ 37.200
Korting voor contant: 1% × € 37.200	- € 372
	€ 36.828
Omzetbelasting: 21% × € 36.828	€ 7.733,88
	€ 44.561,88

d. Op 27 april betaalt het productiebedrijf € 44.561,88 per bank aan de leverancier.

Het productiebedrijf maakt naast de standaardrekeningen gebruik van de grootboekrekening 962 Ontvangen kortingen voor contant.

Gevraagd:
1. Welke journaalposten maakt het productiebedrijf van bovengenoemde financiële
   feiten?

Uitwerking:
1. Het productiebedrijf maakt de volgende journaalposten:
   a. Van de bestelling van de grondstof op 13 april wordt geen journaalpost
      gemaakt.
   b. Van de aflevering van de grondstof in het magazijn op 17 april in het memoriaal:

	300	Voorraad grondstoffen: 12.000 × € 3	€ 36.000	
	320	Prijsverschillen bij inkoop grondstoffen	€ 1.200	
Aan	148	Nog te ontvangen facturen: 12.000 × € 3,10		€ 37.200

c. Van de ontvangst van de inkoopfactuur op 20 april in het inkoopboek:

	148	Nog te ontvangen facturen	€ 37.200	
	170	Te verrekenen OB: (€ 37.200 - € 372) × 21%	€ 7.733,88	
Aan	140	Crediteuren		€ 44.561,88
Aan	962	Ontvangen kortingen voor contant*		€ 372

* Een korting voor contant betalen wordt beschouwd als een interestbate (financiële bate) en wordt daarom in rubriek 9 opgenomen.

d. Van de betaling van de inkoopfactuur op 27 april in het bankboek:

	140	Crediteuren	€ 44.561,88	
Aan	110	Bank		€ 44.561,88

Ad 2. Eerst ontvangst inkoopfactuur, daarna goederenontvangst

Eerst factuur, daarna goederen
In deze situatie wordt de controlerende tussenrekening 720 Nog te ontvangen goederen gebruikt. Grootboekrekening 720 kan worden bijgehouden tegen:
a. inkoopprijs;
b. vaste verrekenprijs.

Ad a. 720 Nog te ontvangen goederen tegen inkoopprijs

Inkoopprijs
De volgende journaalposten worden gemaakt in het geval grootboekrekening 720 wordt bijgehouden tegen de inkoopprijs.

a. Van de ontvangst van de inkoopfactuur in het inkoopboek:

	720	Nog te ontvangen goederen (inkoopprijs)	€	
	170	Te verrekenen OB	€	
Aan	140	Crediteuren (inkoopprijs inclusief OB)		€

b. Van de ontvangst van de goederen in het magazijn in het memoriaal:

	700	Voorraad handelsgoederen (vaste verrekenprijs)	€	
Aan	720	Nog te ontvangen goederen (inkoopprijs)		€
(Aan)	730	Prijsverschillen bij inkoop: (vaste verrekenprijs - inkoopprijs)		€

Na ontvangst van de goederen loopt de controlerende tussenrekening 720 weer glad.

Voorbeeld 5.5 Nog te ontvangen handelsgoederen tegen inkoopprijs

Een handelsbedrijf waardeert de voorraad caravans tegen de vaste verrekenprijs van € 10.900. Omdat bij inkoop van de caravans altijd eerst de inkoopfactuur digitaal ontvangen wordt, wordt in de financiële administratie gebruikgemaakt van grootboek-rekening 720 Nog te ontvangen goederen. Deze grootboekrekening wordt bijge-houden tegen de inkoopprijs. In april doen zich de volgende financiële feiten voor:

a. Op 14 april bestelt het handelsbedrijf 12 caravans bij de vaste leverancier voor een inkoopprijs van € 11.120 per stuk exclusief 21% omzetbelasting. Met de leverancier is afgesproken dat het handelsbedrijf 2% kwantumkorting ontvangt indien meer dan 10 caravans tegelijk worden besteld.

b. Op 15 april wordt de inkoopfactuur digitaal ontvangen.

c. Op 21 april worden de 12 caravans afgeleverd.

Gevraagd:
Welke journaalposten maakt het handelsbedrijf van bovengenoemde financiële feiten?

Uitwerking:
Het handelsbedrijf maakt de volgende journaalposten:

a. Van de bestelling van de caravans op 14 april wordt geen journaalpost gemaakt.

b. Van de ontvangst van de inkoopfactuur in het inkoopboek op 15 april:

	720	Nog te ontvangen goederen: 12 × € 11.120 × 0,98	€ 130.771,20	
	170	Te verrekenen OB: € 130.771,20 × 21%	€ 27.461,95	
Aan	140	Crediteuren		€ 158.233,15

c. Van de ontvangst van de caravans op 21 april in het memoriaal:

	700	Voorraad handelsgoederen: 12 × € 10.900	€ 130.800	
Aan	720	Nog te ontvangen goederen		€ 130.771,20
Aan	730	Prijsverschillen bij inkoop: 12 × (€ 10.900 - (€ 11.120 × 0,98))		€ 28,80

Ad b. 720 Nog te ontvangen goederen tegen vaste verrekenprijs

Vaste verrekenprijs   De volgende journaalposten worden gemaakt in het geval grootboekrekening 720 wordt bijgehouden tegen de vaste verrekenprijs.

a. Van de ontvangst van de inkoopfactuur in het inkoopboek:

	720	Nog te ontvangen goederen (vaste verrekenprijs)	€	
	170	Te verrekenen OB	€	
Aan	140	Crediteuren (inkoopprijs inclusief OB)		€
(Aan)	730	Prijsverschillen bij inkoop: (vaste verrekenprijs - inkoopprijs)		€

b. Van de ontvangst van de goederen in het magazijn in het memoriaal:

	700	Voorraad handelsgoederen (vaste verrekenprijs)	€	
Aan	720	Nog te ontvangen goederen (vaste verrekenprijs)		€

Na ontvangst van de goederen loopt de controlerende tussenrekening 720 weer glad.

Voorbeeld 5.6 Nog te ontvangen grondstoffen tegen vaste verrekenprijs

Een productiebedrijf waardeert de voorraad grondstoffen tegen de vaste verrekenprijs van € 18 per strekkende meter. Van de grondstoffenleverancier wordt de inkoopfactuur altijd eerder ontvangen dan de grondstoffen. Daarom wordt in de financiële administratie gebruikgemaakt van grootboekrekening 310 Nog te ontvangen grondstoffen. Deze grootboekrekening wordt bijgehouden tegen de vaste verrekenprijs. In februari doen zich de volgende financiële feiten voor:
a. Op 23 februari bestelt het productiebedrijf 4.200 meter bij de leverancier tegen een inkoopprijs van € 18,20 per meter exclusief 21% omzetbelasting.
b. Op 25 februari ontvangt het productiebedrijf de inkoopfactuur.
c. Op 28 februari worden de grondstoffen in het magazijn ontvangen.

Gevraagd:
Welke journaalposten maakt het productiebedrijf van bovengenoemde financiële feiten?

Uitwerking:
Het productiebedrijf maakt de volgende journaalposten:
a. Van de bestelling van de grondstoffen op 23 februari wordt geen journaalpost gemaakt.

b. Van de ontvangst van de inkoopfactuur op 25 februari in het inkoopboek:

	310	Nog te ontvangen grondstoffen: 4.200 × € 18	€ 75.600	
	170	Te verrekenen OB: (4.200 × € 18,20) × 21%	€ 16.052,40	
	320	Prijsverschillen bij inkoop grondstoffen: 4.200 × (€ 18,20 - € 18)	€ 840	
Aan	140	Crediteuren: (4.200 × € 18,20) × 121%		€ 92.492,40

c. Van de ontvangst van grondstoffen op 28 februari in het memoriaal:

	300	Voorraad grondstoffen	€ 75.600	
Aan	310	Nog te ontvangen grondstoffen		€ 75.600

Ad 3. Geen vaste volgorde van goederenontvangst en ontvangst inkoopfactuur

Geen vaste volgorde Indien er geen sprake is van een vaste volgorde, kan de afloop niet door middel van één controlerende tussenrekening worden vastgesteld. Daarom wordt zowel grootboekrekening 148 Nog te ontvangen facturen als 720 Nog te ontvangen goederen gebruikt. Na afloop van de verslagperiode worden deze twee grootboekrekeningen dan op elkaar afgestemd. Hierbij worden de financiële feiten waarvan geconstateerd is dat zowel de goederen als de inkoopfactuur zijn ontvangen, tegengeboekt.

Hierbij zijn de volgende situaties denkbaar:
a. 148 en 720 worden bijgehouden tegen de inkoopprijs.
b. 148 en 720 worden bijgehouden tegen de vaste verrekenprijs.
c. 148 wordt bijgehouden tegen de vaste verrekenprijs en 720 wordt bijgehouden tegen de inkoopprijs.

Ad a. 148 en 720 worden bijgehouden tegen de inkoopprijs

Inkoopprijs Bij de ontvangst van de goederen in het magazijn wordt de volgende journaalpost gemaakt in het memoriaal (desnoods apart dagboek Voorraadboek):

	700	Voorraad handelsgoederen (vaste verrekenprijs)	€	
Aan	148	Nog te ontvangen facturen (inkoopprijs)		€
(Aan)	730	Prijsverschillen bij inkoop (vaste verrekenprijs - inkoopprijs)		€

Bij de ontvangst van de inkoopfactuur wordt de volgende journaalpost gemaakt in het inkoopboek:

	720	Nog te ontvangen goederen (inkoopprijs)	€	
	170	Te verrekenen OB	€	
Aan	140	Crediteuren (inkoopprijs inclusief OB)		€

Aan het einde van de verslagperiode wordt in het afstemregister de afstemming gemaakt tussen de goederenontvangst en de ontvangst van de inkoopfactuur. Vanuit deze afstemming wordt in het memoriaal de volgende journaalpost gemaakt:

	148	Nog te ontvangen facturen (inkoopprijs)	€	
Aan	720	Nog te ontvangen goederen (inkoopprijs)		€

Ad b. 148 en 720 worden bijgehouden tegen de vaste verrekenprijs

Vaste verrekenprijs Bij de ontvangst van de goederen in het magazijn wordt de volgende journaalpost gemaakt in het memoriaal (desnoods apart dagboek Voorraadboek):

	700	Voorraad handelsgoederen (vaste verrekenprijs)	€	
Aan	148	Nog te ontvangen facturen (vaste verrekenprijs)		€

Bij de ontvangst van de inkoopfactuur wordt de volgende journaalpost gemaakt in het inkoopboek:

	720	Nog te ontvangen goederen (vaste verrekenprijs)	€	
	170	Te verrekenen OB	€	
Aan	140	Crediteuren (inkoopprijs inclusief OB)		€
(Aan)	730	Prijsverschillen bij inkoop (vaste verrekenprijs - inkoopprijs)		€

Aan het einde van de verslagperiode wordt de afstemming gemaakt tussen de goederenontvangst en de ontvangst van de inkoopfactuur. Vanuit deze afstemming wordt de volgende journaalpost gemaakt in het memoriaal:

	148	Nog te ontvangen facturen (vaste verrekenprijs)	€	
Aan	720	Nog te ontvangen goederen (vaste verrekenprijs)		€

Ad c. 148 wordt bijgehouden tegen de vaste verrekenprijs en 720 tegen de inkoopprijs

Bij de ontvangst van de goederen in het magazijn wordt de volgende journaalpost gemaakt in het memoriaal (desnoods apart dagboek Voorraadboek):

	700	Voorraad handelsgoederen (vaste verrekenprijs)	€	
Aan	148	Nog te ontvangen facturen (vaste verrekenprijs)		€

Bij de ontvangst van de inkoopfactuur wordt de volgende journaalpost gemaakt in het inkoopboek:

	720	Nog te ontvangen goederen (inkoopprijs)	€	
	170	Te verrekenen OB	€	
Aan	140	Crediteuren (inkoopprijs inclusief OB)		€

Afstemming Aan het einde van de verslagperiode wordt de afstemming gemaakt tussen de goederenontvangst en de ontvangst van de inkoopfactuur. Vanuit deze afstemming wordt de volgende journaalpost gemaakt in het memoriaal:

	148	Nog te ontvangen facturen (vaste verrekenprijs)	€	
Aan	720	Nog te ontvangen goederen (inkoopprijs)		€
(Aan)	730	Prijsverschillen bij inkoop (vaste verrekenprijs - inkoopprijs)		€

Uit alle bovengenoemde situaties blijkt dat de keuze voor waardering van de grootboekrekeningen 148 en 720 gevolgen heeft voor het moment van boeken van de prijsverschillen.

Voorbeeld 5.7 Ontvangst goederen en facturen op verschillende tijdstippen

Een bloemenhandelaar koopt bloemen in bij verschillende leveranciers. Omdat de volgorde van ontvangst van inkoopfactuur en bloemen steeds wisselend is, maakt de bloemenhandelaar in zijn financiële administratie gebruik van de grootboekrekeningen 148 Nog te ontvangen facturen en 720 Nog te ontvangen bloemen. Beide grootboekrekeningen worden, om de afstemming makkelijker te maken, bijgehouden tegen de vaste verrekenprijs. De vaste verrekenprijs van een bos bloemen is vastgesteld op € 2,50.

Op 22 april staan de volgende saldi op de grootboekrekeningen:

148	Nog te ontvangen facturen: Leverancier D 3.700 × € 2,50	credit	€ 9.250
720	Nog te ontvangen bloemen: Leverancier B 1.600 × € 2,50	debet	€ 4.000

In april doen zich de volgende financiële feiten voor:

a. Op 23 april ontvangt de bloemenhandelaar van leverancier B 1.600 bossen bloemen.
b. Op 25 april ontvangt de bloemenhandelaar van leverancier D 2.500 bossen bloemen.
c. Op 26 april ontvangt de bloemenhandelaar van leverancier D een inkoopfactuur ter grootte van € 10.981,60 inclusief 6% omzetbelasting voor de 3.700 geleverde bossen bloemen.
d. Op 28 april ontvangt de bloemenhandelaar van leverancier A een inkoopfactuur ter grootte van € 10.684,80 inclusief 6% omzetbelasting voor de levering van 4.200 bossen bloemen.

De bloemenhandelaar heeft de volgende grootboekrekeningen in het rekeningschema hernoemd:

Rekeningnummer	Naam
700	Voorraad bloemen
720	Nog te ontvangen bloemen

Gevraagd:

1. Welke journaalposten maakt de bloemenhandelaar van bovengenoemde financiële feiten?

Uitwerking:

1. De bloemenhandelaar maakt de volgende journaalposten:
   a. Van de ontvangst van 1.600 bossen bloemen op 23 april in het memoriaal:

	700	Voorraad bloemen: 1.600 × € 2,50	€ 4.000	
Aan	148	Nog te ontvangen facturen		€ 4.000

   b. Van de ontvangst van 2.500 bossen bloemen op 25 april in het memoriaal:

	700	Voorraad bloemen: 2.500 × € 2,50	€ 6.250	
Aan	148	Nog te ontvangen facturen		€ 6.250

c. Van de ontvangst van de inkoopfactuur op 26 april in het inkoopboek:

	720	Nog te ontvangen bloemen: 3.700 × € 2,50	€ 9.250	
	170	Te verrekenen OB: € 10.981,60 / 106% × 6%	€ 621,60	
	730	Prijsverschillen bij inkoop bloemen: 3.700 × (€ 2,80* - € 2,50)	€ 1.110	
Aan	140	Crediteuren		€ 10.981,60

* € 10.981,60 / 1,06 / 3.700 = € 2,80

d. Van de ontvangst van de inkoopfactuur op 28 april in het inkoopboek:

	720	Nog te ontvangen bloemen: 4.200 × € 2,50	€ 10.500	
	170	Te verrekenen OB: € 10.684,80 / 106% × 6%	€ 604,80	
Aan	730	Prijsverschillen bij inkoop bloemen: 4.200 × (€ 2,50 - € 2,40*)		€ 420
Aan	140	Crediteuren		€ 10.684,80

* € 10.684,80 / 1,06 / 4.200 = € 2,40

Op 30 april vindt de afstemming plaats van de grootboekrekeningen 148 en 720. De administrateur heeft het volgende overzicht afgeleid uit de financiële administratie:

Leverancier	Grootboekrekening 148	Grootboekrekening 720	
D	credit € 9.250	debet € 9.250	Afgestemd
B	credit € 4.000	debet € 4.000	Afgestemd
D	credit € 6.250	€ 0	Open
A	€ 0	debet € 10.500	Open

Gevraagd:
2. Welke journaalpost maakt de bloemenhandelaar van de afstemming op 30 april?

Uitwerking:
2. De bloemenhandelaar maakt de volgende journaalpost van de afstemming in het memoriaal:

| | 148 | Nog te ontvangen facturen:
€ 9.250 + € 4.000 | € 13.250 | |
| Aan | 720 | Nog te ontvangen bloemen | | € 13.250 |

5.2.2 Retourzending goederen en ontvangst creditfactuur op verschillende tijdstippen

Het is niet altijd zo dat de retourlevering van de goederen (of grondstoffen) en de ontvangst van de creditfactuur op hetzelfde moment plaatsvinden. Er is dan sprake van twee financiële feiten, die apart moeten worden geboekt.

Om de retourzending van de goederen en de ontvangst van de creditfactuur in de financiële administratie op elkaar te kunnen afstemmen, wordt gebruikgemaakt van een controlerende tussenrekening. Het kenmerk van deze controlerende tussenrekening is dat deze weer 'glad' loopt nadat de goederen retour zijn geleverd en de creditfactuur is ontvangen.

De volgende situaties kunnen zich voordoen:
1. eerst retourlevering goederen, daarna ontvangst creditfactuur;
2. eerst ontvangst creditfactuur, daarna retourlevering goederen;
3. geen vaste volgorde in retourlevering goederen en ontvangst creditfactuur.

Ad 1. Eerst retourlevering goederen, daarna ontvangst creditfactuur

Eerst goederen, dan creditfactuur In deze situatie wordt gebruikgemaakt van grootboekrekening 145 Te ontvangen creditnota's. Deze grootboekrekening kan worden bijgewerkt tegen:
a. de inkoopprijs;
b. de vaste verrekenprijs.

Ad a. 145 Te ontvangen creditnota's tegen inkoopprijs

Inkoopprijs Van de retourlevering van de goederen wordt de volgende journaalpost gemaakt in het memoriaal:

	145	Te ontvangen creditnota's (inkoopprijs)	€	
Aan	700	Voorraad handelsgoederen (vaste verrekenprijs)		€
(Aan)	730	Prijsverschillen bij inkoop: (inkoopprijs - vaste verrekenprijs)		€

Van de ontvangst van de creditfactuur wordt de volgende journaalpost gemaakt in het inkoopboek:

	140	Crediteuren (inkoopprijs inclusief OB)	€	
Aan	170	Te verrekenen OB		€
Aan	145	Te ontvangen creditnota's (inkoopprijs)		€

Ad b. 145 Te ontvangen creditnota's tegen vaste verrekenprijs

Vaste verrekenprijs Van de retourlevering van de goederen wordt de volgende journaalpost gemaakt in het memoriaal:

	145	Te ontvangen creditnota's (vaste verrekenprijs)	€	
Aan	700	Voorraad handelsgoederen (vaste verrekenprijs)		€

Van de ontvangst van de creditfactuur wordt de volgende journaalpost gemaakt in het inkoopboek:

	140	Crediteuren (inkoopprijs inclusief OB)	€	
Aan	170	Te verrekenen OB		€
Aan	145	Te ontvangen creditnota's (vaste verrekenprijs)		€
(Aan)	730	Prijsverschillen bij inkoop: (inkoopprijs - vaste verrekenprijs)		€

Ad 2. Eerst ontvangst creditfactuur, daarna retourlevering goederen

Eerst creditfactuur, In deze situatie wordt gebruikgemaakt van grootboekrekening 721 Te retourneren
dan goederen goederen. Deze grootboekrekening kan worden bijgewerkt tegen:
a. de inkoopprijs;
b. de vaste verrekenprijs.

Ad a. 721 Te retourneren goederen tegen inkoopprijs

Inkoopprijs Van de ontvangst van de creditfactuur wordt de volgende journaalpost gemaakt in het inkoopboek:

	140	Crediteuren (inkoopprijs inclusief OB)	€	
Aan	170	Te verrekenen OB		€
Aan	721	Te retourneren goederen (inkoopprijs)		€

Van de retourlevering van de goederen wordt de volgende journaalpost gemaakt in het memoriaal:

	721	Te retourneren goederen (inkoopprijs)	€	
Aan	700	Voorraad handelsgoederen (vaste verrekenprijs)		€
(Aan)	730	Prijsverschillen bij inkoop: (inkoopprijs - vaste verrekenprijs)		€

Ad b. 721 Te retourneren goederen tegen vaste verrekenprijs

Vaste verrekenprijs Van de ontvangst van de creditfactuur wordt de volgende journaalpost gemaakt in het inkoopboek:

	140	Crediteuren (inkoopprijs inclusief OB)	€	
Aan	170	Te verrekenen OB		€
Aan	721	Te retourneren goederen (vaste verrekenprijs)		€
(Aan)	730	Prijsverschillen bij inkoop: (inkoopprijs - vaste verrekenprijs)		€

Van de retourlevering van de goederen wordt de volgende journaalpost gemaakt in het memoriaal:

	721	Te retourneren goederen (vaste verrekenprijs)	€	
Aan	700	Voorraad handelsgoederen (vaste verrekenprijs)		€

Ad 3. Geen vaste volgorde van retourlevering goederen en ontvangst creditfactuur

Geen vaste volgorde In deze situatie wordt zowel grootboekrekening 145 Te ontvangen creditnota's als grootboekrekening 721 Te retourneren goederen gebruikt en wordt aan het einde van de verslagperiode de afstemming gemaakt van de goederen die retour zijn gezonden en de creditfacturen die zijn ontvangen.

Hierbij zijn de volgende situaties denkbaar:
1. 145 en 721 worden bijgehouden tegen de inkoopprijs.
2. 145 en 721 worden bijgehouden tegen de vaste verrekenprijs.
3. 145 wordt bijgehouden tegen de vaste verrekenprijs en 721 wordt bijgehouden tegen de inkoopprijs.

Ad a. 145 en 721 worden bijgehouden tegen de inkoopprijs

Inkoopprijs Van de ontvangst van de creditfactuur wordt de volgende journaalpost gemaakt in het inkoopboek:

	140	Crediteuren (inkoopprijs inclusief OB)	€	
Aan	170	Te verrekenen OB		€
Aan	721	Te retourneren goederen (inkoopprijs)		€

Van de retourlevering van de goederen wordt de volgende journaalpost gemaakt gemaakt in het memoriaal:

	145	Te ontvangen creditnota's (inkoopprijs)	€	
Aan	700	Voorraad handelsgoederen (vaste verrekenprijs)		€
(Aan)	730	Prijsverschillen bij inkoop: (inkoopprijs - vaste verrekenprijs)		€

Van de afstemming aan het einde van de verslagperiode wordt de volgende journaalpost gemaakt in het memoriaal:

	721	Te retourneren goederen (inkoopprijs)	€	
Aan	145	Te ontvangen creditnota's (inkoopprijs)		€

Ad b. 145 en 721 worden bijgehouden tegen de vaste verrekenprijs

Vaste verrekenprijs Van de ontvangst van de creditfactuur wordt de volgende journaalpost gemaakt in het inkoopboek:

	140	Crediteuren (inkoopprijs inclusief OB)	€	
Aan	170	Te verrekenen OB		€
Aan	721	Te retourneren goederen (vaste verrekenprijs)		€
(Aan)	730	Prijsverschillen bij inkoop: (inkoopprijs - vaste verrekenprijs)		€

Van de retourlevering van de goederen wordt de volgende journaalpost in het memoriaal gemaakt:

	145	Te ontvangen creditnota's (vaste verrekenprijs)	€	
Aan	700	Voorraad goederen (vaste verrekenprijs)		€

Van de afstemming aan het einde van de verslagperiode wordt de volgende journaalpost in het memoriaal gemaakt:

	721	Te retourneren goederen (vaste verrekenprijs)	€	
Aan	145	Te ontvangen creditnota's (vaste verrekenprijs)		€

Ad c. 145 wordt bijgehouden tegen de vaste verrekenprijs en 721 wordt bijgehouden tegen de inkoopprijs

Van de ontvangst van de creditfactuur wordt de volgende journaalpost gemaakt in het inkoopboek:

	140	Crediteuren (inkoopprijs inclusief OB)	€	
Aan	170	Te verrekenen OB		€
Aan	721	Te retourneren goederen (inkoopprijs)		€

Van de retourlevering van de goederen wordt de volgende journaalpost gemaakt in het memoriaal:

	145	Te ontvangen creditnota's (vaste verrekenprijs)	€	
Aan	700	Voorraad handelsgoederen (vaste verrekenprijs)		€

Afstemming Van de afstemming aan het einde van de verslagperiode wordt de volgende journaalpost gemaakt in het memoriaal:

	721	Te retourneren goederen (inkoopprijs)	€	
Aan	145	Te ontvangen creditnota's (vaste verrekenprijs)		€
(Aan)	730	Prijsverschillen bij inkoop:		
		(inkoopprijs - vaste verrekenprijs)		€

Voorbeeld 5.8 Retourzending goederen en ontvangst creditfacturen op verschillende tijdstippen

Een handelsbedrijf waardeert de voorraad handelsgoederen tegen de vaste verrekenprijs van € 24,20 per eenheid. De handelsgoederen worden betrokken van een vaste leverancier, die altijd eerst de goederen levert en daarna de inkoopfactuur. Het handelsbedrijf heeft daarom grootboekrekening 148 Nog te ontvangen facturen opgenomen in de financiële administratie. Deze grootboekrekening wordt bijgehouden tegen de vaste verrekenprijs. Goederen die niet aan de kwaliteitseisen voldoen, worden retour gezonden aan de leverancier, waarna de creditfactuur wordt ontvangen. Het handelsbedrijf heeft hiervoor grootboekrekening 145 Te ontvangen creditnota's opgenomen. Deze grootboekrekening wordt tegen de inkoopprijs bijgewerkt. In mei doen zich de volgende financiële feiten voor:

a. Op 3 mei bestelt het handelsbedrijf bij de leverancier 2.600 eenheden tegen een inkoopprijs van € 25 exclusief 21% omzetbelasting. Met de leverancier is een oplopende kwantumkorting afgesproken en bij meer dan 2.500 eenheden mag een kwantumkorting van 4% worden toegepast.

b. Op 6 mei worden de 2.600 eenheden afgeleverd in het magazijn.

c. Op 8 mei worden 20 eenheden retour gezonden aan de leverancier.

d. Op 14 mei wordt de inkoopfactuur van de leverancier ontvangen, waarin de retour gezonden goederen al zijn verwerkt.

Gevraagd:

Welke journaalpost maakt het handelsbedrijf van bovengenoemde financiële feiten?

Uitwerking:

Het handelsbedrijf maakt de volgende journaalposten:
   a. Van de bestelling op 3 mei wordt geen journaalpost gemaakt.
   b. Van de aflevering van de goederen in het magazijn op 6 mei in het memoriaal:

	700	Voorraad handelsgoederen:		
		2.600 × € 24,20	€ 62.920	
Aan	148	Nog te ontvangen facturen		€ 62.920

   c. Van de retourzending van de goederen op 8 mei in het memoriaal:

	145	Te ontvangen creditnota's:		
		20 × € 25,00 × 0,96	€ 480	
	730	Prijsverschillen bij inkoop:		
		20 × (€ 24,20 - € 24)	€ 4	
Aan	700	Voorraad handelsgoederen: 20 × € 24,20		€ 484

   d. Van de ontvangst van de inkoopfactuur op 14 mei in het inkoopboek:

	148	Nog te ontvangen facturen:		
		2.600 × € 24,20	€ 62.920	
	170	Te verrekenen OB:		
		(2.580 × € 25 × 0,96) × 21%	€ 13.003,20	
Aan	140	Crediteuren:		
		2.580 × € 25 × 0,96 × 121%		€ 74.923,20
Aan	730	Prijsverschillen bij inkoop:		
		2.600 × (€ 24,20 - € 25 × 0,96)		€ 520
Aan	145	Te ontvangen creditnota's		€ 480

5.3 Directe inkoopkosten en opslag voor indirecte inkoopkosten en magazijnkosten

Verkrijgingsprijs De voorraad wordt gewaardeerd tegen de verkrijgingsprijs, oftewel de inkoopprijs en de bijkomende kosten. Deze bijkomende kosten zijn de toerekenbare kosten in verband met de inkoop van handelsgoederen en grondstoffen. Deze toerekenbare kosten bestaan uit:

- direct toerekenbare kosten zoals vrachtkosten en invoerrechten;
- indirect toerekenbare kosten zoals inkoopkosten en magazijnkosten.

Directe/indirecte kosten
Afhankelijk van de werkelijke situatie worden kosten als directe kosten of als indirecte kosten beschouwd. Als bijvoorbeeld een goederentransportverzekering voor het transport van leverancier naar ondernemer wordt afgesloten met betrekking tot alle transporten die in een verslagperiode plaatsvinden, dan zijn dit indirect toerekenbare kosten. Wordt deze verzekering afgesloten met betrekking tot één enkel transport van één partij goederen, dan zijn dit directe kosten.

Vaste verrekenprijs
De vaste verrekenprijs bestaat naast de verwachte gemiddelde inkoopprijs uit de directe inkoopkosten, een opslag voor indirecte inkoopkosten en een opslag voor indirecte magazijnkosten.

Indirecte kosten
De indirecte kosten worden conform het decimale rekeningstelsel geboekt in rubriek 5. Vanuit rubriek 5 wordt het werkelijke verbruik doorbelast tegen een standaardtarief per eenheid of tegen een standaardpercentage van de vaste verrekenprijs. Het moment van boeken van deze doorbelastingen is afhankelijk van het moment dat de inkoopafdeling en magazijnafdeling hun kosten maken. Hierbij kan gedacht worden aan:

- het plaatsen van de bestelling door de inkoopafdeling;
- het in ontvangst nemen van de geleverde goederen door de magazijnafdeling.

In de vereenvoudigde situatie dat de inkoopafdeling en de magazijnafdeling de kosten maken en doorbelasten op het moment van ontvangst van de goederen in het magazijn, zullen de hierna volgende journaalposten worden gemaakt. De vaste verrekenprijs is dan als volgt vastgesteld:

Verwachte gemiddelde inkoopprijs	€ 16
Directe inkoopkosten	€ 2
Opslag indirecte inkoopkosten: 6% van de vvp	€ 1,20*
Opslag indirecte magazijnkosten: 4% van de vvp	€ 0,80**
Vaste verrekenprijs	€ 20

* (€ 16 + € 2)/90% = € 20 × 6% = € 1,20
** € 20 × 4% = € 0,80

De journaalpost van de ontvangst van één goed in het magazijn en de ontvangst van de inkoopfactuur in het inkoopboek, waarbij de inkoopprijs € 15,80 bedraagt, luidt als volgt:

	700	Voorraad handelsgoederen (vaste verrekenprijs)	€ 20	
Aan	140	Crediteuren* (inkoopprijs)		€ 15,80
Aan	535	Opslag indirecte inkoopkosten		€ 1,20
Aan	525	Opslag magazijnkosten		€ 0,80
Aan	730	Prijsverschillen bij inkoop		€ 2,20

* Er wordt geen rekening gehouden met omzetbelasting.

Het bedrag van de grootboekrekening 730 ad € 2,20 bestaat nu uit:

Verschil tussen verwachte gemiddelde inkoopprijs en de inkoopprijs: € 16 - € 15,80	€ 0,20
Directe inkoopkosten (kostenfactuur moet nog worden ontvangen)	€ 2
	€ 2,20

Grootboekrekening 730 Prijsverschillen bij inkoop doet nu feitelijk dienst als controlerende tussenrekening. Na de boeking van de directe kosten staat op grootboekrekening 730 weer alleen het verschil tussen de verwachte gemiddelde inkoopprijs en de inkoopprijs.

De journaalpost van de ontvangen kostenfactuur in verband met de directe inkoopkosten wordt als volgt geboekt in het inkoopboek:

	730	Prijsverschillen bij inkoop*	€ 2	
Aan	140	Crediteuren**		€ 2

* In de vaste verrekenprijs zijn de directe kosten al opgenomen.

** Er wordt geen rekening gehouden met omzetbelasting.

Voorbeeld 5.9 Directe inkoopkosten en opslag indirecte inkoop- en magazijnkosten

Een productiebedrijf waardeert de voorraad grondstoffen tegen een vaste verrekenprijs van € 6 per kilogram.

De vaste verrekenprijs is hierbij als volgt vastgesteld:

Verwachte gemiddelde inkoopprijs	€ 4,90
Directe inkoopkosten	€ 0,50
Opslag indirecte inkoopkosten: 7% van de vvp	€ 0,42
Opslag indirecte magazijnkosten: 3% van de vvp	€ 0,18
Vaste verrekenprijs	€ 6

De afdelingen Inkoop en Magazijn ontvangen de dekking op het moment van de ontvangst van de goederen. In juni doen zich de volgende financiële feiten voor:

a. Op 16 juni bestelt het productiebedrijf 9.600 kilogram grondstof bij de leverancier tegen een inkoopprijs van € 5 exclusief 21% omzetbelasting.
b. Op 18 juni worden de grondstoffen geleverd door een extern transportbedrijf.
c. Op 21 juni wordt de inkoopfactuur ontvangen.
d. Op 25 juni wordt de factuur van het transportbedrijf ontvangen voor een bedrag van € 5.808 inclusief 21% omzetbelasting.

Gevraagd:
Welke journaalposten maakt het productiebedrijf van de bovengenoemde financiële feiten?

Uitwerking:
Het productiebedrijf maakt de volgende journaalposten:
a. Van de bestelling van de grondstoffen op 16 juni wordt geen journaalpost gemaakt.
b. Van de ontvangst van de grondstoffen in het magazijn op 18 juni in het memoriaal:

	300	Voorraad grondstoffen: 9.600 × € 6	€ 57.600	
Aan	148	Nog te ontvangen facturen: 9.600 × € 5		€ 48.000
Aan	535	Opslag indirecte inkoopkosten: 9.600 × € 0,42		€ 4.032
Aan	525	Opslag magazijnkosten: 9.600 × € 0,18		€ 1.728
Aan	320	Prijsverschillen bij inkoop grondstoffen: 9.600 × (€ 4,90 - € 5) + 9.600 × € 0,50		€ 3.840

Op de grootboekrekening 320 is nu dus opgenomen:
Het verschil tussen de verwachte
gemiddelde inkoopprijs en de werkelijke
inkoopprijs: 9.600 × (€ 4,90 - € 5)   debet   €   960
De directe inkoopkosten: 9.600 × € 0,50   credit   € 4.800
                                           credit   € 3.840

c. Van de ontvangst van de inkoopfactuur op 21 juni in het inkoopboek:

	148	Nog te ontvangen facturen: 9.600 × € 5	€ 48.000	
	170	Te verrekenen OB: 9.600 × € 5 × 21%	€ 10.080	
Aan	140	Crediteuren		€ 58.080

d. Van de ontvangst van de factuur van het transportbedrijf op 25 juni in het inkoop-boek:

	320	Prijsverschillen bij inkoop grondstoffen 9.600 × € 0,50 *	€ 4.800	
	170	Te verrekenen OB: € 5.808 / 121% × 21%	€ 1.008	
Aan	140	Crediteuren		€ 5.808

* Op grootboekrekening 320 Prijsverschillen bij inkoop grondstoffen staat na deze boeking weer alleen het verschil tussen de verwachte gemiddelde inkoopprijs en de inkoopprijs.

5.4 Boeken van voorraad- en prijsverschillen (inclusief aanpassen vvp)

5.4.1 Voorraadverschillen en waardering voorraad tegen vaste verrekenprijs

Voorraad-verschillen Wanneer grootboekrekening 700 Voorraad handelsgoederen of de grootboek-rekening 300 Voorraad grondstoffen wordt bijgehouden tegen de vaste verreken-prijs, moeten er aan het einde van de verslagperiode nog twee financiële feiten worden geregistreerd:
1. het afboeken van voorraadverschillen tegen de vaste verrekenprijs;
2. het boeken van het inkoopresultaat.

Ad 1. Het afboeken van voorraadverschillen tegen de vaste verrekenprijs

Vaste verrekenprijs De inventarisatie van de werkelijk aanwezige voorraad handelsgoederen en/of de voorraad grondstoffen vindt periodiek plaats op basis van tellijsten uit de kantoor-voorraadadministratie (dit is de subadministratie van de grootboekrekening 300 Voorraad grondstoffen of 700 Voorraad handelsgoederen). Eventuele verschillen moeten worden verklaard uit pijplijnvoorraden. Dit zijn bijvoorbeeld voorraden die wel ontvangen zijn in het magazijn, maar nog niet als ontvangst zijn geregistreerd in de financiële administratie. De niet-verklaarde verschillen tussen de werkelijk aanwezige voorraad en de kantoorvoorraadadministratie moeten na goedkeuring door een leidinggevende worden afgeboekt in de financiële administratie.

De volgende journaalpost wordt in het memoriaal gemaakt van het afboeken van een positief voorraadverschil (de werkelijke voorraad is hoger dan de kantoorvoorraad):

	700	Voorraad handelsgoederen (vaste verrekenprijs)	€	
Aan	920	Voorraadverschillen (vaste verrekenprijs)		€

De volgende journaalpost wordt in het memoriaal gemaakt van het afboeken van een negatief voorraadverschil (de kantoorvoorraad is hoger dan de werkelijke voorraad):

	920	Voorraadverschillen (vaste verrekenprijs)	€	
Aan	700*	Voorraad handelsgoederen (vaste verrekenprijs)		€

* Of grootboekrekening 300.

Ad 2. Het boeken van het inkoopresultaat

Inkoopresultaat Nadat eventuele voorraadverschillen geboekt zijn, wordt van de aanwezige voorraad de inkoopprijs bepaald. Vervolgens wordt van het saldo van de grootboekrekening 730 Prijsverschillen bij inkoop bepaald welk deel wordt afgeboekt naar de winst-en-verliesrekening en welk deel op de balans blijft staan. Het verschil tussen de grootboekrekeningen 700 Voorraad handelsgoederen en 730 Prijsverschillen bij inkoop is immers de aanwezige voorraad gewaardeerd tegen de inkoopprijs.

Van een negatief inkoopresultaat (of resultaat op prijsverschillen) wordt de volgende journaalpost gemaakt in het memoriaal:

	930	Resultaat prijsverschillen	€	
Aan	730*	Prijsverschillen bij inkoop		€

* Of grootboekrekening 320 Prijsverschillen bij inkoop grondstoffen.

Voorbeeld 5.10 Voorraadverschillen en vaste verrekenprijs
Een productiebedrijf heeft op 31 december de volgende saldi op de grootboekrekeningen staan:

300	Voorraad grondstoffen	debet	€ 318.960
320	Prijsverschillen bij inkoop grondstoffen	credit	€ 1.250

De grootboekrekening 300 wordt bijgehouden tegen de vaste verrekenprijs van € 8 per eenheid.

110

Op 31 december zouden er volgens de kantoorvoorraadadministratie € 318.960 / € 8 = 39.870 eenheden aanwezig moeten zijn. Uit de inventarisatie van 31 december blijkt dat de werkelijk aanwezige voorraad 39.690 eenheden is. Voor het verschil kan geen verklaring worden gevonden en daarom is besloten tot afboeken in de financiële administratie.

Gevraagd:
1. Welke journaalpost wordt op 31 december gemaakt van de afboeking van het voorraadverschil?

Uitwerking:
1. De detailhandel maakt in het memoriaal de volgende journaalpost van het voorraadverschil:

	920	Voorraadverschillen: (39.870 - 39.690) × € 8	€ 1.440	
Aan	300	Voorraad grondstoffen		€ 1.440

De administrateur van het productiebedrijf heeft vastgesteld dat de inkoopprijs van de aanwezige voorraad op 31 december € 313.551 is. Op 31 december moet het saldo van grootboekrekening 320 Prijsverschillen bij inkoop grondstoffen zijn:

300	Voorraad grondstoffen tegen vaste verrekenprijs: € 318.960 - € 1.440 (voorraadverschil)	debet	€ 317.520
	Voorraad tegen inkoopprijs	debet	€ 313.551
320	Prijsverschillen bij inkoop grondstoffen	credit	€ 3.969

Het inkoopresultaat, oftewel de prijsverschillen die op 31 december naar de winst-en-verliesrekening moeten worden overgeboekt, bedraagt:

320	Prijsverschillen bij inkoop grondstoffen	credit	€ 1.250
	Prijsverschillen op de balans	credit	€ 3.969
	Prijsverschillen naar de winst-en-verliesrekening	credit	€ 2.719

Gevraagd:
2. Welke journaalpost wordt op 31 december gemaakt van het inkoopresultaat?

Uitwerking:
2. De journaalpost die in het memoriaal wordt gemaakt van het inkoopresultaat is:

	930	Resultaat prijsverschillen	€ 2.719	
Aan	320	Prijsverschillen bij inkoop grondstoffen		€ 2.719

Let op! Er is een vaste volgorde voor het boeken van de voorraadverschillen en de prijsverschillen. Eerst wordt het voorraadverschil bepaald en geboekt, vervolgens wordt het prijsverschil (inkoopresultaat) bepaald en geboekt.

5.4.2   Aanpassen van de vaste verrekenprijs

Aanpassing vaste verrekenprijs Aan het begin van de nieuwe verslagperiode kan worden besloten de vaste verrekenprijs aan te passen in verband met een nieuwe inschatting van de verwachte gemiddelde inkoopprijs.

Van een verhoging van de vaste verrekenprijs wordt de volgende journaalpost gemaakt in het memoriaal:

	300*	Voorraad grondstoffen	€	
Aan	320*	Prijsverschillen bij inkoop grondstoffen		€

* Of de grootboekrekeningen 700 en 730 bij een handelsbedrijf.

Van een verlaging van de vaste verrekenprijs wordt de volgende journaalpost gemaakt in het memoriaal:

	320	Prijsverschillen bij inkoop grondstoffen	€	
Aan	300	Voorraad grondstoffen		€

Voorbeeld 5.11 Aanpassen van de vaste verrekenprijs
Een productiebedrijf heeft op 1 januari de volgende saldi op de grootboekrekeningen staan:

300	Voorraad grondstoffen: 11.460 × € 15	debet	€ 171.900
320	Prijsverschillen bij inkoop grondstoffen: 11.460 × € 0,20	debet	€ 2.292
	Voorraad tegen inkoopprijs	debet	€ 174.192

Uit de begroting voor het komende jaar volgt dat de vaste verrekenprijs wordt aangepast van € 15 naar € 15,30 per eenheid.

Gevraagd:
Welke journaalpost maakt het productiebedrijf op 1 januari van de aanpassing van de vaste verrekenprijs?

Uitwerking:

Het productiebedrijf maakt in het memoriaal de volgende journaalpost van de aanpassing van de vaste verrekenprijs:

	300	Voorraad grondstoffen: 11.460 × (€ 15,30 - € 15)	€ 3.438	
Aan	320	Prijsverschillen bij inkoop grondstoffen		€ 3.438

De saldi op de grootboekrekeningen zijn na deze aanpassing als volgt:

300	Voorraad grondstoffen: 11.460 × € 15,30	debet	€ 175.338
320	Prijsverschillen bij inkoop grondstoffen: 11.460 × € -0,10	credit	€ 1.146
	Voorraad tegen inkoopprijs	debet	€ 174.192

Het bedrag van de voorraad tegen inkoopprijs is dus niet gewijzigd.

113

6 Technische en economische voorraad

6.1 Technische en economische voorraad

Technische voorraad

De technische voorraad betreft de voorraad die daadwerkelijk in het bedrijf aanwezig is. De technische voorraad handelsgoederen wordt geregistreerd op grootboekrekening 700 Voorraad handelsgoederen, de technische voorraad grondstoffen wordt geregistreerd op grootboekrekening 300 Voorraad grondstoffen.

Economische voorraad

De economische voorraad is de voorraadpositie waarover prijsrisico wordt gelopen en bestaat naast de technische voorraad uit afgesloten inkoop- en verkoopcontracten waarvan de leveringen nog in de toekomst plaats zullen vinden. Afspraken over prijzen zijn al gemaakt en een toekomstige prijsontwikkeling kan positief of negatief uitpakken. Het wordt prijsrisico genoemd, omdat dit risico niet kan worden doorberekend aan de klant.

In een markt van dalende inkoopprijzen is de voorraad mogelijk te 'duur' ingekocht. Concurrenten die wel profiteren van de goedkopere inkoopprijzen, kunnen hun producten goedkoper in de markt zetten. De marges van een bedrijf dat zijn voorraad te 'duur' heeft ingekocht, komen dan onder druk te staan. Zo'n bedrijf moet zelf het verlies nemen. In deze situatie is het voor een bedrijf gunstig om al zo veel mogelijk verkoopcontracten afgesloten te hebben, waardoor het prijsrisico minimaal is.

In een markt van stijgende inkoopprijzen is de voorraad mogelijk zeer gunstig ingekocht: bij stijgende verkoopprijzen zullen de marges van een bedrijf stijgen. In deze situatie is het voor een bedrijf gunstig om zo veel mogelijk inkoopcontracten en zo weinig mogelijk verkoopcontracten te hebben afgesloten.

Obligoboeking

Om de economische voorraadpositie in de financiële administratie zichtbaar te maken, zullen de inkoop- en verkoopverplichtingen moeten worden geboekt. Het boeken van een verplichting wordt een obligoboeking genoemd. Zodra (een deel van) de leveringsverplichting is nagekomen, wordt van (een deel van) de obligoboeking weer een stornoboeking gemaakt. Oftewel: er wordt een tegenstelde boeking gemaakt, omdat er geen verplichting tot levering of koop meer bestaat. Het contract is niet meer in de boekhouding opgenomen.

115

6.2 Boekingen inkoop contracten bij een productiebedrijf

Inkoopcontract Inkoopcontracten worden in de bedrijfsadministratie ook wel voorkopen of voorinkopen genoemd.

De economische voorraadpositie wordt in dit geval bijgehouden op de volgende grootboekrekeningen:
- 300 Voorraad grondstoffen
- 301 Voorinkopen grondstoffen

Voorwaarde is dat beide grootboekrekeningen tegen dezelfde grondslag worden bijgehouden, bijvoorbeeld de vaste verrekenprijs.

Bij het afsluiten van het inkoopcontract en waardering van de voorraad tegen de vaste verrekenprijs, wordt de volgende journaalpost geboekt in het memoriaal:

	301	Voorinkopen grondstoffen (vaste verrekenprijs)	€	
Aan	141	Contractcrediteuren (inkoopprijs)*		€
Aan	321	Prijsverschillen bij voorinkopen grondstoffen (VVP>IP)		€

* Ook wel 'Voorinkoop crediteuren' genoemd.

In deze journaalpost is de vaste verrekenprijs hoger dan de inkoopprijs (contractprijs).

Bij de ontvangst van de grondstoffen met betrekking tot dit inkoopcontract en de ontvangst van de inkoopfactuur wordt de volgende boeking gemaakt in het inkoopboek:

	300	Voorraad grondstoffen (vaste verrekenprijs)	€	
	170	Te verrekenen OB	€	
Aan	140	Crediteuren (inkoopprijs)		€
Aan	320	Prijsverschillen bij inkoop grondstoffen (VVP>IP)		€

Stornoboeking Het inkoopcontract is hiermee afgewikkeld en van de obligoboeking wordt nu de stornoboeking in het memoriaal gemaakt, zodat de inkoopverplichting niet meer op de balans is opgenomen:

	321	Prijsverschillen bij voorinkopen grondstoffen	€	
	141	Contractcrediteuren (inkoopprijs)	€	
Aan	301	Voorinkopen grondstoffen (vaste verrekenprijs)		€

Voorbeeld 6.1 Inkoopcontracten grondstoffen

Een productiebedrijf houdt in de financiële administratie de economische voorraad bij. Het productiebedrijf heeft de vaste verrekenprijs (= de verwachte gemiddelde inkoopprijs) vastgesteld op € 5 per eenheid grondstof. Grootboekrekening 148 Nog te ontvangen facturen wordt bijgehouden tegen de vaste verrekenprijs.

In mei vinden de volgende financiële feiten plaats:
a. Op 5 mei wordt met een leverancier een inkoopcontract afgesloten voor 100.000 eenheden grondstof en een inkoopprijs van € 4,90 per eenheid.
b. Op 12 mei worden de grondstoffen met betrekking tot het inkoopcontract van 5 mei ontvangen.
c. Op 14 mei wordt de inkoopfactuur ontvangen voor een bedrag van € 592.900 inclusief 21% omzetbelasting.

Het productiebedrijf maakt naast de standaardrekeningen gebruik van de volgende grootboekrekeningen:

Rekeningnummer	Naam
301	Voorinkopen grondstoffen
321	Prijsverschillen bij voorinkopen grondstoffen

Gevraagd:
Welke journaalposten worden gemaakt van bovengenoemde financiële feiten?

a. Van het afsluiten van het inkoopcontract op 5 mei wordt de volgende journaalpost (obligoboeking) in het memoriaal gemaakt:

	301	Voorinkopen grondstoffen: 100.000 × € 5	€ 500.000	
Aan	141	Contractcrediteuren: 100.000 × € 4,90		€ 490.000
Aan	321	Prijsverschillen bij voorinkopen grondstoffen		€ 10.000

b. Van de grondstoffenontvangst op 12 mei wordt de volgende journaalpost in het memoriaal gemaakt:

	300	Voorraad grondstoffen	€ 500.000	
Aan	148	Nog te ontvangen facturen		€ 500.000

De grondstoffen zijn geleverd, waardoor de obligoboeking van het inkoopcontract weer gestorneerd kan worden. Het productiebedrijf maakt op 12 mei de volgende journaalpost in het memoriaal:

	141	Contractcrediteuren: 100.000 × € 4,90	€ 490.000	
	321	Prijsverschillen bij voorinkopen grondstoffen	€ 10.000	
Aan	301	Voorinkopen grondstoffen: 100.000 × € 5		€ 500.000

Dit is dus de tegengestelde boeking van de journaalpost bij a.

c. Van de ontvangst van de inkoopfactuur op 14 mei wordt de volgende journaalpost gemaakt in het inkoopboek:

	148	Nog te ontvangen facturen	€ 500.000	
	170	Te verrekenen OB	€ 102.900	
Aan	140	Crediteuren		€ 592.900
Aan	320	Prijsverschillen bij inkopen grondstoffen		€ 10.000

6.3 Boekingen voorkoop- en voorverkoopcontracten in een handelsbedrijf

Naast het bijhouden van de technische voorraadpositie (= de voorraad die fysiek aanwezig is in het magazijn) kan een handelsbedrijf er ook voor kiezen om de economische voorraadpositie op te nemen in de financiële administratie.

De economische voorraadpositie wordt dan bijgehouden op de volgende grootboekrekeningen:
- 700 Voorraad handelsgoederen (dit is de technische voorraad)
- 760 Voorkopen
- 770 Voorverkopen

Voorwaarde is dat deze grootboekrekeningen tegen dezelfde grondslag worden bijgehouden, bijvoorbeeld de inkoopprijs.

6.3.1 Afsluiten inkoopcontracten

Inkoopcontract Bij het afsluiten van het inkoopcontract wordt de volgende journaalpost gemaakt in het memoriaal:

	760	Voorkopen (inkoopprijs)	€	
Aan	141	Contractcrediteuren (inkoopprijs)		€

Bij de ontvangst van de goederen met betrekking tot dit inkoopcontract en de ontvangst van de inkoopfactuur wordt de volgende boeking gemaakt in het inkoopboek:

	700	Voorraad handelsgoederen (inkoopprijs)	€	
	170	Te verrekenen OB	€	
Aan	140	Crediteuren (inkoopprijs inclusief OB)		€

Het inkoopcontract is hiermee afgewikkeld en van de obligoboeking wordt nu de stornoboeking gemaakt in het memoriaal:

	141	Contractcrediteuren (inkoopprijs)	€	
Aan	760	Voorkopen (inkoopprijs)		€

Dit is een tegengestelde boeking van de journaalpost die bij het afsluiten van het inkoopcontract is gemaakt.

6.3.2 Afsluiten verkoopcontracten

Verkoopcontract Bij het afsluiten van het verkoopcontract wordt de volgende journaalpost gemaakt in het memoriaal:

	135	Contractdebiteuren (verkoopprijs)	€	
Aan	136	Winst op voorverkopen*		€
Aan	770	Voorverkopen (inkoopprijs)		€

* Dit betreft de ongerealiseerde winst op voorverkopen.

Bij het verzenden van de verkoopfactuur wordt de volgende journaalpost gemaakt in het verkoopboek:

	130	Debiteuren (verkoopprijs inclusief OB)	€	
Aan	175	Verschuldigde OB		€
Aan	850	Opbrengst verkopen (verkoopprijs)		€

Van de gelijktijdige verzending van de goederen wordt de volgende journaalpost gemaakt in het memoriaal:

	800	Inkoopwaarde van de omzet (inkoopprijs)	€	
Aan	700	Voorraad handelsgoederen (inkoopprijs)		€

Met de levering van de goederen is het verkoopcontract afgewikkeld en kan de volgende obligoboeking worden gemaakt in het memoriaal:

	770	Voorverkopen (inkoopprijs)	€	
	136	Winst op voorverkopen	€	
Aan	135	Contractdebiteuren (verkoopprijs)		€

Dit is een tegengestelde boeking van de journaalpost die bij het afsluiten van het verkoopcontract is gemaakt.

Voorbeeld 6.2 Inkoop- en verkoopcontracten bij een handelsbedrijf

Een groothandelsbedrijf verkoopt lingerie en houdt in de financiële administratie de economische voorraadpositie bij. De voorraad beha's wordt in de financiële administratie opgenomen tegen de inkoopprijs.

Op 2 december jaar 1 is een inkoopcontract afgesloten voor de levering van 120.000 beha's tegen een inkoopprijs van € 30 exclusief 21% omzetbelasting.

Gevraagd:
1. Welke journaalpost maakt het groothandelsbedrijf van het afsluiten van het inkoopcontract op 2 december jaar 1?

Uitwerking:
1. Het groothandelsbedrijf maakt de volgende journaalpost van het inkoopcontract in het memoriaal:

	760	Voorkopen: 120.000 × € 30	€ 3.600.000	
Aan	141	Contractcrediteuren		€ 3.600.000

Op 15 december jaar 1 sluit het groothandelsbedrijf een verkoopcontract met een detailhandel voor de levering van 16.000 beha's tegen een verkoopprijs van € 48 exclusief 21% omzetbelasting. De inkoopprijs is € 30 (uit het inkoopcontract van 2 december jaar 1). De grootboekrekening 148 Nog te ontvangen facturen wordt bijgehouden tegen de inkoopprijs.

Gevraagd:
2. Welke journaalpost maakt het groothandelsbedrijf op 15 december jaar 1 van het afsluiten van het verkoopcontract?

Uitwerking:
2. Het groothandelsbedrijf maakt de volgende journaalpost van het verkoopcontract in het memoriaal:

	135	Contractdebiteuren: 16.000 × € 48	€ 768.000	
Aan	136	Winst op voorverkopen: 16.000 × (€ 48 - € 30)		€ 288.000
Aan	770	Voorverkopen: 16.000 × € 30		€ 480.000

In januari jaar 2 vinden de volgende financiële feiten plaats:
a. Op 5 januari worden de 120.000 beha's in het magazijn afgeleverd.
b. Op 7 januari wordt de inkoopfactuur met betrekking tot de levering van 120.000 beha's ontvangen. Het factuurbedrag is € 4.356.000 inclusief 21% omzetbelasting.
c. Op 12 januari worden de 16.000 beha's uit het verkoopcontract van 15 december jaar 1 afgeleverd, tegelijkertijd met de verkoopfactuur van € 929.280 inclusief 21% omzetbelasting.

Gevraagd:
3. Welke journaalposten maakt het groothandelsbedrijf van de financiële feiten van januari jaar 2?

Uitwerking:
3. Het groothandelsbedrijf maakt de volgende journaalposten:
   a. Van de aflevering van de beha's in het magazijn op 5 januari in het memoriaal:

	700	Voorraad handelsgoederen	€ 3.600.000	
Aan	148	Nog te ontvangen facturen		€ 3.600.000

Daarnaast wordt op 5 januari een stornoboeking van het inkoopcontract gemaakt in het memoriaal:

	141	Contractcrediteuren	€ 3.600.000	
Aan	760	Voorkopen		€ 3.600.000

b. Van de ontvangst van de inkoopfactuur op 7 januari in het inkoopboek:

	148	Nog te ontvangen facturen	€ 3.600.000	
	170	Te verrekenen OB: € 3.600.000 × 21%	€ 756.000	
Aan	140	Crediteuren		€ 4.356.000

c. Van de aflevering van 16.000 beha's en de verkoopfactuur in het verkoopboek:

	130	Debiteuren	€ 929.280	
Aan	175	Verschuldigde OB: € 929.280 / 121% × 21%		€ 161.280
Aan	850	Opbrengst verkopen		€ 768.000

In het memoriaal wordt de volgende boeking gemaakt:

	800	Inkoopwaarde van de omzet	€ 480.000	
Aan	700	Voorraad handelsgoederen		€ 480.000

Omdat het verkoopcontract is nagekomen, wordt de volgende stornoboeking van het verkoopcontract gemaakt in het memoriaal:

	136	Winst op voorverkopen	€ 288.000	
	770	Voorverkopen	€ 480.000	
Aan	135	Contractdebiteuren		€ 768.000

Deel 2

KOSTEN

7 Boekingen van periodekosten en -opbrengsten

7.1 Kostensoorten (grond, diensten van derden, belastingen, interest)

7.1.1 Toerekenen van zakelijke kosten

Zakelijke kosten   Zakelijke kosten zijn opofferingen in een bedrijf om de activiteiten uit te kunnen oefenen. Deze zakelijke kosten worden op de opbrengsten in mindering gebracht en zijn ingedeeld naar:
a. kosten die in één verslagperiode aftrekbaar zijn;
b. kosten die gespreid over een aantal verslagperioden mogen worden afgetrokken.

Ad a. Kosten die in één verslagperiode aftrekbaar zijn

Toerekenings-beginsel   Kosten mogen afgetrokken worden in de verslagperiode waarop zij betrekking hebben. Dit wordt het toerekeningsbeginsel genoemd.

Als uitvloeisel van dit toerekeningsbeginsel moeten volgens het matchingprincipe:
Productmatching   • kosten in mindering worden gebracht op de opbrengsten op het moment dat deze opbrengst gerealiseerd is. Dit heet productmatching. Een voorbeeld hiervan is dat de inkoopwaarde van de omzet in rubriek 8 wordt geboekt op het moment dat ook de opbrengst verkopen in rubriek 8 is geboekt;
Periodematching   • kosten in mindering worden gebracht op de opbrengsten in de verslagperiode waarop deze kosten betrekking hebben. Dit heet periodematching. Een voorbeeld hiervan is de kostenfactuur voor de huur van een opslagloods. Deze kosten worden geboekt in de verslagperiode waarop de huurperiode betrekking heeft.

Ad b. Kosten die gespreid over een aantal verslagperioden mogen worden afgetrokken

In meer verslagperiodes aftrekbaar   Deze kosten kunnen worden onderverdeeld in:
• kosten in verband met aanschaf van bedrijfsmiddelen;
• kosten die betrekking hebben op meerdere verslagperioden.

Kosten die worden gemaakt in verband met de aanschaf van bedrijfsmiddelen mogen niet in één verslagperiode worden afgetrokken, omdat deze bedrijfsmiddelen meerdere verslagperioden worden gebruikt. De aanschaf van bedrijfsmiddelen wordt daarom eerst geactiveerd (= debet op de balans gezet als bezitting). Vervolgens worden de kosten door middel van afschrijving ten laste van de opbrengsten (of het resultaat) gebracht.

In de praktijk wordt vaak een ondergrens gehanteerd voor de activering van de kosten van aanschaf van bedrijfsmiddelen, omdat anders de afschrijvingsbedragen per verslagperiode wel heel erg klein worden. Kleine bedrijven zullen hierbij de fiscale grens van € 450 aanhouden, maar grotere bedrijven zullen een hogere grens hanteren.

Kostenfacturen kunnen betrekking hebben op meerdere verslagperioden. Deze kosten moeten aan de juiste verslagperiode worden toegerekend. Een voorbeeld hiervan is een ontvangen contributiefactuur die betrekking heeft op een heel jaar. Indien een bedrijf maandelijks verslag doet van de behaalde resultaten, moeten deze contributiekosten maandelijks aan het resultaat worden toegerekend.

Ook hier zal in de praktijk een ondergrens worden gesteld aan het verdelen van de kosten over meerdere verslagperioden. Een contributiefactuur van slechts € 48 over een heel jaar zal in de praktijk niet in 12 maandelijkse delen van € 4 worden geboekt.

7.1.2 Kostensoorten

Kosten die betrekking hebben op de normale bedrijfsactiviteiten, worden in rubriek 4 geboekt. Incidentele kosten worden rechtstreeks in rubriek 9 geboekt.

Kostensoorten Hierbij kan onderscheid worden gemaakt naar de volgende kostensoorten:
a. kosten van grond;
b. kosten van bedrijfsmiddelen;
c. kosten van grond- en hulpstoffen;
d. kosten van arbeid;
e. kosten van diensten van derden;
f. kosten van belastingen;
g. kosten van vermogen.

Ad a. Kosten van grond

Kosten van grond Het doel van de aankoop van grond is:
- het vestigen van de onderneming (vestigingsplaats);
- het opslaan van voorraden (opslagplaats);
- het winnen van delfstoffen, zoals gas, water en olie (delfplaats).

Bij het verkrijgen van de juridische eigendom wordt de aankoopprijs geactiveerd op de balans. Grond die is aangeschaft als vestigingsplaats of als opslagplaats zal over het algemeen niet slijten, waardoor geen afschrijving plaatsvindt. Over grond als delfplaats zal wel worden afgeschreven, omdat dan de grond in waarde vermindert op het moment dat de delfstoffen uit de grond worden gehaald.

> Grond kan ook in erfpacht worden verkregen. De jaarlijkse kosten van de erfpacht-canon worden als kosten in de winst-en-verliesrekening geboekt. De erfpacht kan ook voor jaren worden afgekocht. De kosten van de erfpacht worden dan geactiveerd en afgeschreven over de afgekochte periode.

Ad b. Kosten van bedrijfsmiddelen

Kosten van bedrijfsmiddelen

Bedrijfsmiddelen worden gedurende meerdere verslagperioden in het bedrijf gebruikt. Daarom worden zij niet in één keer als kosten in de winst-en-verliesrekening geboekt, maar worden de kosten geactiveerd onder de vaste activa. Daarbij worden deze kosten door middel van afschrijvingen (met uitzondering van terreinen) iedere verslagperiode ten laste van de winst-en-verliesrekening gebracht.

Voorbeelden van bedrijfsmiddelen zijn:
- immateriële vaste activa (niet stoffelijk): goodwill, software, concessies en vergunningen;
- materiële vaste activa (stoffelijk): bedrijfsgebouwen en -terreinen, machines, installaties en overige bedrijfsmiddelen (zoals inventaris en vervoermiddelen).

Ad c. Kosten van grond- en hulpstoffen

Kosten grond- en hulpstoffen

Grond- en hulpstoffen zijn nodig om producten te kunnen maken. Voor de aankoop van grond- en hulpstoffen geldt het productmatchingprincipe. De verkrijgingsprijs wordt eerst debet als bezit op de balans opgenomen en pas bij verbruik door de productieafdeling als kosten geboekt.

Andere kosten die samenhangen met het aankopen van grond- en hulpstoffen zijn:
- inkoop- of bestelkosten;
- magazijn- of opslagkosten.

Inkoopkosten worden gemaakt door de afdeling die moet zorgen voor het inkopen van grond- en hulpstoffen. Zij moet hiervoor inkoopcontracten afsluiten, offertes opvragen, bestellingen plaatsen en de voortgang van de inkooporder controleren. Al deze handelingen vergen tijd (en dus personeelskosten), kosten kantoorruimte enzovoort.

Voor de opslag van de grond- en hulpstoffen moeten magazijnkosten worden gemaakt in de vorm van personeelskosten, energiekosten, afschrijvingskosten op magazijn en magazijninventaris enzovoort. Hoge voorraden leiden tot hogere magazijnkosten, maar ook tot lagere inkoopkosten. Lage voorraden, waarbij wordt uitgegaan van het just-in-time-principe, leiden tot hogere inkoopkosten en lagere opslagkosten.

Ad d. Kosten van arbeid

Kosten van arbeid Om de bedrijfsactiviteiten te kunnen uitoefenen is personeel nodig. Ondernemingen zullen daarbij in de huidige maatschappij steeds meer kiezen voor flexibiliteit door een combinatie van vast personeel en ingehuurd personeel, in de vorm van:

- oproepkrachten;
- zzp'ers;
- uitzendkrachten.

De kosten van werknemers bestaan voor de werkgever uit:

- het brutoloon en vakantiegeld;
- de sociale lasten, bestaande uit de premies werknemersverzekeringen en de inkomensafhankelijke bijdrage Zorgverzekeringswet (beide premies moeten door de werkgever worden afgedragen);
- het werkgeversdeel van de pensioenlasten indien de werkgever een pensioen heeft toegezegd;
- andere vergoedingen aan het personeel, zoals reiskostenvergoedingen.

Ad e. Kosten van diensten van derden

Kosten diensten van derden Bij kosten van diensten van derden gaat het om de diensten die derden voor het bedrijf uitvoeren, zoals diensten op het gebied van:

- transport;
- verzekeringen;
- opslag;
- telefoon;
- automatisering;
- advertenties;
- het inhuren van specialistische kennis van juristen, notarissen, accountants, belastingadviseurs en incassobureaus.

Een bedrijf maakt hierbij steeds de afweging om deze diensten zelf uit te voeren (insourcing) of uit te besteden (outsourcing).

Ad f. Kosten van belastingen

Kosten van belastingen

Een bedrijf kan met verschillende soorten belastingen te maken krijgen, zoals:

- belastingen van gemeenten, provincies en waterschappen;
- belastingen over de winst;
- belastingen waarbij het bedrijf optreedt als incasseerder voor de Belastingdienst.

Gemeentebelastingen

Gemeentebelastingen betreffen onder andere reinigingsrecht, precario- en toeristenbelasting, onroerendezaakbelasting, rioolheffing en reclamebelasting. Deze belastingen zijn kosten voor het bedrijf en worden als zodanig in rubriek 4 geboekt. Eventuele aan klanten doorberekende gemeentebelastingen, zoals toeristenbelasting, worden in mindering gebracht op deze kosten.

Belastingen over winst

Belastingen over de winst betreffen inkomstenbelasting en vennootschapsbelasting. Ondernemers die hun onderneming in de vorm van een eenmanszaak, vennootschap onder firma, maatschap of commanditaire vennootschap drijven, moeten over de winst inkomstenbelasting betalen. De betaling van inkomstenbelasting vanaf de zakelijke bankrekening is dan een privéopname. Rechtsvormen met rechtspersoonlijkheid, zoals besloten vennootschappen, naamloze vennootschappen, coöperaties en onderlinge waarborgmaatschappijen, moeten over de winst vennootschapsbelasting betalen. De vennootschapsbelastinglast wordt als kosten in rubriek 9 geboekt.

Incassobelastingen

Belastingen waarbij het bedrijf optreedt als incasseerder voor de Belastingdienst betreffen loonbelasting en premie volksverzekeringen, dividendbelasting en omzetbelasting. De loonbelasting en premie volksverzekeringen worden ingehouden op het brutoloon van de werknemer en op aangifte afgedragen aan de Belastingdienst. Dividendbelasting wordt ingehouden op het uit te keren dividend en ook op aangifte afgedragen aan de Belastingdienst. Een bedrijf moet over de levering van goederen en diensten in principe 21% omzetbelasting rekenen, tenzij het verlaagde tarief van 0% of 6% is toegestaan of de levering is vrijgesteld. Deze berekende omzetbelasting moet het bedrijf op aangifte afdragen aan de Belastingdienst onder aftrek van de te verrekenen voorbelasting* (door derden aan het bedrijf in rekening gebrachte omzetbelasting). Deze belastingen worden in rubriek 1 opgenomen.

* Bedrijven met vrijgestelde leveringen mogen ook geen omzetbelasting verrekenen.

Ad g. Kosten van vermogen

Indien bedrijfsactiviteiten worden gefinancierd met vreemd vermogen, is het bedrijf interest verschuldigd over het gefinancierde bedrag. Deze interestkosten worden als kosten opgenomen in rubriek 4 in de winst-en-verliesrekening.

7.1.3 Boekingen van kostenfacturen

Boeking van De kostenfacturen kunnen worden geboekt via het bankboek, het kasboek of het
kostenfacturen inkoopboek.

> In de praktijk wordt er vaak voor gekozen om naast het boeken van de inkoopfacturen
> via het inkoopboek ook de (overige) kostenfacturen via dit inkoopboek of een apart
> kostenboek te boeken. Het voordeel hiervan is dat de te verrekenen OB in de juiste
> periode wordt geboekt.

Rubriek 4 kan worden ingedeeld in de volgende kostengroepen:
Groep 0: personeelskosten;
Groep 1: kosten van grond- en hulpstoffen;
Groep 2: afschrijvingskosten;
Groep 3: huisvestingskosten;
Groep 4: machinekosten;
Groep 5: autokosten;
Groep 6: kantoorkosten;
Groep 7: algemene kosten;
Groep 8: financieringskosten;
Groep 9: verkoopkosten.

> In het standaard rekeningschema bij het examen wordt deze groepsindeling niet hele-
> maal gevolgd.

Bij een driecijferig grootboekrekeningschema is er dan nog binnen elke kostengroep ruimte om tien grootboekrekeningen te gebruiken. Bijvoorbeeld grootboekrekening 400 is dan een grootboekrekening in rubriek 4 (kosten), in kostengroep 0
(personeelskosten) en nummer 0 met als omschrijving: Brutolonen.

> In de praktijk worden tien grootboekrekeningen per kostengroep niet voldoende
> geacht, waardoor vaak wordt gekozen voor grootboekrekeningen die uit vier of meer
> cijfers bestaan.

Van de kostenfactuur wordt de volgende journaalpost gemaakt in het kostenboek:

	4..	Kosten	€	
	170	Te verrekenen OB	€	
Aan	140	Crediteuren		€

Van de betaling van de kostenfactuur wordt de volgende journaalpost gemaakt in
het bankboek (of kasboek):

	140	Crediteuren	€	
Aan	110	Bank		€

Indien voor de crediteuren betaalbestanden worden aangemaakt die vanuit de financiële administratie door middel van een batch geïmporteerd worden in internetbankieren, zullen de volgende journaalposten worden gemaakt:

Van de kostenfactuur wordt de volgende journaalpost gemaakt in het kostenboek:

	4..	Kosten	€	
	170	Te verrekenen OB	€	
Aan	140	Crediteuren		€

Van het aanmaken van de batch wordt de volgende journaalpost gemaakt:

	140	Crediteuren	€	
Aan	147	Betalingen onderweg		€

Van de bankafschrijving van de batch wordt de volgende journaalpost gemaakt in het bankboek:

	147	Betalingen onderweg	€	
Aan	110	Bank		€

7.2 Vooruitbetaalde en nog te betalen kosten

Volgens het toerekeningsbeginsel (matching) worden de kosten aan de juiste verslagperiode toegerekend, ongeacht of deze in dezelfde periode zijn betaald. Er kunnen zich twee situaties voordoen:
1. De kosten met betrekking tot de komende perioden worden vooruitbetaald.
2. De kosten met betrekking tot achterliggende perioden worden achteraf betaald.

Ad 1. De kosten met betrekking tot de komende perioden worden vooruitbetaald

Vooruitbetaalde In deze situatie wordt eerst de betaling van de kosten geboekt. Vervolgens worden
kosten aan het einde van elke verslagperiode de periodekosten geboekt.

131

Hierbij wordt gebruikgemaakt van grootboekrekening 150 Vooruitbetaalde bedragen. Dit is een transitorische post die als overlopende activa in de balans wordt opgenomen.

Van de vooruitbetaling per bank wordt de volgende journaalpost gemaakt in het bankboek:

	150	Vooruitbetaalde bedragen (bedrag exclusief OB)	€	
	170	Te verrekenen OB	€	
Aan	110	Bank (bedrag inclusief OB)		€

Van de periodekosten wordt de volgende journaalpost gemaakt in het memoriaal:

	4..	Kosten	€	
Aan	150	Vooruitbetaalde bedragen		€

Een eventueel saldo op de grootboekrekening 150 Vooruitbetaalde bedragen is altijd een debetbedrag.

Voorbeeld 7.1 Vooruitbetaalde bedragen

Een vereniging van eigenaren heeft op 1 november jaar 1 de verzekeringspremie van het appartementencomplex van € 3.600 inclusief 21% assurantiebelasting over de periode 1 januari tot en met 31 december jaar 2 vooruitbetaald. Dit betreft de opstalverzekering.

Op 1 november jaar 1 maakt de vereniging van eigenaren de volgende journaalpost in het bankboek:

	150	Vooruitbetaalde bedragen	€ 3.600	
Aan	110	Bank		€ 3.600

Op 31 januari jaar 2 maakt de vereniging van eigenaren in het memoriaal de volgende journaalpost van de verzekeringskosten over de maand januari:

	450	Assurantiekosten: € 3.600*/12	€ 300	
Aan	150	Vooruitbetaalde bedragen		€ 300

* Assurantiebelasting is een kostenpost voor de vereniging van eigenaren, omdat de belasting niet kan worden teruggevorderd bij de Belastingdienst.

Ad 2. De kosten met betrekking tot voorgaande perioden worden achteraf betaald

Achteraf betaalde kosten

In deze situatie worden aan het einde van de verslagperiode eerst de periodekosten geboekt. Vervolgens wordt de betaling van de kosten geboekt.

Hierbij wordt gebruikgemaakt van grootboekrekening 156 Nog te betalen bedragen. Dit is een transitorische post die als overlopende passiva in de balans wordt opgenomen.

Van de periodekosten wordt de volgende journaalpost gemaakt in het memoriaal:

	4..	Kosten	€	
Aan	156	Nog te betalen bedragen		€

Van de achterafbetaling per bank wordt de volgende journaalpost gemaakt in het bankboek:

	156	Nog te betalen bedragen (bedrag exclusief OB)	€	
	170	Te verrekenen OB	€	
Aan	110	Bank (bedrag inclusief OB)		€

Een eventueel saldo op grootboekrekening 156 Nog te betalen bedragen is altijd een creditsaldo, omdat het een schuld voor de onderneming is.

Voorbeeld 7.2 Nog te betalen kosten

Een onderneming heeft met ingang van 1 juli jaar 1 een opslagloods gehuurd. De huur bedraagt € 1.500 exclusief 21% omzetbelasting per maand en wordt telkens aan het begin van het volgende kwartaal achteraf betaald.

Gevraagd:

1. Welke journaalposten maakt de onderneming van de huurkosten over de maanden juli, augustus en september jaar 1?
2. Welke journaalpost maakt de onderneming van de betaling van de huur op 1 oktober jaar 1 per Rabobank?

Met ingang van oktober jaar 1 wordt de huurprijs geïndexeerd met 2%.

3. Welke journaalposten maakt de onderneming van de huurkosten over de maanden oktober, november en december jaar 1?
4. Stel de grootboekrekeningen 430 en 156 op over jaar 1 (inclusief eventuele opening en afsluiting van de grootboekrekeningen).

Uitwerking:

1. De onderneming maakt eind juli, augustus en september jaar 1 de volgende journaalpost in het memoriaal van de huurkosten:

	430	Huurkosten	€ 1.500	
Aan	156	Nog te betalen bedragen		€ 1.500

2. De volgende journaalpost wordt op 1 oktober jaar 1 in het Rabobankboek gemaakt van de betaling van de huur:

	156	Nog te betalen bedragen	€ 4.500	
	170	Te verrekenen omzetbelasting	€ 945	
Aan	110	Rabobank		€ 5.445

3. De onderneming maakt eind oktober, november en december jaar 1 de volgende journaalpost in het memoriaal van de huurkosten:

	430	Huurkosten: € 1.500 × 1,02	€ 1.530	
Aan	156	Nog te betalen bedragen		€ 1.530

4. Op grootboekrekening 430 is over jaar 1 een bedrag van € 9.090 aan huurkosten geboekt:

		Debet	Credit
31-07	Huurkosten juli	€ 1.500	
31-08	Huurkosten augustus	€ 1.500	
30-09	Huurkosten september	€ 1.500	
31-10	Huurkosten oktober	€ 1.530	
30-11	Huurkosten november	€ 1.530	
31-12	Huurkosten december	€ 1.530	
31-12	Naar winst-en-verliesrekening		€ 9.090
	Totaal	€ 9.090	€ 9.090

Op grootboekrekening 156 Nog te betalen bedragen staat op 31 december jaar 1 nog een creditsaldo van € 4.590. De interestkosten over de maanden oktober tot en met december moet op 1 januari jaar 2 worden betaald, dus 3 × € 1.530 = € 4.590.

Op grootboekrekening 156 Nog te betalen bedragen zijn over jaar 1 de volgende bedragen geboekt:

		Debet	Credit
31-07	Huurkosten juli		€ 1.500
31-08	Huurkosten augustus		€ 1.500
30-09	Huurkosten september		€ 1.500
01-10	Betaald per Rabobank	€ 4.500	
31-10	Huurkosten oktober		€ 1.530
30-11	Huurkosten november		€ 1.530
31-12	Huurkosten december		€ 1.530
31-12	Naar balans	€ 4.590	
	Totaal	€ 9.090	€ 9.090

7.3 Vooruitontvangen en nog te ontvangen opbrengsten

Volgens het toerekeningsbeginsel worden de opbrengsten aan de juiste verslag-periode toegerekend, ongeacht of deze in dezelfde periode zijn ontvangen. Er kunnen zich twee situaties voordoen:

1. De opbrengsten met betrekking tot de komende perioden worden vooruit-ontvangen.
2. De opbrengsten met betrekking tot achterliggende perioden worden achteraf ontvangen.

Overige opbrengsten die niet tot de normale bedrijfsactiviteiten behoren (zoals huuropbrengsten en interestopbrengsten) en incidentele baten (zoals boekwinst verkoop vaste activa) worden rechtstreeks in rubriek 9 geboekt. Bij bijvoorbeeld een beleggingsinstelling behoren de huuropbrengsten wel tot de normale be-drijfsactiviteiten en worden deze in rubriek 8 geboekt op grootboekrekening 850 Opbrengst verkopen.

Ad 1. De opbrengsten met betrekking tot de komende perioden worden vooruitontvangen

Vooruitontvangen opbrengsten In deze situatie wordt eerst de ontvangst van de opbrengsten geboekt en vervolgens worden aan het einde van elke verslagperiode de periodeopbrengsten geboekt.

Hierbij wordt gebruikgemaakt van grootboekrekening 155 Vooruitontvangen bedragen. Dit is een transitorische post die als overlopende passiva in de balans wordt opgenomen.

Van het vooruitontvangen bedrag per bank wordt de volgende journaalpost gemaakt in het bankboek:

	110	Bank (inclusief OB)	€	
Aan	175	Verschuldigde OB		€
Aan	155	Vooruitontvangen bedragen (exclusief OB)		€

Van de periodeopbrengsten wordt de volgende journaalpost gemaakt in het memoriaal:

	155	Vooruitontvangen bedragen	€	
Aan	9..	Overige opbrengsten		€

Of bij verkopen:

	155	Vooruitontvangen bedragen	€	
	840	Rabatten en kortingen	€	
Aan	850	Opbrengst verkopen		€

Een eventueel saldo op grootboekrekening 155 Vooruitontvangen bedragen is altijd een creditsaldo.

Voorbeeld 7.3 Vooruitontvangen bedragen

Een onderneming sluit op 23 maart een overeenkomst voor de tijdelijke verhuur van een opslagplaats voor de maanden april, mei en juni. De huurprijs bedraagt € 4.500 exclusief 21% omzetbelasting voor drie maanden, en moet op 1 april vooruit worden betaald. De onderneming verstuurt op 23 maart de factuur.

Gevraagd:
Welke journaalposten maakt de onderneming van:
   a. de verzending van de factuur op 23 maart?
   b. de ontvangst van het bedrag per bank op 1 april?
   c. de huuropbrengst over de maanden april, mei en juni?

Uitwerking:
De onderneming maakt de volgende journaalposten:
   a. Van de verzending van de factuur op 23 maart in het verkoopboek:

	130	Debiteuren: € 4.500 × 121%	€ 5.445	
Aan	175	Verschuldigde OB: € 4.500 × 21%		€ 945
Aan	155	Vooruitontvangen bedragen		€ 4.500

b. Van de ontvangst van het bedrag op 1 april in het bankboek:

	110	Bank	€ 5.445	
Aan	130	Debiteuren		€ 5.445

c. Van de huuropbrengst over april op 30 april in het memoriaal:

	155	Vooruitontvangen bedragen: € 4.500/3	€ 1.500	
Aan	940	Huuropbrengsten		€ 1.500

Voor de maanden mei en juni maakt de onderneming dezelfde journaalpost van de huuropbrengsten als in april.

Ad 2. De opbrengsten met betrekking tot achterliggende perioden worden achteraf ontvangen

Achteraf ontvangen opbrengsten

In deze situatie worden aan het einde van elke verslagperiode eerst de periode-opbrengsten geboekt. Vervolgens wordt de ontvangst van de opbrengsten in een andere verslagperiode geboekt.

Hierbij wordt gebruikgemaakt van grootboekrekening 151 Nog te ontvangen bedragen. Dit is een transitorische post die als overlopende activa in de balans wordt opgenomen.

Van de periodeopbrengsten wordt de volgende journaalpost gemaakt in het memoriaal:

	151	Nog te ontvangen bedragen	€	
Aan	9..	Overige opbrengsten		€

Van het per bank vooruitontvangen bedrag wordt de volgende journaalpost gemaakt in het bankboek:

	110	Bank	€	
Aan	175	Verschuldigde OB		€
Aan	151	Nog te ontvangen bedragen		€

Een eventueel saldo op de grootboekrekening 151 Nog te ontvangen bedragen is altijd een debetsaldo.

Voorbeeld 7.4 Nog te ontvangen bedragen

Een onderneming heeft op 1 februari een lening u/g verstrekt van € 80.000. De interest bedraagt 6% op jaarbasis en wordt aan het eind van ieder kwartaal ontvangen, voor het eerst op 31 maart. Aan het eind van ieder kwartaal, voor het eerst op 30 juni, wordt steeds € 4.000 afgelost.

Gevraagd:

1. Welke journaalposten maakt de onderneming van:
   a. de verstrekking van de lening op 1 februari per bank?
   b. de interestopbrengst over februari?
   c. de interestopbrengst over maart?
   d. de ontvangst van de interest op 31 maart per bank?
   e. de interestopbrengst over april, mei en juni?
   f. de ontvangst van de interest en aflossing op 30 juni per bank?
   g. de interestopbrengst over juli, augustus en september?
   h. de ontvangst van de interest en aflossing op 30 september per bank?
   i. de interestopbrengst over oktober, november en december?
   j. de ontvangst van de interest en aflossing op 31 december per bank?
2. Stel de grootboekrekeningen 950 en 151 samen (inclusief eventuele opening en afsluiting van de grootboekrekeningen).

Uitwerking:

1. De onderneming maakt de volgende journaalposten:
   a. Van de verstrekking van de lening u/g (uitgeleend geld) op 1 februari in het bankboek:

	060	Leningen u/g	€ 80.000	
Aan	110	Bank		€ 80.000

   b. Van de interestopbrengst over de maand februari op 28 februari in het memoriaal:

	151	Nog te ontvangen bedragen	€ 400	
Aan	950	Interestopbrengsten: € 80.000 × 6% × 1/12		€ 400

   c. Van de interestopbrengst over de maand maart op 31 maart in het memoriaal:

	151	Nog te ontvangen bedragen	€ 400	
Aan	950	Interestopbrengsten: € 80.000 × 6% × 1/12		€ 400

d. Van de ontvangen interest op 31 maart in het bankboek:

	110	Bank	€ 800	
Aan	151	Nog te ontvangen bedragen		€ 800

e. Van de interestopbrengst over de maand april op 30 april in het memoriaal:

	151	Nog te ontvangen bedragen	€ 400	
Aan	950	Interestopbrengsten: € 80.000 × 6% × 1/12		€ 400

Over de maanden mei en juni maakt de onderneming dezelfde journaalpost als in april.

f. Van de interestontvangst en de aflossing op 30 juni in het bankboek:

	110	Bank: 3 × € 400	€ 1.200*	
Aan	151	Nog te ontvangen bedragen		€ 1.200

	110	Bank	€ 4.000*	
Aan	060	Leningen u/g		€ 4.000

* Deze journaalposten mogen ook als één journaalpost worden geboekt. Het saldo van de grootboekrekening 151 is na deze boeking weer € 0.

g. Van de interestopbrengst over de maand juli op 31 juli in het memoriaal:

	151	Nog te ontvangen bedragen	€ 380	
Aan	950	Interestopbrengsten: € 76.000 × 6% × 1/12		€ 380

Over de maanden augustus en september maakt de onderneming dezelfde journaalpost als in juli.

h. Van de interestontvangst en de aflossing op 30 september in het bankboek:

	110	Bank: 3 × € 380	€ 1.140	
Aan	151	Nog te ontvangen bedragen		€ 1.140

	110	Bank	€ 4.000	
Aan	060	Leningen u/g		€ 4.000

i. Van de interestopbrengst over de maand oktober op 31 oktober in het memoriaal:

	151	Nog te ontvangen bedragen	€ 360	
Aan	950	Interestopbrengsten: € 72.000 × 6% × 1/12		€ 360

Over de maanden november en december maakt de onderneming dezelfde
journaalpost als in oktober.

j. Van de interestontvangst en de aflossing op 31 december in het bankboek:

	110	Bank: 3 × € 360	€ 1.080	
Aan	151	Nog te ontvangen bedragen		€ 1.080

	110	Bank	€ 4.000	
Aan	060	Leningen u/g		€ 4.000

2. Op grootboekrekening 950 is over het hele jaar € 4.220 aan interestopbrengsten
    over de lening u/g geboekt, namelijk:

		Debet	Credit
28-02	Interestopbrengsten februari		€ 400
31-03	Interestopbrengsten maart		€ 400
30-04	Interestopbrengsten april		€ 400
31-05	Interestopbrengsten mei		€ 400
30-06	Interestopbrengsten juni		€ 400
31-07	Interestopbrengsten juli		€ 380
31-08	Interestopbrengsten augustus		€ 380
30-09	Interestopbrengsten september		€ 380
31-10	Interestopbrengsten oktober		€ 360
30-11	Interestopbrengsten november		€ 360
31-12	Interestopbrengsten december		€ 360
31-12	Naar winst-en-verliesrekening	€ 4.220	
	Totaal	€ 4.220	€ 4.220

Op grootboekrekening 151 Nog te ontvangen bedragen staat op 31 december een saldo van € 0. De interestopbrengsten over het 4e kwartaal zijn op 31 december ontvangen. Op grootboekrekening 151 Nog te ontvangen bedragen zijn de volgende bedragen geboekt:

		Debet	Credit
28-02	Interestopbrengsten februari	€ 400	
31-03	Interestopbrengsten maart	€ 400	
31-03	Ontvangen interest		€ 800
30-04	Interestopbrengsten april	€ 400	
31-05	Interestopbrengsten mei	€ 400	
30-06	Interestopbrengsten juni	€ 400	
30-06	Ontvangen interest		€ 1.200
31-07	Interestopbrengsten juli	€ 380	
31-08	Interestopbrengsten augustus	€ 380	
30-09	Interestopbrengsten september	€ 380	
30-09	Ontvangen interest		€ 1.140
31-10	Interestopbrengsten oktober	€ 360	
30-11	Interestopbrengsten november	€ 360	
31-12	Interestopbrengsten december	€ 360	
31-12	Ontvangen interest		€ 1.080
	Totaal	€ 4.220	€ 4.220

7.4 Boekingen van operationele leaseovereenkomsten

Operationele lease Bij een operationele leaseovereenkomst blijft het economische risico bij de lease-maatschappij (dit is de kredietgever of de lessor), zodat de overeenkomst vergeleken kan worden met een huurovereenkomst. In de leasetermijnen is een vergoeding voor onderhoud en verzekering opgenomen. Er wordt over de leasetermijnen 21% omzetbelasting in rekening gebracht.

De onderneming (dit is de kredietnemer of de lessee) maakt de volgende journaal-post van de ontvangen leasefactuur in het inkoopboek:

	441	Leasekosten machines	€	
	170	Te verrekenen OB	€	
Aan	140	Crediteuren		€

141

De onderneming maakt van de betaling van de leasefactuur de volgende journaalpost in het bankboek:

	140	Crediteuren	€	
Aan	110	Bank		€

Voorbeeld 7.5 Operationele leaseovereenkomst

Een handelsbedrijf sluit op 21 augustus een operationele leaseovereenkomst met de leasemaatschappij voor de lease van drie printers gedurende drie jaar. De leasetermijn bedraagt maandelijks € 147 exclusief 21% omzetbelasting en moet aan het begin van de maand door middel van automatische incasso vooruit worden betaald.

Het handelsbedrijf maakt naast de standaardrekeningen gebruik van de grootboekrekening 496 Leasekosten kantoorinventaris.

Gevraagd:

Welke journaalposten maakt het handelsbedrijf van:
a. de ontvangst van de leasefactuur op 28 augustus over de maand september?
b. de automatische incasso op 1 september?
c. de leasekosten over september?

Uitwerking:

Het handelsbedrijf maakt de volgende journaalposten:
a. Van de ontvangst van de leasefactuur op 28 augustus voor de maand september in het inkoopboek:

	150	Vooruitbetaalde bedragen	€ 147	
	170	Te verrekenen OB: € 147 × 21%	€ 30,87	
Aan	140	Crediteuren		€ 177,87

b. Van de automatische incasso op 1 september in het bankboek:

	140	Crediteuren	€ 177,87	
Aan	110	Bank		€ 177,87

c. Van de leasekosten over de maand september op 30 september in het memoriaal:

	496	Leasekosten kantoorinventaris	€ 147	
Aan	150	Vooruitbetaalde bedragen		€ 147

7.5 Boeken van interestkosten en het bepalen van het interestresultaat

ingecalculeerde interest

In de berekening van de standaardkostprijs (bij vooral de productiebedrijven) kan ervoor worden gekozen om interestkosten over het geïnvesteerde vermogen mee te nemen, dus zowel interest over het vreemde vermogen als interest over het eigen vermogen. Dit wordt de ingecalculeerde interest genoemd. Daarnaast worden de interestkosten over het vreemde vermogen geboekt. Het verschil tussen de ingecalculeerde interest en de interest vreemd vermogen wordt dan aangeduid in het periederesultaat – in rubriek 9 - als interestresultaat, oftewel het verschil tussen de aan de klanten doorberekende interestkosten (in de kostprijs) en de interestkosten over het vreemde vermogen.

interestresultaat

In de financiële administratie worden de volgende grootboekrekeningen gebruikt om het interestresultaat zichtbaar te maken:

260 Interest vreemd vermogen
261 Ingecalculeerde interest
993 Interestresultaat

De grootboekrekeningen 260 en 261 worden hier gezien als een controlerende tussenrekening.

Van de ingecalculeerde interestkosten wordt periodiek de volgende journaalpost in het memoriaal gemaakt:

	480	Interestkosten	€	
Aan	261	Ingecalculeerde interest		€

Van de interestkosten vreemd vermogen wordt periodiek de volgende journaalpost in het memoriaal gemaakt indien de interest achteraf betaald wordt:

	260	Interest vreemd vermogen	€	
Aan	165	Te betalen interest		€

Aan het eind van de periode wordt het interestresultaat overgeboekt naar rubriek 9, om in het periederesultaat te laten zien. Van de overboeking van het interestresultaat wordt de volgende journaalpost in het memoriaal gemaakt:

	261	Ingecalculeerde interest	€	
Aan	260	Interest vreemd vermogen		€
Aan	993	Interestresultaat		€

Voorbeeld 7.6 Boeking interestkosten en interestresultaten

Een productiebedrijf heeft besloten in de kostprijsberekening ook rekening te houden met 6% interestkosten over het gemiddeld geïnvesteerde vermogen in de machines en installaties over jaar 1. Het gemiddeld geïnvesteerde vermogen wordt berekend over de gemiddelde boekwaarden van de machines en installaties in een jaar. De machines en installaties zijn begin jaar 1 aangeschaft voor een bedrag van € 800.000. De boekwaarde aan het eind van jaar 1 is € 700.000. De investering is voor de helft gefinancierd met eigen vermogen en voor de helft met een lening o/g bij de Rabobank. De verschuldigde interest op deze lening is 4,5% en wordt halfjaarlijks achteraf betaald, voor het eerst op 1 juli jaar 1. Tevens wordt halfjaarlijks de lening o/g afgelost met € 50.000.

Gevraagd:
1. Welke journaalposten worden in jaar 1 telkens aan het einde van de maand gemaakt van de ingecalculeerde interestkosten?
2. Welke journaalposten worden in het eerste halfjaar van jaar 1 telkens aan het einde van de maand gemaakt van de interestkosten op vreemd vermogen?
3. Welke journaalposten worden in het eerste halfjaar van jaar 1 telkens aan het einde van de maand gemaakt van de overboeking van het interestresultaat?
4. Welke journaalpost wordt op 30 juni jaar 1 gemaakt van de betaling van de interest en aflossing op de lening o/g?
5. Welke journaalposten worden in het tweede halfjaar van jaar 1 telkens aan het einde van de maand gemaakt van de interestkosten op vreemd vermogen?
6. Welke journaalposten worden in het tweede halfjaar van jaar 1 telkens aan het einde van de maand gemaakt van de overboeking van het interestresultaat?
7. Stel de grootboekrekeningen 460 en 993 op over jaar 1 (inclusief eventuele opening en afsluiting van de grootboekrekeningen).

Uitwerking:
1. De ingecalculeerde interestkosten bedragen € 3.750 per maand en kunnen als volgt berekend worden:

Gemiddeld geïnvesteerd vermogen: $\dfrac{€\ 800.000 + €\ 700.000}{2} = €\ 750.000$

Ingecalculeerde interestkosten per maand: $6\% \times €\ 750.000 \times \dfrac{1}{12} = €\ 3.750$

De volgende journaalpost wordt in jaar 1 telkens aan het einde van de maand in het memoriaal gemaakt van de ingecalculeerde interestkosten:

	480	Interestkosten	€ 3.750	
Aan	261	Ingecalculeerde interest		€ 3.750

2. De volgende journaalpost wordt in het eerste halfjaar van jaar 1 telkens aan het einde van de maand in het memoriaal gemaakt van de interestkosten op vreemd vermogen:

	260	Interest vreemd vermogen: $50\% \times €\,800.000 \times 4,5\% \times \dfrac{1}{12}$	€ 1.500	
Aan	165	Te betalen interest		€ 1.500

3. Van de overboeking van het interestresultaat wordt in het eerste halfjaar telkens aan het eind van de maand de volgende journaalpost in het memoriaal gemaakt:

	261	Ingecalculeerde interest	€ 3.750	
Aan	260	Interest vreemd vermogen		€ 1.500
Aan	993	Interestresultaat		€ 2.250

De controlerende tussenrekeningen lopen door deze boeking weer glad.

4. De volgende journaalpost wordt op 30 juni jaar 1 in het Rabobankboek gemaakt van de betaling van de interest en aflossing op de lening o/g:

	071	Onderhandse lening o/g	€ 50.000	
	165	Te betalen interest: 6 × € 1.500	€ 9.000	
Aan	110	Rabobank		€ 59.000

5. De volgende journaalpost wordt in het tweede halfjaar van jaar 1 telkens aan het einde van de maand in het memoriaal gemaakt van de interestkosten op vreemd vermogen:

	260	Interest vreemd vermogen: $(€\,400.000 - €\,50.000) \times 4,5\% \times \dfrac{1}{12}$	€ 1.312,50	
Aan	165	Te betalen interest		€ 1.315,50

6. Van de overboeking van het interestresultaat wordt in het tweede halfjaar telkens aan het eind van de maand de volgende journaalpost in het memoriaal gemaakt:

	261	Ingecalculeerde interest	€ 3.750	
Aan	260	Interest vreemd vermogen		€ 1.312,50
Aan	993	Interestresultaat		€ 2.437,50

145

7. Op grootboekrekening 460 is over het hele jaar 1 een bedrag van debet € 45.000 aan ingecalculeerde interestkosten geboekt:

		Debet	Credit
31-01	Ingecalculeerde interest januari	€ 3.750	
28-02	Ingecalculeerde interest februari	€ 3.750	
31-03	Ingecalculeerde interest maart	€ 3.750	
30-04	Ingecalculeerde interest april	€ 3.750	
31-05	Ingecalculeerde interest mei	€ 3.750	
30-06	Ingecalculeerde interest juni	€ 3.750	
31-07	Ingecalculeerde interest juli	€ 3.750	
31-08	Ingecalculeerde interest augustus	€ 3.750	
30-09	Ingecalculeerde interest september	€ 3.750	
31-10	Ingecalculeerde interest oktober	€ 3.750	
30-11	Ingecalculeerde interest november	€ 3.750	
31-12	Ingecalculeerde interest december	€ 3.750	
31-12	Naar winst-en-verliesrekening		€ 45.000
	Totaal	€ 45.000	€ 45.000

Op grootboekrekening 993 is over jaar 1 een bedrag van credit € 28.125 geboekt aan interestresultaat:

		Debet	Credit
31-01	Interestresultaat januari		€ 2.250
28-02	Interestresultaat februari		€ 2.250
31-03	Interestresultaat maart		€ 2.250
30-04	Interestresultaat april		€ 2.250
31-05	Interestresultaat mei		€ 2.250
30-06	Interestresultaat juni		€ 2.250
31-07	Interestresultaat juli		€ 2.437,50
31-08	Interestresultaat augustus		€ 2.437,50
30-09	Interestresultaat september		€ 2.437,50
31-10	Interestresultaat oktober		€ 2.437,50
30-11	Interestresultaat november		€ 2.437,50
31-12	Interestresultaat december		€ 2.437,50
31-12	Naar winst-en-verliesrekening	€ 28.125	
	Totaal	€ 28.125	€ 28.125

Het verschil tussen grootboekrekening 460 en 993 bedraagt € 16.875. Dit betreffen de interestkosten op het vreemde vermogen.

Boekingen van duurzame productiemiddelen

8.1 Aankoop van duurzame productiemiddelen

Duurzame
productiemiddelen
Bedrijfsmiddelen of duurzame productiemiddelen zijn goederen die tot de vaste activa behoren en die zijn bestemd voor de uitoefening van het bedrijf.

Voorbeelden van bedrijfsmiddelen zijn:
- immateriële vaste activa: goodwill, software, concessies en vergunningen;
- materiële vaste activa: bedrijfsgebouwen en -terreinen, machines, installaties en overige bedrijfsmiddelen zoals: inventaris, computers en vervoermiddelen.

Het kenmerk van deze bedrijfsmiddelen is dat zij meerdere verslagperioden in het bedrijf worden gebruikt en daarom niet in één keer als kosten kunnen worden geboekt.

De aanschafwaarde van een bedrijfsmiddel (materiële vaste activa) wordt opgenomen op de grootboekrekeningen:
- 000 Terreinen
- 010 Gebouwen
- 020 Inventaris
- 026 Machines
- 030 Bedrijfsauto's

Aanschafwaarde
Tot de aanschafwaarde behoren de aankoopprijs plus de bijkomende kosten. De bijkomende kosten bestaan uit die kosten die nodig zijn om een bedrijfsmiddel gebruiksklaar te maken, zoals installatiekosten en montagekosten, leverings- en afhandelingskosten, kosten om te onderzoeken of het bedrijfsmiddel naar behoren functioneert en adviseurskosten.

Voorbeeld 8.1 Aankoop van een bedrijfspand

Een handelsbedrijf koopt een bedrijfspand. Voor de gedeeltelijke financiering wordt een hypothecaire lening o/g afgesloten bij de bank. De levering vindt plaats op 1 juli. Van de notaris wordt op 1 juli de volgende afrekening ontvangen:

Aankoopsom bedrijfspand		€ 840.000
Vooruitbetaalde onroerendezaakbelasting		
juli tot en met december	€ 800	
Overdrachtsbelasting	€ 50.400	
Makelaarscourtage inclusief		
€ 3.528 omzetbelasting	€ 20.328	
Leveringskosten notaris		
(inclusief € 42 omzetbelasting)	€ 402	
		€ 71.930
		€ 911.930
Hypothecaire lening		€ -500.000
Afsluitkosten	€ 5.000	
Hypotheekkosten notaris		
(inclusief € 42 omzetbelasting)	€ 420	
		€ -5.420
Resteert te betalen per bank		€ 417.350

Het resterende bedrag van € 417.350 is op 1 juli van de bankrekening afgeschreven.

Het handelsbedrijf maakt naast de standaardrekeningen gebruik van de volgende grootboekrekeningen:

Rekeningnummer	Naam
481	Bankkosten
482	Overige financieringskosten

Gevraagd:

1. Welke journaalpost maakt het handelsbedrijf van de betaling per bank van het resterende bedrag op 1 juli?
2. Welke journaalpost maakt het handelsbedrijf van de afrekening van de notaris op 1 juli?

Uitwerking:

1. Het handelsbedrijf maakt op 1 juli de volgende journaalpost in het bankboek:

	150	Vooruitbetaalde bedragen	€ 417.350	
Aan	110	Bank		€ 417.350

2. Tot de bijkomende kosten van het bedrijfspand behoren de overdrachtsbelasting van € 50.400, de makelaarscourtage van € 16.800 exclusief omzetbelasting (€ 20.328 / 1,21) en de leveringskosten van de notaris van € 360 (€ 402 - € 42).

De vooruitbetaalde onroerendezaakbelasting en de kosten met betrekking tot het afsluiten van de hypotheek behoren niet tot de bijkomende kosten.

Het handelsbedrijf maakt op 1 juli de volgende journaalpost in het memoriaal:

	010	Gebouwen: € 840.000 + € 50.400 + € 16.800 + € 360	€ 907.560	
	150	Vooruitbetaalde bedragen	€ 800	
	170	Te verrekenen OB: € 3.528 + € 42 + € 42	€ 3.612	
	481	Bankkosten	€ 5.000	
	482	Overige financieringskosten	€ 378	
Aan	070	Hypothecaire lening o/g		€ 500.000
Aan	150	Vooruitbetaalde bedragen		€ 417.350

Voorbeeld 8.2 Aankoop van een machine

Een productiebedrijf koopt op 27 januari een machine voor een bedrag van € 240.000 exclusief 21% omzetbelasting. De machine wordt op 24 februari geleverd, tegelijk met de inkoopfactuur.

De machine wordt op 26 februari door een gespecialiseerd bedrijf in de productiehal geïnstalleerd en getest op een goede werking. Op 28 februari ontvangt het productiebedrijf voor deze werkzaamheden een factuur van € 26.620 inclusief 21% omzetbelasting.

De grootboekrekeningen 250 en 251 zijn in dit voorbeeld niet in gebruik!

Gevraagd:
1. Welke journaalpost maakt het productiebedrijf op 24 februari van de ontvangst van de machine en de inkoopfactuur?
2. Welke journaalpost maakt het productiebedrijf op 28 februari van de installatie van de machine?

Uitwerking:

1. Het productiebedrijf maakt op 24 februari de volgende journaalpost in het inkoopboek:

	026	Machines	€ 240.000	
	170	Te verrekenen OB: € 240.000 × 21%	€ 50.400	
Aan	140	Crediteuren		€ 290.400

2. De kosten betreffen bijkomende kosten bij de aanschaf van de machine en worden derhalve geactiveerd. Het productiebedrijf maakt de volgende journaalpost in het inkoopboek:

	026	Machines	€ 22.000	
	170	Te verrekenen OB: € 22.000 × 21%	€ 4.620	
Aan	140	Crediteuren		€ 26.620

8.2 Boeking van afschrijvingskosten

Afschrijving De kosten van de aanschaf van een bedrijfsmiddel worden door middel van afschrijvingen over meerdere verslagperioden ten laste van de winst-en-verliesrekening gebracht. De afschrijvingen op de bedrijfsmiddelen geven daarmee de economische slijtage van een bedrijfsmiddel weer. Grond slijt in principe niet en is daarmee een bedrijfsmiddel waarop niet wordt afgeschreven. Dit is alleen anders als de grond wordt gebruikt voor de winning van delfstoffen.

Cumulatieve afschrijvingen In de balans worden de cumulatieve afschrijvingen (= totale afschrijvingen) op de bedrijfsmiddelen (materiële vaste activa) opgenomen op de volgende grootboekrekeningen:
- 015 Afschrijving gebouwen
- 025 Afschrijving inventaris
- 027 Afschrijving machines
- 035 Afschrijving bedrijfsauto's

In de winst-en-verliesrekening worden de afschrijvingen op de bedrijfsmiddelen (materiële vaste activa) opgenomen op de grootboekrekening 420 Afschrijvingskosten vaste activa.

Saldo Het saldo van de grootboekrekeningen 010 Gebouwen en 015 Afschrijving gebouwen geeft de boekwaarde van de bedrijfsgebouwen weer.

Het saldo van de grootboekrekeningen 020 Inventaris en 025 Afschrijving inventaris geeft de boekwaarde van de inventaris weer.

Het saldo van de grootboekrekeningen 026 Machines en 027 Afschrijving machines geeft de boekwaarde van de machines weer.

Het saldo van de grootboekrekeningen 030 Bedrijfsauto's en 035 Afschrijving bedrijfsauto's geeft de boekwaarde van de bedrijfsauto's weer.

Indien ervoor wordt gekozen om een subadministratie te koppelen aan de grootboekrekeningen 000, 010, 020, 026 en 030, zijn de aparte grootboekrekeningen voor afschrijving niet nodig. Hierdoor worden op de grootboekrekeningen 000, 010, 020, 026 en 030 de boekwaarden weergegeven.

In de praktijk worden ook de investeringen en de desinvesteringen op een aparte grootboekrekening opgenomen, zodat met behulp van de rapportgenerator meteen het juiste verloopoverzicht in de jaarrekening kan worden opgenomen.

Geschatte economische levensduur
De afschrijving op de bedrijfsmiddelen vindt stelselmatig plaats op basis van de geschatte economische levensduur, vanaf het moment dat het bedrijfsmiddel gereed is voor gebruik. Het af te schrijven bedrag is de aanschafwaarde minus de restwaarde van het bedrijfsmiddel. De restwaarde is positief indien het bedrijfsmiddel aan het einde van de economische levensduur nog kan worden verkocht. De restwaarde bestaat dan uit de opbrengstwaarde van het bedrijfsmiddel. De restwaarde is negatief indien voor het bedrijfsmiddel aan het einde van de economische levensduur nog kosten moeten worden gemaakt voor bijvoorbeeld ontmantelen of afvoeren van het bedrijfsmiddel. Dit worden ook wel herstelkosten genoemd.

Economische slijtage
De keuze voor de methode van afschrijven is afhankelijk van de snelheid van de economische slijtage van het bedrijfsmiddel. De afschrijvingsmethoden zijn:
1. lineaire afschrijving;
2. degressieve afschrijving:
   a. percentage van de boekwaarde;
   b. sum-of-the-years-digits;
3. progressieve afschrijving;
4. naar rato van gebruik/prestaties.

Ad 1. Lineaire afschrijving

Lineaire afschrijving Bij lineaire afschrijving vindt de economische slijtage gelijkmatig plaats gedurende de economische levensduur. De jaarlijkse afschrijvingskosten worden berekend met:
- een vast percentage van de aanschafwaarde, of
- het af te schrijven bedrag gedeeld door de economische levensduur.

Voorbeeld 8.3 Lineaire afschrijving

Een handelsbedrijf heeft op 3 april kantoormeubilair gekocht met een aanschafprijs van € 108.900 inclusief 21% omzetbelasting. Het kantoormeubilair en de factuur worden op 8 april geleverd, en het meubilair wordt in gebruik genomen. De economische levensduur is vijf jaar en de restwaarde wordt ingeschat op € 9.000.

Gevraagd:
1. Welke journaalpost maakt het handelsbedrijf van de levering van het kantoormeubilair en de factuur op 8 april?
2. Welke journaalpost maakt het handelsbedrijf op 30 april van de afschrijvingskosten over de maand april?
3. Welke journaalpost maakt het handelsbedrijf op 31 mei van de afschrijvingskosten over de maand mei?
4. Wat is de boekwaarde op 31 mei?

Uitwerking:
1. Op 8 april maakt het handelsbedrijf de volgende journaalpost in het inkoopboek:

	020	Inventaris: € 108.900 / 1,21	€ 90.000	
	170	Te verrekenen OB: € 90.000 × 21%	€ 18.900	
Aan	140	Crediteuren		€ 108.900

2. De afschrijvingskosten over de maand april kunnen als volgt worden berekend:

Jaarlijkse afschrijving: (€ 90.000 - € 9.000) / 5 jaar	€ 16.200
Maandelijkse afschrijving: € 16.200 / 12 maanden	€ 1.350
Afschrijving april: € 1.350 × 23/30 dagen	€ 1.035

Op 30 april maakt het handelsbedrijf de volgende journaalpost van de afschrijvingskosten over de maand april (periodematching) in het memoriaal:

	420	Afschrijvingskosten vaste activa	€ 1.035	
Aan	025	Afschrijving inventaris		€ 1.035

3. De afschrijvingskosten over de maand mei zijn:

(€ 90.000 - € 9.000) / 5 jaar / 12 maanden € 1.350

De jaarlijkse afschrijving uitgedrukt in een percentage van de aanschafwaarde is:

€ 16.200 / € 90.000 × 100% 18%

De jaarlijkse afschrijving is: 18% × € 90.000 € 16.200

De maandelijkse afschrijving is: € 16.200 / 12 maanden € 1.350

Op 31 mei maakt het handelsbedrijf de volgende journaalpost van de afschrijvings-kosten over de maand mei in het memoriaal:

	420	Afschrijvingskosten vaste activa	€ 1.350	
Aan	025	Afschrijving inventaris		€ 1.350

4. De boekwaarde van het kantoormeubilair is op 31 mei:

020	Aanschafwaarde	debet	€ 90.000
025	Afschrijvingen: € 1.035 + € 1.350	credit	€ 2.385
			€ 87.615

Ad 2. Degressieve afschrijving

Degressieve afschrijving Er zijn bedrijfsmiddelen, zoals zeeschepen, productiepanden of transport-middelen, waarvan de economische slijtage in het begin hoger is en later lager wordt. Om deze economische slijtage in de afschrijvingskosten tot uitdrukking te brengen, kan worden gekozen voor:
- afschrijven met een vast percentage van de boekwaarde;
- afschrijven volgens de sum-of-the-years-digits-methode.

Voorbeeld 8.4 Afschrijving met percentage van de boekwaarde

Een handelsbedrijf heeft op 13 september een bestelwagen aangeschaft voor € 30.000 exclusief 21% omzetbelasting. De bestelwagen wordt op 1 december geleverd en per bank afgerekend.

Het handelsbedrijf besluit de bestelwagen jaarlijks af te schrijven met 30% van de boekwaarde aan het begin van het jaar.

Gevraagd:
1. Welke journaalpost maakt het handelsbedrijf van de levering van de bestelwagen op 1 december?
2. Welke journaalpost maakt het handelsbedrijf op 31 december van de afschrijvings-kosten over december?

Uitwerking:

1. Het handelsbedrijf maakt de volgende journaalpost van de aankoop van de bestelwagen in het bankboek:

	030	Bedrijfsauto's	€ 30.000	
	170	Te verrekenen OB: € 30.000 × 21%	€ 6.300	
Aan	110	Bank		€ 36.300

2. Het af te schrijven bedrag over het eerste jaar bedraagt:
   € 30.000 × 30% = € 9.000

   Per 31 december maakt het handelsbedrijf de volgende journaalpost van de afschrijving over december in het memoriaal:

	420	Afschrijvingskosten vaste activa: € 9.000/12	€ 750	
Aan	035	Afschrijving bedrijfsauto's		€ 750

Ad 3. Progressieve afschrijving

Progressieve afschrijving Bij progressieve afschrijving worden de afschrijvingsbedragen gedurende de af te schrijven verslagperioden steeds hoger.

In de praktijk komt deze afschrijvingsvorm zelden voor, omdat de economische slijtage zich over het algemeen niet pas later in het gebruik van het bedrijfsmiddel zal voordoen.

De progressieve afschrijving kan worden berekend met behulp van annuïteiten. Een annuïteit is een periodiek gelijkblijvend bedrag dat bestaat uit interest- en afschrijvingskosten. Deze interest- en afschrijvingskosten worden toegerekend aan de winst-en-verliesrekening. De interestkosten zullen dan periodiek afnemen naarmate het vermogensbeslag op het bedrijfsmiddel kleiner wordt (door afschrijvingen wordt de boekwaarde steeds lager), waardoor het afschrijvingsdeel steeds hoger wordt.

Ad 4. Afschrijving naar rato van het gebruik

Afschrijving naar rato gebruik Afschrijving kan ook plaatsvinden naar rato van het gebruik. Indien bijvoorbeeld met een vrachtwagen gedurende de economische levensduur een bepaald aantal kilometers wordt gereden, worden de afschrijvingskosten per kilometer berekend. Indien met een machine gedurende de economische levensduur een bepaald aantal producten wordt gemaakt, wordt de afschrijvingskosten per product berekend.

8.3 Boekingen van onderhoud en revisie

Onderhoudskosten

Onderhoudskosten worden gemaakt opdat bedrijfsmiddelen hun prestaties blijven leveren. Deze kosten worden in de winst-en-verliesrekening verwerkt in de verslagperiode waaraan deze kosten kunnen worden toegerekend.

Verwerking in administratie

Kosten voor groot onderhoud, waaronder ook revisies en renovaties aan bedrijfsmiddelen vallen, mogen op drie manieren worden verwerkt in de financiële administratie:
1. opnemen in een voorziening voor groot onderhoud;
2. de kosten activeren en stelselmatig afschrijven;
3. ineens ten laste van de winst-en-verliesrekening boeken.

Ad 1. Opnemen in een voorziening voor groot onderhoud

Voorziening groot onderhoud

Door de kosten op te nemen in een voorziening voor groot onderhoud worden de kosten geëgaliseerd over een aantal verslagperiodes. Over iedere verslagperiode vindt dan een dotatie aan de voorziening plaats. Op het moment dat de uitgaven zich voordoen, worden deze weer als onttrekking van de voorziening afgeboekt.

Ad 2. De kosten activeren en stelselmatig afschrijven

Bij de aankoop van een bedrijfsmiddel kan er al rekening worden gehouden met het feit dat onderdelen moeten worden vervangen voor het einde van de economische levensduur van het bedrijfsmiddel. Er kan dan voor worden gekozen om op deze onderdelen sneller af te schrijven. Op het moment dat de vervangingsinvestering plaatsvindt, worden deze kosten geactiveerd en wordt er weer stelselmatig op afgeschreven. Dit wordt de componentenmethode genoemd. Bij de componenten-

Componenten-methode

methode wordt het investeringsbedrag gesplitst in delen (componenten) en wordt op deze delen verschillend afgeschreven: het ene deel wordt afgeschreven op basis van de economische levensduur van het bedrijfsmiddel; het andere deel wordt afgeschreven op basis van de economische levensduur van de onderdelen.

Revisie

Bij het activeren van de kosten van revisie of renovatie moeten de algemene activeringscriteria in acht worden genomen. Deze algemene activeringscriteria zijn:
1. De toekomstige prestatie-eenheden met betrekking tot het bedrijfsmiddel zullen toekomen aan de onderneming. Dat wil zeggen: er is economisch voordeel en de kosten van de uitgave kunnen in de toekomst worden terugverdiend.
2. De kosten kunnen op betrouwbare wijze worden vastgesteld. Wanneer aan een bedrijfsmiddel revisie nodig is, worden de kosten van de revisie voorzover deze in de toekomst terug te verdienen zijn, geactiveerd en vervolgens afgeschreven.

Wanneer de revisie noodzakelijk is om het bedrijfsmiddel weer normaal te laten functioneren, dan worden de kosten ten laste van het resultaat geboekt.

Ad 3. Ineens ten laste van de winst-en-verliesrekening boeken

Ten laste van winst-en-verliesrekening

Bij deze manier worden de kosten geboekt op het moment dat de uitgaven worden gedaan. Hierdoor vinden er in de verschillende verslagperioden pieken en dalen in de kosten plaats.

Voorbeeld 8.5 Renovatie

Een productiebedrijf besluit op 14 november een machine grondig te renoveren, zodat de prestaties van de machine met 20% worden verhoogd. De kosten van deze renovatie zijn € 98.010 inclusief 21% omzetbelasting. Het productiebedrijf schat in dat 90% van de renovatiekosten kan worden terugverdiend. De factuur van de renovatie wordt op 30 november ontvangen, tegelijkertijd met de oplevering van de renovatie.

Gevraagd:
Welke journaalpost maakt het productiebedrijf op 30 november jaar 1 van de ontvangen factuur van de renovatie?

Uitwerking:
Het productiebedrijf maakt de volgende journaalpost van de renovatie in het inkoopboek:

	026	Machines: (€ 98.010 / 1,21) × 90%	€ 72.900	
	440	Onderhoudskosten: (€ 98.010 / 1,21) × 10%	€ 8.100	
	170	Te verrekenen OB: € 98.010 / 121% × 21%	€ 17.010	
Aan	140	Crediteuren		€ 98.010

8.4 Verkoop en buitengebruikstelling van duurzame activa

8.4.1 Verkoop van bedrijfsmiddelen

Desinvestering

Bij de verkoop van bedrijfsmiddelen, ook wel desinvestering genoemd, wordt het bedrijfsmiddel niet langer op de balans opgenomen. De boekwaarde van het bedrijfsmiddel wordt dan afgeboekt van de balans, waarbij zowel de aanschafwaarde als de cumulatieve afschrijvingen naar € 0 worden teruggeboekt.

Indien er een verschil is tussen de boekwaarde en de verkoopprijs van het bedrijfs-middel, ontstaat er een boekresultaat op verkoop activa. Een positief boekresultaat wordt credit geboekt op de grootboekrekening 960 Resultaat verkoop vaste activa. Een negatief boekresultaat wordt debet geboekt op de grootboekrekening 960.

Verkoop van bedrijfsmiddelen Bij verkoop van bedrijfsmiddelen wordt altijd eerst de boekwaarde op de verkoop-datum bepaald. Vervolgens wordt het boekresultaat verkoop vaste activa berekend.

De volgende journaalpost wordt gemaakt van de verkoop van bedrijfsmiddelen (in dit geval inventaris) in het inkoopboek of in het bankboek:

	110 of 130	Bank of Debiteuren	€	
	025	Afschrijving inventaris	€	
Aan	020	Inventaris		€
Aan	175	Verschuldigde OB		€
Aan	961	Resultaat verkoop vaste activa*		€

* Uitgaande van een positief boekresultaat.

Voorbeeld 8.6 Verkoop van bedrijfsmiddelen

Een handelsonderneming verkoopt op 1 mei jaar 8 een machine voor een bedrag van € 12.000 exclusief 21% omzetbelasting. Op dezelfde dag wordt de machine afgeleverd en de verkoopfactuur verstuurd. De machine was op 1 november jaar 1 aangeschaft voor € 100.300. Voor de afschrijving is steeds rekening gehouden met een restwaarde van € 10.000 en een economische levensduur van zeven jaar. Op de machines wordt lineair (met een vast percentage van de aanschafwaarde) afgeschreven.

De handelsonderneming maakt naast de standaardrekeningen gebruik van de groot-boekrekening 961 Resultaat verkoop vaste activa.

Gevraagd:
1. Wat is de boekwaarde van de machine op 1 mei jaar 8?
2. Welk boekresultaat is behaald op de verkoop van de machine per 1 mei jaar 8?
3. Welke journaalpost maakt de handelsonderneming van de verkoop van de machine op 1 mei jaar 8?

Uitwerking:
1. De boekwaarde van de machine is op 1 mei jaar 8 € 16.450 en kan als volgt worden berekend:

Aanschafwaarde op grootboekrekening 026	debet	€ 100.300
Jaarlijkse afschrijving:		
(€ 100.300 - € 10.000) / 7 = € 12.900		
Cumulatieve afschrijvingen op grootboekrekening 027:		
6,5 jaar × € 12.900	credit	€ 83.850
Boekwaarde op 1 mei jaar 8		€ 16.450

2. Het boekresultaat op verkoop vaste activa is € 4.450 negatief en kan als volgt worden berekend:

Verkoopprijs	€ 12.000
Boekwaarde op 1 mei jaar 8	- € 16.450
Negatief boekresultaat op verkoop vaste activa	- € 4.450

3. De handelsonderneming maakt de volgende journaalpost van de verkoop van de machine op 1 mei jaar 8 in het verkoopboek:

	130	Debiteuren: € 12.000 × 1,21	€ 14.520	
	027	Afschrijving machines	€ 83.850	
	961	Resultaat verkoop vaste activa	€ 4.450	
Aan	026	Machines		€ 100.300
Aan	175	Verschuldigde OB: € 12.000 × 0,21		€ 2.520

8.4.2 Buitengebruikstelling van bedrijfsmiddelen

Buitengebruik-
stelling bedrijfs-
middelen

Wanneer bedrijfsmiddelen niet langer worden gebruikt voor het uitvoeren van de bedrijfsactiviteiten, wordt er niet langer op afgeschreven. De bedrijfsmiddelen zijn dan niet dienstbaar meer aan het productieproces en worden in de balans opgenomen op grootboekrekening 009 Buiten gebruik gestelde vaste activa. Buiten gebruik gestelde activa worden gewaardeerd tegen de boekwaarde of de lagere directe opbrengstwaarde.

Van de buitengebruikstelling van vaste activa (in dit voorbeeld machines en installaties) wordt de volgende journaalpost gemaakt in het memoriaal:

	009	Buiten gebruik gestelde vaste activa (boekwaarde)	€	
	027	Afschrijving machines	€	
Aan	026	Machines		€

Van de afboeking naar de lagere opbrengstwaarde wordt de volgende journaalpost gemaakt in het memoriaal:

	960	Resultaat buiten gebruik gestelde vaste activa	€	
Aan	009	Buiten gebruik gestelde vaste activa		€

Voorbeeld 8.7 Buitengebruikstelling van bedrijfsmiddelen

Een drukkerij stelt op 1 oktober een drukpers buiten gebruik die vanwege nieuwe ontwikkelingen niet langer in het drukproces kan worden gebruikt. De aanschafwaarde van de drukpers is € 317.000 en de cumulatieve afschrijvingen tot en met september zijn € 240.000.

De drukkerij maakt naast de standaardrekeningen gebruik van de grootboekrekening 009 Buiten gebruik gestelde vaste activa.

Gevraagd:
1. Welke journaalpost maakt de drukkerij van de overboeking op 1 oktober van de drukpers?

Uitwerking:
1. De drukkerij maakt de volgende journaalpost van de overboeking van de drukpers naar grootboekrekening 009 Buiten gebruik gestelde vaste activa in het memoriaal:

	009	Buiten gebruik gestelde vaste activa	€ 77.000	
	027	Afschrijving machines	€ 240.000	
Aan	026	Machines		€ 317.000

Nader onderzoek leert dat de drukpers nog kan worden verkocht voor een bedrag van € 7.000 exclusief omzetbelasting. De drukkerij neemt de drukpers daarom in de balans op tegen de lagere opbrengstwaarde.

Gevraagd:
2. Welke journaalpost maakt de drukkerij in verband met de lagere opbrengstwaarde van de drukpers?

Uitwerking:
2. De drukkerij maakt de volgende journaalpost van de lagere opbrengstwaarde in het memoriaal:

	960	Resultaat buiten gebruik gestelde vaste activa: € 77.000 - € 7.000	€ 70.000	
Aan	009	Buiten gebruik gestelde vaste activa		€ 70.000

Op 21 december wordt de drukpers verkocht voor € 8.470 inclusief 21% omzetbelasting. Op dezelfde dag wordt de drukpers afgeleverd en wordt de verkoopfactuur verzonden.

Gevraagd:
3. Welke journaalpost maakt de drukkerij op 21 december van de verkoop van de drukpers?

Uitwerking:

3. De drukkerij maakt de volgende journaalpost van deze verkoop in het verkoopboek:

	130	Debiteuren	€ 8.470	
Aan	175	Verschuldigde OB: € 8.470 / 121% × 21%		€ 1.470
Aan	009	Buiten gebruik gestelde vaste activa		€ 7.000

8.4.3 Inruil van bedrijfsmiddelen

Inruil
bedrijfsmiddelen

Bij het inruilen van bedrijfsmiddelen vindt er zowel een aankoop als een verkoop van bedrijfsmiddelen plaats. De inruil van bedrijfsmiddelen kan dus op dezelfde wijze worden behandeld als de verkoop van bedrijfsmiddelen.

Voorbeeld 8.8 Inruil van bedrijfsmiddelen

Een handelsbedrijf koopt op 15 maart een vrachtwagen, onder gelijktijdige inruil van een oude vrachtwagen. De leverancier heeft hiervoor de volgende factuur opgesteld:

Aankoop vrachtwagen		€ 81.000
Omzetbelasting 21%		€ 17.010
		€ 98.010
Inruil vrachtwagen	€ 9.000	
Omzetbelasting 21%	€ 1.890	
		- € 10.890
Totaal te betalen		€ 87.120

De vrachtwagen wordt op 1 juli geleverd, waarbij gelijktijdig de inruil plaatsvindt en de factuur wordt overhandigd.

De oorspronkelijke aanschafwaarde van de ingeruilde vrachtwagen was € 73.000 en de boekwaarde is op 1 juli € 8.000.

Het handelsbedrijf maakt naast de standaardrekeningen gebruik van de grootboekrekening 961 Resultaat verkoop vaste activa.

Gevraagd:
1. Wat is het boekresultaat van de ingeruilde vrachtwagen? Geef aan of dit een positief of een negatief resultaat is.
2. Welke journaalpost maakt het handelsbedrijf op 1 juli van de aankoop en inruil van de vrachtwagen?

Uitwerking:

1. Het boekresultaat van de ingeruilde vrachtwagen is:

€ 9.000 - € 8.000 = € 1.000 positief

2. Het handelsbedrijf maakt op 1 juli de volgende journaalpost van de aankoop en inruil in het inkoopboek:

	030	Bedrijfsauto's	€ 81.000	
	170	Te verrekenen OB	€ 17.010	
	035	Afschrijving bedrijfsauto's: € 73.000 - € 8.000	€ 65.000	
Aan	030	Bedrijfsauto's		€ 73.000
Aan	961	Resultaat verkoop vaste activa		€ 1.000
Aan	175	Verschuldigde OB		€ 1.890
Aan	140	Crediteuren		€ 87.120

De leverancier had de factuur ook als volgt kunnen opstellen:

Aankoop vrachtwagen	€ 81.000
Inruil vrachtwagen	- € 9.000
	€ 72.000
Omzetbelasting 21%	€ 15.120
Totaal te betalen	€ 87.120

Gevraagd:

3. Welke journaalpost had het handelsbedrijf dan moeten maken van de aankoop en inruil van de vrachtwagen op 1 juli?

Uitwerking:

3. Het handelsbedrijf had dan de volgende journaalpost van de aankoop en inruil gemaakt in het inkoopboek:

	030	Bedrijfsauto's	€ 81.000	
	170	Te verrekenen OB*	€ 15.120	
	035	Afschrijving bedrijfsauto's: € 73.000 - € 8.000	€ 65.000	
Aan	030	Bedrijfsauto's		€ 73.000
Aan	961	Resultaat verkoop vaste activa		€ 1.000
Aan	140	Crediteuren		€ 87.120

* Voor de Belastingdienst moet aansluiting worden gehouden met het vermelde omzetbelastingbedrag op de factuur. Daarom wordt de omzetbelasting nu geboekt als een gesaldeerd bedrag op grootboekrekening 170 Te verrekenen OB.

8.5 Boekingen bij financiële leasecontracten

8.5.1 Financiële leasecontracten

Leasing is een vorm van objectfinanciering waarbij het leaseobject als zekerheid in onderpand wordt gegeven. De volgende vormen van leasing zijn mogelijk:
1. financiële lease;
2. operationele lease.

Financiële lease Financiële lease is een langlopende onopzegbare overeenkomst, waarbij het risico van economische veroudering van het leaseobject voor rekening van de onderneming (ook wel de kredietnemer of de lessee genoemd) is. De economische eigendom ligt dan bij de onderneming; de juridische eigendom blijft bij de leasemaatschappij (ook wel de kredietgever of de lessor genoemd).

Bij de aankoop van een bedrijfsmiddel waarbij de financiering plaatsvindt door middel van een financiële leaseovereenkomst, zal het bedrijfsmiddel geactiveerd worden en wordt de financiële leaseovereenkomst opgenomen onder het lang vreemd vermogen.

Overige kenmerken van een financiële lease zijn:
- De kosten van verzekering en onderhoud komen voor rekening van de kredietnemer.
- De looptijd van een financiële leaseovereenkomst is nagenoeg gelijk aan de economische levensduur van het leaseobject.
- Aan het einde van de looptijd kan de kredietnemer van het leaseobject ook de juridische eigendom verkrijgen (meestal voor een klein bedrag).
- Op het leaseobject wordt iedere verslagperiode afgeschreven.
- De periodieke leasetermijn bestaat uit een interest- en een aflossingsdeel, waarbij de leaselening als een annuïteitenlening wordt beschouwd.
- De totale omzetbelasting is verschuldigd op het moment van overdracht van de economische eigendom, dus bij aanvang van de leaseperiode.

8.5.2 Boekingen in de financiële administratie met betrekking tot financiële leaseovereenkomsten

De onderneming maakt de volgende boekingen in de financiële administratie in verband met een financiële leaseovereenkomst:
- in de traditionele situatie;
- bij gebruikmaking van elektronische betaalbestanden.

De traditionele situatie

De volgende journaalpost wordt gemaakt in het memoriaal van de levering van het leaseobject:

De levering van het leaseobject:

	040	Leasemachines	€	
Aan	050	Leaseverplichtingen		€

De voorgefinancierde omzetbelasting:

	170	Te verrekenen OB	€	
Aan	168	Te betalen OB aan leasecrediteuren*		€

* De totale omzetbelasting is verschuldigd op het moment van de overdracht van de economische eigendom. De leasemaatschappij zal uit liquiditeitsoverwegingen een langere krediettermijn dan gebruikelijk toestaan, omdat de kredietnemer de totale omzetbelasting eerst moet verrekenen in de aangifte omzetbelasting. In de praktijk zal deze schuld worden opgenomen op grootboekrekening 140 Crediteuren, zodat de betalingsbestanden vanuit de crediteurenadministratie kunnen worden gemaakt.

De volgende journaalpost wordt in het memoriaal gemaakt van het vervallen van de eerste leasetermijn, bestaande uit interest, aflossing en de voorgefinancierde omzetbelasting:

	050	Leaseverplichtingen	€	
	168	Te betalen OB aan leasemaatschappij	€	
	485	Financieringskosten leasemachines	€	
Aan	190	Vervallen leasetermijnen*		€

* Ook hierbij wordt in de praktijk grootboekrekening 140 Crediteuren gebruikt, zodat de schuld in het elektronische betalingsbestand kan worden meegenomen.

De volgende journaalpost wordt gemaakt van de betaling van de eerste leasetermijn:

	190	Vervallen leasetermijnen	€	
Aan	110	Bank		€

In het memoriaal wordt de volgende journaalpost gemaakt van het vervallen van de volgende termijnen, bestaande uit interest en aflossing:

	050	Leaseverplichtingen	€	
	485	Financieringskosten leasemachines	€	
Aan	190	Vervallen leasetermijnen		€

De volgende journaalpost wordt gemaakt in het memoriaal van de afschrijving op het leaseobject:

	425	Afschrijvingskosten leasemachines	€	
Aan	041	Afschrijving leasemachines		€

De volgende journaalpost wordt aan het einde van de leaseperiode in het inkoop-boek gemaakt bij de overdracht van de juridische eigendom (in dit voorbeeld van een geleasde machine):

	026	Machines	€	
	170	Te verrekenen OB	€	
Aan	140	Crediteuren		€

Daarnaast worden de bedragen op de grootboekrekeningen 040 en 041 terug-geboekt, omdat de juridische eigendom is verkregen.

	026	Machines	€	
Aan	040	Leasemachines		€
	041	Afschrijving leasemachines	€	
Aan	027	Afschrijving machines		€

Bij gebruikmaking van elektronische betaalbestanden

Elektronische
betaalbestanden
Bij gebruikmaking van elektronische betaalbestanden wordt in het memoriaal de volgende journaalpost gemaakt van de levering van het leaseobject:

	040	Leasemachines	€	
	170	Te verrekenen OB	€	
Aan	050	Leaseverplichtingen		€
Aan	140	Crediteuren*		€

* De totale omzetbelasting is verschuldigd op het moment van de overdracht van de economische eigendom. De leasemaatschappij zal uit liquiditeitsoverwegingen een langere krediettermijn dan gebruikelijk toestaan, omdat de kredietnemer de totale omzetbelasting eerst moet verrekenen in de aangifte omzetbelasting.

De volgende journaalpost wordt gemaakt in het memoriaal van het vervallen van de eerste leasetermijn:

	050	Leaseverplichtingen	€	
	485	Financieringskosten leasemachines	€	
Aan	140	Crediteuren		€

De volgende journaalpost wordt gemaakt van de betaling van de eerste lease-termijn door middel van elektronische betaalbestanden:

	140	Crediteuren	€	
Aan	147	Betalingen onderweg		€

De volgende journaalpost wordt in het bankboek gemaakt van de afschrijving van de bank van de betalingen onderweg:

	147	Betalingen onderweg	€	
Aan	110	Bank		€

De volgende journaalpost wordt in het memoriaal gemaakt van het vervallen van de volgende termijnen:

	050	Leaseverplichtingen	€	
	485	Financieringskosten leasemachines	€	
Aan	190	Vervallen leasetermijnen		€

165

De volgende journaalpost wordt in het memoriaal gemaakt van de afschrijving op het leaseobject:

	425	Afschrijvingskosten leasemachines	€	
Aan	041	Afschrijving leasemachines		€

De volgende journaalpost wordt gemaakt in het inkoopboek bij de overdracht van de juridische eigendom (in dit voorbeeld van een geleasde machine):

	026	Machines	€	
	170	Te verrekenen OB	€	
Aan	140	Crediteuren		€

Daarnaast worden de bedragen op de grootboekrekeningen 040 en 041 terug-geboekt, omdat de juridische eigendom is verkregen.

	026	Machines	€	
Aan	040	Leasemachines		€

	041	Afschrijving leasemachines	€	
Aan	027	Afschrijving machines		€

Voorbeeld 8.9 Boekingen bij financiële leasecontracten bij de geldnemer

Een groothandelsbedrijf koopt op 13 september jaar 1 een orderverzamel- en sorteer-systeem voor € 399.971 exclusief 21% omzetbelasting. Voor de financiering wordt een financiële leaseovereenkomst afgesloten met de leasemaatschappij tegen de volgende voorwaarden:

- interest: 7%;
- aantal termijnen: 120 maanden;
- maandelijkse leasetermijn verschuldigd aan het einde van de maand (ook wel post-numerando genoemd): € 4.644;
- de eerste leasetermijn bestaat uit:

Interest	€ 2.333,16
Aflossing	€ 2.310,84
	€ 4.644
Totale omzetbelasting: 21% × € 399.971	€ 83.993,91
	€ 88.637,91

- de tweede leasetermijn bestaat uit:

Interest	€ 2.319,68
Aflossing	€ 2.324,32
	€ 4.644

- De juridische eigendom gaat na betaling van de laatste leasetermijn automatisch over naar het groothandelsbedrijf.

De volgende financiële feiten moeten worden verwerkt in de financiële administratie:

- Op 1 oktober jaar 1 wordt het orderverzamel- en sorteersysteem geleverd, tegelijkertijd met de factuur.
- Het orderverzamel- en sorteersysteem wordt in tien jaar afgeschreven, rekening houdend met een restwaarde van € 9.971 (de opbrengst van het orderverzamel- en sorteersysteem bedraagt € 19.971 en de demontagekosten worden ingeschat op € 10.000).
- Op 31 oktober jaar 1 vervalt de eerste leasetermijn.
- Op 31 oktober jaar 1 wordt de eerste leasetermijn automatisch afgeschreven van de bank.
- Op 30 november jaar 1 vervalt de tweede leasetermijn.
- Op 30 november jaar 1 wordt de tweede leasetermijn automatisch afgeschreven van de bank.
- Op 30 september jaar 11 wordt de laatste leasetermijn betaald en gaat de juridische eigendom over naar het groothandelsbedrijf.

Gevraagd:

1. Welke journaalpost maakt het groothandelsbedrijf op 1 oktober jaar 1 van de levering van het orderverzamel- en sorteersysteem en van de ontvangst van de factuur?
2. Welke journaalpost maakt het groothandelsbedrijf op 31 oktober jaar 1 van de afschrijvingskosten over oktober jaar 1?
3. Welke journaalpost maakt het groothandelsbedrijf op 31 oktober jaar 1 van het vervallen van de eerste leasetermijn?
4. Welke journaalpost maakt het groothandelsbedrijf op 31 oktober jaar 1 van de automatische afschrijving van de bank van de eerste leasetermijn?
5. Welke journaalpost maakt het groothandelsbedrijf op 30 november jaar 1 van de afschrijvingskosten over november jaar 1?
6. Welke journaalpost maakt het groothandelsbedrijf op 30 november jaar 1 van het vervallen van de tweede leasetermijn?
7. Welke journaalpost maakt het groothandelsbedrijf op 30 november jaar 1 van de automatische afschrijving van de bank van de tweede leasetermijn?
8. Welke journaalpost maakt het groothandelsbedrijf op 30 september jaar 11 met betrekking tot de overdracht van de juridische eigendom?

Uitwerking:

1. Het groothandelsbedrijf maakt op 1 oktober de volgende journaalpost in het memoriaal:

	040	Leasemachines	€ 399.971	
	170	Te verrekenen OB	€ 83.993,91	
Aan	050	Leaseverplichtingen		€ 399.971
Aan	168	Te betalen OB aan leasecrediteuren		€ 83.993,91

2. Op 31 oktober maakt het groothandelsbedrijf in het memoriaal de volgende journaalpost van de afschrijvingskosten over oktober:

Jaarlijks afschrijvingsbedrag:
(€ 399.971 - € 9.971) / 10 jaar   € 39.000
Maandelijks afschrijvingsbedrag:
€ 39.000 / 12 maanden   € 3.250

	425	Afschrijvingskosten leasemachines	€ 3.250	
Aan	041	Afschrijving leasemachines		€ 3.250

3. Het groothandelsbedrijf maakt op 31 oktober in het memoriaal de volgende journaalpost van het vervallen van de eerste leasetermijn:

	050	Leaseverplichtingen	€ 2.310,84	
	168	Te betalen OB aan leasecrediteuren	€ 83.993,91	
	485	Financieringskosten leasemachines	€ 2.333,16	
Aan	190	Vervallen leasetermijnen		€ 88.637,91

4. Het groothandelsbedrijf maakt op 31 oktober in het bankboek de volgende journaalpost van de automatische incasso:

	190	Vervallen leasetermijnen	€ 88.637,91	
Aan	110	Bank		€ 88.637,91

5. Op 30 november maakt het groothandelsbedrijf in het memoriaal de volgende journaalpost van de afschrijvingskosten over november:

	425	Afschrijvingskosten leasemachines	€ 3.250	
Aan	041	Afschrijving leasemachines		€ 3.250

6. Het groothandelsbedrijf maakt op 30 november in het memoriaal de volgende journaalpost van het vervallen van de tweede leasetermijn:

	050	Leaseverplichtingen	€ 2.324,32	
	485	Financieringskosten leasemachines	€ 2.319,68	
Aan	190	Vervallen leasetermijnen		€ 4.644

7. Op 30 november wordt de tweede leasetermijn automatisch afgeschreven van de
bank. Het groothandelsbedrijf maakt de volgende journaalpost in het bankboek:

	190	Vervallen leasetermijnen	€ 4.644	
Aan	110	Bank		€ 4.644

8. Op 30 september jaar 11 maakt het groothandelsbedrijf in het memoriaal de
volgende journaalposten van de overdracht van de juridische eigendom:

	026	Machines en installaties	€ 399.971	
Aan	040	Leasemachines		€ 399.971

	041	Afschrijving leasemachines	€ 390.000	
Aan	027	Afschrijving machines		€ 390.000

8.6 Comptabele en calculatorische afschrijving

comptabele afschrijving Een afschrijving in bedrijfseconomische zin is het in de boekhouding tot uitdrukking brengen van de waardedaling van een bedrijfsmiddel over een bepaalde peri-
ode. Dit wordt de comptabele afschrijving genoemd en heeft dus betrekking op een
balanspost in rubriek 0.

calculatorische afschrijving In de winst-en-verliesrekening worden de afschrijvingskosten in rubriek 4 opgenomen. Deze afschrijvingskosten worden (bij vooral de productiebedrijven) opge-
nomen in de berekening van de standaardkostprijs. Dit wordt de calculatorische
afschrijving genoemd.

Indien de comptabele en calculatorische afschrijving van bijvoorbeeld machines
aan elkaar gelijk zijn, kan de volgende journaalpost in het memoriaal worden geboekt van de periodieke afschrijvingskosten:

	420	Afschrijvingskosten vaste activa	€	
Aan	027	Afschrijving machines		€

Er kunnen echter situaties ontstaan dat de comptabele en calculatorische afschrijving niet aan elkaar gelijk zijn. Dan moeten aparte journaalposten gemaakt worden om de comptabele en calculatorische afschrijving in de financiële administratie zichtbaar te maken. In de financiële administratie worden dan de volgende grootboekrekeningen gebruikt:

250 Comptabele afschrijving machines
251 Calculatorische afschrijving machines
965 Gebruiksduur verschillen machines
966 Prijsverschillen machines

Van de comptabele afschrijving wordt periodiek de volgende journaalpost in het memoriaal gemaakt:

	250	Comptabele afschrijving machines	€	
Aan	027	Afschrijving machines		€

Van de calculatorische afschrijving wordt periodiek de volgende journaalpost in het memoriaal gemaakt:

	420	Afschrijvingskosten vaste activa	€	
Aan	251	Calculatorische afschrijving machines		€

Vervolgens wordt ter bepaling van het periode resultaat in rubriek 9 de volgende journaalpost van de overboeking van de tussenrekeningen gemaakt in het memoriaal, waarbij van het verschil in comptabele en calculatorische afschrijving zichtbaar wordt gemaakt of er sprake is van een gebruiksduurverschil of een prijsverschil.

	251	Calculatorische afschrijving machines	€	
Aan	250	Comptabele afschrijving machines		€
Aan	965 en/of 966	Gebruiksduur verschillen machines en/of prijsverschillen machines		€

Hierna wordt op een aantal specifieke situaties ingegaan om de verschillen tussen comptabele en calculatorische afschrijving duidelijk te maken.

8.6.1 Situatie 1 Comptabele en calculatorische afschrijving bij gebruiksduurverschillen machines

In deze situatie worden zowel de machines in de balans als de afschrijvingskosten in de winst-en-verliesrekening opgenomen tegen de historische kostprijs.

De economische levensduur van een machine is voorbij, maar de directie van een onderneming besluit de machine nog niet in te ruilen en door te blijven produceren met dezelfde machine. De comptabele afschrijving is dan nihil, maar de journaalpost van de calculatorische afschrijving moet wel worden gemaakt om de afschrijvingskosten in de kostprijs op te kunnen nemen. Het verschil tussen de comptabele *gebruiksduur-* en de calculatorische afschrijving is dan een gebruiksduurverschil.
verschil

Voorbeeld 8.10 Comptabele en calculatorische afschrijvingen bij gebruiksduurverschillen machines

Een productiebedrijf koopt op 1 januari jaar 1 een machine voor € 399.000. De economische levensduur van de machine is 7 jaar en de verwachte restwaarde na 7 jaar is nihil. De machine wordt lineair afgeschreven.

Gevraagd:
1. Welke journaalpost wordt aan het einde van elke maand in jaar 1 gemaakt van de comptabele afschrijving?
2. Welke journaalpost wordt aan het einde van elke maand in jaar 1 gemaakt van de calculatorische afschrijving?
3. Welke journaalpost wordt aan het einde van elke maand in jaar 1 gemaakt van de leegboeking van de tussenrekeningen van de comptabele- en de calculatorische afschrijving?

Eind jaar 7 besluit de directie van de productieonderneming nog een jaar met de machine door te blijven produceren, omdat pas eind jaar 8 een verbeterde versie van de machine op de markt gebracht wordt.

4. Welke journaalpost wordt aan het einde van elke maand in jaar 8 gemaakt van de comptabele en van de calculatorische afschrijving?
5. Welke journaalpost wordt aan het einde van elke maand in jaar 8 gemaakt van de leegboeking van de tussenrekeningen van de comptabele en calculatorische afschrijving?

Uitwerking:
1. De volgende journaalpost wordt aan het einde van elke maand in jaar 1 in het memoriaal gemaakt van de comptabele afschrijving:

	250	Comptabele afschrijving machines: € 399.000/7 jaar/12 maanden	€ 4.750	
Aan	027	Afschrijving machines		€ 4.750

2. De volgende journaalpost wordt aan het einde van elke maand in jaar 1 in het memoriaal gemaakt van de calculatorische afschrijving:

	420	Afschrijvingskosten vaste activa	€ 4.750	
Aan	251	Calculatorische afschrijving machines		€ 4.750

3. Van de leegboeking van de tussenrekeningen van de comptabele en calculatorische afschrijving wordt aan het einde van elke maand in jaar 1 de volgende journaalpost in het memoriaal gemaakt:

	251	Calculatorische afschrijving machines	€ 4.750	
Aan	250	Comptabele afschrijving machines		€ 4.750

4. De volgende journaalpost wordt aan het einde van elke maand in jaar 8 in het memoriaal gemaakt van de comptabele en van de calculatorische afschrijving.

Van de comptabele afschrijving wordt geen journaalpost gemaakt, omdat de boekwaarde van de machines nihil is.

Van de calculatorische afschrijving wordt aan het einde van elke maand in jaar 8 de volgende journaalpost in het memoriaal gemaakt:

	420	Afschrijvingskosten vaste activa	€ 4.750	
Aan	251	Calculatorische afschrijving machines		€ 4.750

5. Van de leegboeking van de tussenrekeningen van de comptabele en calculatorische afschrijving wordt de volgende journaalpost aan het einde van elke maand in jaar 8 in het memoriaal gemaakt:

	251	Calculatorische afschrijving machines	€ 4.750	
Aan	965	Gebruiksduurverschillen machines		€ 4.750

8.6.2 Situatie 2 comptabele en calculatorische afschrijving bij prijsverschillen machines

In de berekening van de standaardkostprijs (vooral bij productiebedrijven) kan ervoor worden gekozen om afschrijvingskosten van machines op te nemen op basis van de actuele kostprijs in plaats van de historische kostprijs. Hierbij wordt uitgegaan van de prijs die het productiemiddel zou kosten als het nu gekocht zou zijn. Door hogere afschrijvingskosten in de kostprijs op te nemen kan de onderneming geld terugverdienen om de vervanging van de machine in de toekomst te kunnen betalen. Het verschil tussen de comptabele en de calculatorische afschrijving *prijsverschil* wordt dan aangemerkt als een prijsverschil.

Voorbeeld 8.11 Comptabele en calculatorische afschrijving bij prijsver-schillen machines

Een productiebedrijf koopt op 1 januari jaar 1 een machine voor € 399.000. De economische levensduur van de machine is 7 jaar en de verwachte restwaarde na 7 jaar is nihil. De machine wordt lineair afgeschreven. De machine wordt in de balans gewaardeerd tegen de historische kostprijs, terwijl de afschrijvingskosten in de kostprijs worden opgenomen tegen de actuele kostprijs.

Gevraagd:
1. Welke journaalpost wordt aan het einde van elke maand in jaar 1 gemaakt van de comptabele afschrijving?
2. Welke journaalpost wordt aan het einde van elke maand in jaar 1 gemaakt van de calculatorische afschrijving?
3. Welke journaalpost wordt aan het einde van elke maand in jaar 1 gemaakt van de leegboeking van de tussenrekeningen van de comptabele en de calculatorische afschrijving?

In jaar 2 bedraagt aanschafwaarde op basis van de actuele kostprijs € 406.980.

4. Welke journaalpost wordt aan het einde van elke maand in jaar 2 gemaakt van de comptabele afschrijving?
5. Welke journaalpost wordt aan het einde van elke maand in jaar 2 gemaakt van de calculatorische afschrijving?
6. Welke journaalpost wordt aan het einde van elke maand in jaar 2 gemaakt van het leegboeken van de tussenrekeningen in rubriek 2 van de comptabele en de calcula-torische afschrijving naar rubriek 9?

Uitwerking:
1. De volgende journaalpost wordt aan het einde van elke maand in jaar 1 in het memoriaal gemaakt van de comptabele afschrijving:

| | 250 | Comptabele afschrijving machines: € 399.000/7 jaar/12 maanden | € 4.750 | |
| Aan | 027 | Afschrijving machines | | € 4.750 |

2. De volgende journaalpost wordt aan het einde van elke maand in jaar 1 in het memoriaal gemaakt van de calculatorische afschrijving:

| | 420 | Afschrijvingskosten vaste activa | € 4.750 | |
| Aan | 251 | Calculatorische afschrijving machines | | € 4.750 |

3. De volgende journaalpost wordt aan het einde van elke maand in jaar 1 in het memoriaal gemaakt van de leegboeking van de tussenrekeningen van de comptabele- en de calculatorische afschrijving:

	251	Calculatorische afschrijving machines	€ 4.750	
Aan	250	Comptabele afschrijving machines		€ 4.750

4. In het memoriaal wordt de volgende journaalpost aan het einde van elke maand in jaar 2 gemaakt van de comptabele afschrijving:

	250	Comptabele afschrijving machines: € 399.000/7 jaar/12 maanden	€ 4.750	
Aan	027	Afschrijving machines		€ 4.750

De comptabele afschrijving is dus nog steeds gebaseerd op de historische kostprijs.

5. Aan het einde van elke maand in jaar 2 wordt de volgende journaalpost gemaakt van de calculatorische afschrijving:

	420	Afschrijvingskosten vaste activa: € 406.980/7 jaar/12 maanden	€ 4.845	
Aan	251	Calculatorische afschrijving machines		€ 4.845

6. Van het leegboeken van de tussenrekeningen van de comptabele en de calculatorische afschrijving wordt aan het einde van elke maand in jaar 2 de volgende journaalpost in het memoriaal gemaakt:

	251	Calculatorische afschrijving machines	€ 4.845	
Aan	250	Comptabele afschrijving machines		€ 4.750
Aan	966	Prijsverschillen machines		€ 95

8.6.3 Situatie 3: comptabele en calculatorische afschrijving bij zowel gebruiksduurverschillen als prijsverschillen machines

Deze situatie doet zich voor als de machine op de balans wordt opgenomen tegen de historische kostprijs, de afschrijvingskosten in de kostprijs worden opgenomen op basis van de actuele kostprijs en de machine in de balans volledig is afgeschreven.

Voorbeeld 8.12 Comptabele en calculatorische afschrijving bij zowel gebruiksduurverschillen als prijsverschillen machines

Een productiebedrijf koopt op 1 januari jaar 1 een machine voor € 399.000. De economische levensduur van de machine is 7 jaar en de verwachte restwaarde na 7 jaar is nihil. De machine wordt lineair afgeschreven. De machine wordt in de balans gewaardeerd tegen de historische kostprijs, terwijl de afschrijvingskosten in de kostprijs worden opgenomen tegen de. actuele kostprijs.

De actuele kostprijs in jaar 2 is € 406.980.

Gevraagd:

1. Welke journaalpost wordt aan het einde van elke maand in jaar 2 gemaakt van de comptabele afschrijving?
2. Welke journaalpost wordt aan het einde van elke maand in jaar 2 gemaakt van de calculatorische afschrijving?
3. Welke journaalpost wordt aan het einde van elke maand in jaar 2 gemaakt van de leegboeking van de tussenrekeningen in rubriek 2 naar rubriek 9?

Eind jaar 7 besluit de directie van de productieonderneming nog een jaar met de machine door te blijven produceren, omdat pas eind jaar 8 een verbeterde versie van de machine op de markt gebracht wordt. In jaar 8 bedraagt de aanschafwaarde op basis van de actuele kostprijs € 457.800.

4. Welke journaalpost wordt aan het einde van elke maand in jaar 8 gemaakt van de comptabele afschrijving?
5. Welke journaalpost wordt aan het einde van elke maand in jaar 8 gemaakt van de calculatorische afschrijving?
6. Welke journaalpost wordt aan het einde van elke maand in jaar 8 gemaakt van het leegboeken van de tussenrekening in rubriek 2 van de calculatorische afschrijving naar rubriek 9?

Uitwerking:

1. De volgende journaalpost wordt aan het einde van elke maand in jaar 2 in het memoriaal gemaakt van de comptabele afschrijving:

	250	Comptabele afschrijving machines: € 399.000/7 jaar/12 maanden	€ 4.750	
Aan	027	Afschrijving machines		€ 4.750

2. De volgende journaalpost wordt aan het einde van elke maand in jaar 2 in het memoriaal gemaakt van de calculatorische afschrijving:

	420	Afschrijvingskosten vaste activa: €406.980/7 jaar/12 maanden	€ 4.845	
Aan	251	Calculatorische afschrijving machines		€ 4.845

3. Van de leegboeking van de tussenrekeningen van de comptabele en de calculatorische afschrijving wordt aan het einde van elke maand in jaar 2 de volgende journaalpost in het memoriaal gemaakt:

	251	Calculatorische afschrijving machines	€ 4.845	
Aan	250	Comptabele afschrijving machines		€ 4.750
Aan	966	Prijsverschillen machines		€ 95

4. De comptabele afschrijving is nihil, omdat de machine eind jaar 7 al volledig is afgeschreven. Daarom wordt er geen journaalpost van de comptabele afschrijving gemaakt.

5. Van de calculatorische afschrijving wordt aan het einde van elke maand in jaar 8 de volgende journaalpost in het memoriaal gemaakt:

	420	Afschrijvingskosten vaste activa: €457.800/7 jaar/12 maanden	€ 5.450	
Aan	251	Calculatorische afschrijving machines		€ 5.450

6. De volgende journaalpost wordt aan het einde van elke maand in jaar 8 in het memoriaal gemaakt van het leegboeken van de tussenrekeningen in rubriek 2 naar rubriek 9:

	251	Calculatorische afschrijving machines	€ 5.450	
Aan	965	Gebruiksduurverschillen machines (het bedrag van de oorspronkelijke comptabele afschrijving)		€ 4.750
Aan	966	Prijsverschillen machines		€ 700

9 Boekingen van kosten van menselijke arbeid

OFDSTUK

9.1 Kosten van menselijke arbeid

9.1.1 Primaire kosten voor de werkgever

Primaire kosten De kosten van arbeid waarvoor een onderneming (de werkgever) een arbeids-overeenkomst met de werknemer heeft afgesloten, bestaan voor een onderneming primair uit:
1. brutoloon (inclusief vakantietoeslag);
2. premies werknemersverzekeringen;
3. werkgeversheffing Zorgverzekeringswet (Zvw).

Daarnaast bestaan de kosten voor de werkgever ook uit het werkgeversdeel van de pensioenpremie en de vergoedingen en verstrekkingen die onder de werkkosten-regeling vallen.

Al deze bovengenoemde kosten worden in rubriek 4 geboekt.

Ad 1. Brutoloon

Brutoloon In de arbeidsovereenkomst worden afspraken gemaakt over de vergoeding voor de verrichte werkzaamheden, die kan bestaan uit een bruto maandloon, een bruto uurloon of een netto uurloon. De brutolonen worden als kosten voor de onder-neming opgenomen in de winst-en-verliesrekening.

Een werknemer heeft recht op een wettelijk aantal vakantiedagen. Het salaris van een werknemer wordt tijdens de vakantie doorbetaald en de werknemer heeft recht op vakantiegeld van minimaal 8% van het bruto jaarsalaris. De vakantiegelden wor-den in het algemeen één keer per jaar uitbetaald en worden net als de brutolonen als kosten voor de onderneming verwerkt in de winst-en-verliesrekening.

Ad 2. Premies werknemersverzekeringen

Premies werknemers- verzekeringen

Een werknemersverzekering is een wettelijk verplichte sociale verzekering die werknemers verzekert tegen de financiële gevolgen van ziekte, arbeidsongeschiktheid en werkloosheid. De werknemersverzekeringen komen voort uit de volgende wetten:

- Ziektewet (ZW);
- Wet op de arbeidsongeschiktheidsverzekering (WAO) of Wet werk en inkomen naar arbeidsvermogen (WIA);
- Werkloosheidswet (WW).

De premies voor de werknemersverzekeringen komen tegenwoordig volledig voor rekening van de werkgever en worden dan ook als kosten voor de onderneming opgenomen in de winst-en-verliesrekening.

Ad 3. Werkgeversheffing Zorgverzekeringswet

Werkgevers- heffing Zorg- verzekeringswet

Een werknemer moet bij een zorgverzekeraar een nominale premie betalen voor zijn zorgverzekering. Daarnaast moet de werkgever een werkgeversheffing Zvw (ook genoemd de inkomensafhankelijke bijdrage Zorgverzekeringswet) betalen aan de Belastingdienst. De werkgeversheffing Zvw wordt als kosten voor de onderneming opgenomen in de winst-en-verliesrekening.

9.1.2 Werkkostenregeling

Werkkosten- regeling

Een werkgever mag naast het brutoloon ook vergoedingen/verstrekkingen aan de werknemer geven, zoals een kerstpakket of een reiskostenvergoeding. Voor zover deze vergoedingen en verstrekkingen minder bedragen dan 1,2% van de fiscale loonsom, mogen deze vergoedingen onbelast worden vergoed. Dit is de zogenaamde vrije ruimte. Over vergoedingen boven de 1,2% van de fiscale loonsom moet de werkgever 80% belasting betalen.

Gerichte vrijstellingen

Gerichte vrijstellingen en nihilwaarderingen komen niet ten laste van deze vrije ruimte. Voorbeelden van gerichte vrijstellingen zijn:

- vervoer- en reiskosten (woon-werkverkeer);
- kosten voor cursussen, congressen, vakliteratuur voor het onderhouden en verbeteren van kennis die nodig is voor het werk;
- studie- en opleidingskosten;
- kosten van gereedschappen en computers die nodig zijn voor een behoorlijke vervulling van de dienstbetrekking.

Nihilwaarderingen

Voorbeelden van nihilwaarderingen zijn:

- arbovoorzieningen op de werkplek;

- kleding die bijna alleen geschikt is om op de werkplek te dragen of een duidelijk bedrijfslogo bevat.

De vergoedingen/verstrekkingen aan de werknemer worden als kosten voor de onderneming opgenomen in de winst-en-verliesrekening. In de financiële administratie moeten de verschillende kostencategorieën (onder andere: vrije ruimte*, gerichte vrijstellingen en nihilwaarderingen) van de werkkostenregeling blijken. Dit kan door intracomptabel grootboekrekeningen op te nemen of deze extracomptabel bij te houden.

* De kosten in de vrije ruimte moeten in principe worden bijgehouden inclusief omzetbelasting, maar hiermee wordt in dit boek geen rekening gehouden.

9.1.3 Pensioenafspraken

Aanvullend pensioen

Naast de AOW kunnen werknemers een aanvullend pensioen opbouwen bij de werkgever. Dit aanvullend pensioen kan voor werkgevers verplicht zijn gesteld bij cao, maar kan ook door de werkgever worden toegezegd aan zijn werknemers. Volgens de Pensioenwet (PW) is de werkgever verplicht het pensioen onder te brengen bij een bedrijfstakpensioenfonds, een ondernemingspensioenfonds of een verzekeringsmaatschappij.

Pensioenafspraken

Werkgevers en werknemers kunnen onderling afspraken maken over de verdeling van de pensioenpremie. Gebruikelijk is dat $2/3^e$ van de pensioenpremie door de werkgever wordt betaald en $1/3^e$ door de werknemer (inhouding op het brutoloon). Deze pensioenpremie moet worden afgedragen aan het pensioenfonds of de verzekeringsmaatschappij. Het werkgeversdeel van de pensioenpremie wordt als kosten voor de onderneming opgenomen in de winst-en-verliesrekening. Het werknemersdeel van de pensioenpremie wordt ingehouden op het brutoloon, waardoor de werknemer minder nettoloon krijgt uitbetaald.

9.1.4 Inhoudingen

De werkgever moet periodiek loonheffingen afdragen aan de Belastingdienst. Deze loonheffingen bestaan uit:
1. loonbelasting;
2. premie volksverzekeringen;
3. premies werknemersverzekeringen;
4. inkomensafhankelijke bijdrage Zorgverzekeringswet.

Ad 1. Loonbelasting

Loonbelasting De werkgever moet loonbelasting inhouden op het brutoloon. De loonbelasting is een voorheffing op de inkomstenbelasting.

Met ingang van 1 januari 2013 is het uniforme loonbegrip ingevoerd, waarbij het-zelfde loon wordt gebruikt voor de berekening van de loonbelasting, premie volks-verzekeringen, premies werknemersverzekeringen en de inkomensafhankelijke bijdrage Zorgverzekeringswet.

Ad 2. Premie volksverzekeringen

Premie volks-
verzekeringen De werkgever moet premie volksverzekeringen inhouden op het brutoloon. De volksverzekeringen zijn wettelijk verplichte sociale verzekeringen die werknemers in Nederland verzekeren tegen financiële gevolgen van ouderdom, overlijden, bij-zondere ziektekosten of kinderen. De volksverzekeringen komen voort uit de vol-gende wetten:
- Algemene Ouderdomswet (AOW);
- Algemene nabestaandenwet (Anw);
- Wet langdurige zorg (Wlz);
- Algemene Kinderbijslagwet (AKW).

De werkgever treedt hier op als incasseerder voor de Belastingdienst: hij moet de ingehouden loonbelasting en premie volksverzekeringen op aangifte afdragen aan de Belastingdienst. De loonbelasting en de premie volksverzekeringen komen dus ten laste van de werknemer.

Daarnaast moet de werkgever de premies werknemersverzekeringen en de inkomensafhankelijke bijdrage Zvw op aangifte afdragen aan de Belastingdienst. In de financiële administratie wordt hiervoor grootboekrekening 160 Af te dragen loonheffingen gebruikt.

9.2 Boekingen van de loonkosten

De loonadministratie zorgt voor de juiste en volledige verwerking van de lonen per verslagperiode, waarbij de werknemer aan het einde van de verslagperiode een loonstrook ontvangt.

Loonstrook Op de loonstrook staan onder andere de volgende gegevens:
- brutoloon;
- wettelijk minimumloon en minimum vakantietoeslag;

- naam werknemer en werkgever;
- periode waarover werknemer betaald krijgt;
- aantal gewerkte uren.
- vergoedingen en inhoudingen;
- nettoloon.

Aan het einde van het verslagjaar stelt de loonadministratie een jaaropgave op voor de werknemer en de Belastingdienst.

9.2.1 Verwerking loonkosten in de financiële administratie bij een handelsbedrijf

Verwerking loonkosten

Voor de verwerking van de loonkosten in de financiële administratie kan uit de loonadministratie een overzicht worden gehaald van het totale brutoloon in de verslagperiode tot en met het nettoloon, het bruto-netto-overzicht.

Bruto-netto-overzicht

Bij een eenvoudige loonverwerking zal dit bruto-netto-overzicht er als volgt uitzien:

Brutoloon	€
Af: ingehouden loonheffing	€
Te betalen nettoloon	€

De volgende journaalpost wordt in het memoriaal gemaakt vanuit het bruto-netto-overzicht:

	400	Brutolonen	€	
Aan	160	Af te dragen loonheffingen		€
Aan	159	Te betalen nettolonen		€

Daarnaast wordt in het bankboek de volgende journaalpost gemaakt van het uitbetaalde nettoloon:

	159	Te betalen nettolonen	€	
Aan	110	Bank		€

Bij een uitgebreide loonverwerking kan dit bruto-netto-overzicht er als volgt uitzien:

Brutoloon	€
Bij: vakantiegeld	€
Af: ingehouden pensioenpremie	€
Af: ingehouden loonheffing	€
Bij: reiskostenvergoeding (gerichte vrijstelling)	€
Te betalen nettoloon	€

De volgende journaalpost wordt dan in het memoriaal gemaakt vanuit het bruto-netto-overzicht:

	400	Brutolonen	€	
	405	Personeelskosten gerichte vrijstellingen	€	
	162	Te betalen vakantietoeslag	€	
Aan	160	Af te dragen loonheffingen		€
Aan	161	Te betalen pensioenpremies		€
Aan	159	Te betalen nettolonen		€

Uit de loonadministratie kan ook informatie worden gehaald over de premies werknemersverzekeringen en de inkomensafhankelijke bijdrage Zorgverzekeringswet. Deze premies komen volledig voor rekening van de werkgever en worden daarom als kosten geboekt in rubriek 4.

De volgende journaalpost wordt in het memoriaal gemaakt van de premies werknemersverzekeringen en de inkomensafhankelijke bijdrage Zvw:

	401	Sociale lasten	€	
Aan	160	Af te dragen loonheffingen		€

De loonheffing moet tegelijkertijd met de aangifte loonheffing worden betaald. De aangifte vindt over het algemeen uiterlijk één maand na afloop van de 'verloonde maand' plaats. Bijvoorbeeld: de aangifte over januari moet uiterlijk op 28 februari zijn ingediend en betaald.

De volgende journaalpost wordt gemaakt in het bankboek:

	160	Af te dragen loonheffingen	€	
Aan	110	Bank		€

De werknemer bouwt periodiek het recht op uitbetaling van de vakantietoeslag op. Iedere verslagperiode zal volgens het toerekeningsbeginsel in het memoriaal de volgende journaalpost worden gemaakt van deze vakantiegeldverplichting:

	409	Kosten vakantietoeslag	€	
Aan	162	Te betalen vakantietoeslag		€

Van het aandeel van de werkgever in de pensioenpremie wordt de volgende journaalpost gemaakt in het memoriaal:

	403	Pensioenpremies	€	
Aan	161	Te betalen pensioenpremies		€

Van de afdracht van de pensioenpremie aan het pensioenfonds c.q. de verzekeringsmaatschappij wordt de volgende journaalpost gemaakt in het bankboek:

	161	Te betalen pensioenpremies	€	
Aan	110	Bank		€

Voorbeeld 9.1 Boekingen van de loonkosten bij een handelsbedrijf

Bij een handelsbedrijf doen zich de volgende financiële feiten voor:

- Een handelsbedrijf ontvangt op 15 december een factuur voor geleverde kerstpakketten van € 1.200 exclusief € 162 omzetbelasting (6% over food en 21% over non-food). De kosten van de geleverde kerstpakketten vallen onder de vrije ruimte van de werkkostenregeling.
- Op 23 december krijgt het handelsbedrijf van de pensioenverzekeraar een rekeningoverzicht van de pensioenpremie. Het handelsbedrijf betaalt de maandelijkse voorschotpremie van € 15.000 per bank. Op 29 december heeft de automatische afschrijving plaatsgevonden van de maandelijkse voorschotpremie.
- Op 29 december wordt de aangifte loonheffingen over de maand november gedaan en wordt het verschuldigde bedrag van € 49.200 per bank voldaan.
- Het handelsbedrijf heeft over de maand december de volgende informatie uit de loonadministratie ontvangen:

Brutoloon	€ 91.400
Af: ingehouden pensioenpremie	- € 4.800
Af: ingehouden loonheffing	- € 34.600
Bij: reiskostenvergoeding (gerichte vrijstelling)	€ 3.600
Te betalen nettoloon	€ 55.600
Premies werknemersverzekeringen	€ 9.400
Inkomensafhankelijke bijdrage Zorgverzekeringswet	€ 6.300
Werkgeversaandeel pensioenpremies	€ 9.600

- De opbouw van de vakantiegeldverplichting over de maand december bedraagt 8% × € 91.400 = € 7.312.
- Op 29 december worden de nettolonen per bank uitbetaald.

Het handelsbedrijf maakt naast de standaardrekeningen gebruik van de volgende grootboekrekeningen:

Rekeningnummer	Naam
405	Personeelskosten gerichte vrijstellingen
406	Personeelskosten vrije ruimte

Gevraagd:
1. Welke journaalpost maakt het handelsbedrijf op 15 december van de ontvangen factuur voor de geleverde kerstpakketten?
2. Welke journaalpost maakt het handelsbedrijf op 29 december van de automatische betaling per bank van de voorschotpremie?
3. Welke journaalpost maakt het handelsbedrijf op 29 december van de betaling van de aangifte loonheffingen over november?
4. Welke journaalpost maakt het handelsbedrijf op 31 december van het bruto-netto-overzicht van de lonen over december?
5. Welke journaalpost maakt het handelsbedrijf op 31 december van de premies werknemersverzekeringen en de inkomensafhankelijke bijdrage Zvw over december?
6. Welke journaalpost maakt het handelsbedrijf op 31 december van het werkgeversdeel pensioenpremie over december?
7. Welke journaalpost maakt het handelsbedrijf op 31 december van de opbouw van de vakantiegeldverplichting over december?
8. Welke journaalpost maakt het handelsbedrijf op 29 december van de uitbetaling van de nettolonen?

Uitwerking:
1. Het handelsbedrijf maakt in het inkoopboek de volgende journaalpost van de ontvangen factuur voor de geleverde kerstpakketten:

	406	Personeelskosten vrije ruimte	€ 1.200	
	170	Te verrekenen OB	€ 162	
Aan	140	Crediteuren		€ 1.362

2. Het handelsbedrijf maakt in het bankboek de volgende journaalpost van de betaalde pensioenpremie:

	161	Te betalen pensioenpremies	€ 15.000	
Aan	110	Bank		€ 15.000

3. Het handelsbedrijf maakt in het bankboek de volgende journaalpost van de betaling van de loonheffingen:

	160	Af te dragen loonheffingen	€ 49.200	
Aan	110	Bank		€ 49.200

4. Op 31 december maakt het handelsbedrijf in het memoriaal de volgende journaalpost van het bruto-netto-overzicht:

	400	Brutolonen	€ 91.400	
	405	Personeelskosten gerichte vrijstellingen	€ 3.600	
Aan	159	Te betalen nettolonen		€ 55.600
Aan	160	Af te dragen loonheffingen		€ 34.600
Aan	161	Te betalen pensioenpremies		€ 4.800

5. Het handelsbedrijf maakt in het memoriaal de volgende journaalpost van de premies werknemersverzekeringen en de inkomensafhankelijke bijdrage Zorgverzekeringswet:

	401	Sociale lasten: € 9.400 + € 6.300	€ 15.700	
Aan	160	Af te dragen loonheffingen		€ 15.700

6. Van het werkgeversdeel pensioenpremies maakt het handelsbedrijf in het memoriaal de volgende journaalpost:

	403	Pensioenpremies	€ 9.600	
Aan	161	Te betalen pensioenpremies		€ 9.600

7. Het handelsbedrijf maakt in het memoriaal de volgende journaalpost van de opbouw van de vakantiegeldverplichting over december:

	409	Kosten vakantietoeslag	€ 7.312	
Aan	162	Te betalen vakantietoeslag		€ 7.312

8. Het handelsbedrijf maakt in het bankboek de volgende journaalpost van het uitbetaalde nettoloon:

	159	Te betalen nettolonen	€ 55.600	
Aan	110	Bank		€ 55.600

9.2.2 Verwerking loonkosten in de financiële administratie bij een productiebedrijf

Bij een productiebedrijf worden de loonkosten opgenomen in de kostprijs. Aangezien in de kostprijs onderscheid wordt gemaakt tussen directe kosten en indirecte kosten, is het noodzakelijk de loonkosten in de financiële administratie ook te splitsen in directe en indirecte loonkosten. Om de aansluiting van de in de financiële administratie geboekte brutolonen met de loonadministratie te behouden, *Tussenrekening* wordt het brutoloon daarom eerst op de tussenrekening 240 Tussenrekening lonen *lonen* geboekt.

Bruto-netto- Bij een eenvoudige loonverwerking zal het bruto-netto-overzicht er als volgt uit-
overzicht zien:

Brutoloon	€
Af: ingehouden loonheffing	€
Te betalen nettoloon	€

De volgende journaalpost wordt in het memoriaal gemaakt vanuit het bruto-netto-overzicht:

	240	Tussenrekening lonen (brutoloon)	€	
Aan	160	Af te dragen loonheffingen		€
Aan	159	Te betalen nettolonen		€

Vervolgens worden de kosten die geboekt staan op grootboekrekening 240 Tussenrekening lonen op basis van de loonverdeelstaat verdeeld in directe en indirecte lonen. De volgende journaalpost wordt in het memoriaal gemaakt van de loonverdeelstaat:

	400	Directe loonkosten	€	
	402	Indirecte loonkosten	€	
Aan	240	Tussenrekening lonen		€

Op de grootboekrekeningen 400 en 402 hoeven niet alleen de brutoloonkosten te worden opgenomen, want deze rekeningen kunnen ook gedebiteerd worden voor de sociale lasten en andere loonkosten.

Voorbeeld 9.2 Boekingen van de loonkosten bij een productiebedrijf

Een productiebedrijf heeft het volgende bruto-netto-overzicht over de maand april ontvangen uit de loonadministratie:

Brutoloon	€ 124.800
Af: ingehouden loonheffing	- € 49.900
Te betalen nettoloon	€ 74.900
Premies werknemersverzekeringen	€ 12.600
Inkomensafhankelijke bijdrage Zorgverzekeringswet	€ 7.400
	€ 20.000

Daarnaast is uit de loonadministratie ook de volgende loonverdeelstaat ontvangen:

	Brutoloon	Sociale lasten	Totaal
Directe lonen	€ 99.840	€ 16.000	€ 115.840
Indirecte lonen	€ 24.960	€ 4.000	€ 28.960
Totaal	€ 124.800	€ 20.000	€ 144.800

Gevraagd:

1. Welke journaalpost maakt het productiebedrijf op 30 april van het bruto-netto-overzicht over april?
2. Welke journaalpost maakt het productiebedrijf op 30 april van de premies werknemersverzekeringen en de inkomensafhankelijke bijdrage Zorgverzekeringswet over april?
3. Welke journaalpost maakt het productiebedrijf op 30 april van de loonverdeelstaat over april?

Uitwerking:

1. Het productiebedrijf maakt op 30 april in het memoriaal de volgende journaalpost van het bruto-netto-overzicht:

	240	Tussenrekening lonen (brutolonen)	€ 124.800	
Aan	160	Af te dragen loonheffingen		€ 49.900
Aan	159	Te betalen nettolonen		€ 74.900

2. Daarnaast maakt het productiebedrijf op 30 april in het memoriaal de volgende journaalpost van de premies werknemersverzekeringen en de inkomensafhankelijke bijdrage Zorgverzekeringswet:

	400	Directe loonkosten	€ 16.000	
	402	Indirecte loonkosten	€ 4.000	
Aan	160	Af te dragen loonheffingen		€ 20.000

De premies werknemersverzekeringen en inkomensafhankelijke bijdrage Zorgverzekeringswet worden betaald door de werkgever en worden daarom als kosten
geboekt in rubriek 4.

3. Ook maakt het productiebedrijf op 30 april in het memoriaal de volgende journaalpost van de loonverdeelstaat:

	400	Directe loonkosten	€ 99.840	
	402	Indirecte loonkosten	€ 24.960	
Aan	240	Tussenrekening lonen (brutolonen)		€ 124.800

Boekingen van voorzieningen

10.1 Voorzieningen

Voorzieningen Voorzieningen zijn verplichtingen die op de balansdatum als waarschijnlijk of als vaststaand worden beschouwd, maar waarvan niet bekend is welke omvang ze zullen hebben of wanneer zij zullen ontstaan. Onder 'waarschijnlijk' wordt verstaan dat de kans op uitstroom van geldmiddelen groter dan 50% is.

In Nederland is het ook mogelijk een voorziening op te nemen ter gelijkmatige verdeling van lasten; dit wordt ook wel een egalisatierekening genoemd.

De opbouw van de voorziening, ook wel dotatie genoemd, kan op twee manieren plaatsvinden:
* dynamische opbouw;
* statische opbouw.

Dynamische opbouw Met de dynamische opbouw wordt bedoeld dat op grond van ervaringscijfers aan het einde van iedere verslagperiode een percentage wordt gedoteerd aan de voorziening.

Statische opbouw Met de statische opbouw wordt bedoeld dat aan het einde van de verslagperiode de hoogte van de benodigde voorziening wordt ingeschat.

De journaalpost die in het memoriaal wordt gemaakt van de dotatie aan de voorziening is:

	4..	Kosten	€	
Aan	0..	Voorziening		€

Onttrekking De uitgave in verband met de voorziening, de onttrekking genoemd, wordt van de voorziening afgeboekt. De volgende journaalpost wordt in het bankboek of het inkoopboek gemaakt van de onttrekking aan de voorziening:

	0..	Voorziening	€	
	170	Te verrekenen OB	€	
Aan	110	Bank		€
		Of		
	0..	Voorziening	€	
	170	Te verrekenen OB	€	
Aan	140	Crediteuren		€

Conclusie: de dotatie wordt als kosten in rubriek 4 geboekt en de werkelijk gemaakte kosten worden als onttrekking in mindering gebracht op de voorziening.

10.2 Onderhoudsvoorzieningen

Onderhouds- Een onderhoudsvoorziening is een egalisatievoorziening in verband met groot
voorzieningen onderhoud. De jaarlijks terugkerende onderhoudskosten worden rechtstreeks als kosten geboekt in rubriek 4. Periodieke kosten voor groot onderhoud zorgen voor pieken in de kosten. Door er een voorziening voor te vormen, kunnen ze geëgaliseerd worden over de jaren.

Van de dotatie aan de voorziening groot onderhoud wordt de volgende journaalpost gemaakt in het memoriaal:

	442	Dotatie voorziening groot onderhoud *	€	
Aan	080	Voorziening groot onderhoud		€

* Indien deze rekening niet in gebruik is, kan ook de grootboekrekening 440 Onderhoudskosten worden gebruikt.

Van de onttrekking aan de voorziening groot onderhoud wordt de volgende journaalpost gemaakt in het bankboek of in het inkoopboek:

	080	Voorziening groot onderhoud	€	
	170	Te verrekenen OB	€	
Aan	110 of 140	Bank of Crediteuren		€

Voorbeeld 10.1 Onderhoudsvoorziening

Een automobielbedrijf heeft een showroom die iedere 5 jaar geschilderd moet worden. De kosten voor het schilderwerk worden ingeschat op € 30.000 exclusief omzetbelasting. Het automobielbedrijf doteert sinds 1 april jaar 1 aan de voorziening groot onderhoud.

Gevraagd:

1. Welke journaalpost maakt het automobielbedrijf op 31 januari jaar 2 van de dotatie voorziening groot onderhoud over januari?

Uitwerking:

1. Het automobielbedrijf maakt voor januari jaar 2 de volgende journaalpost in het memoriaal van de dotatie aan de voorziening groot onderhoud:

	442	Dotatie voorziening groot onderhoud:		
		€ 30.000 / 5 jaar / 12 maanden	€ 500	
Aan	080	Voorziening groot onderhoud		€ 500

Op 31 maart jaar 6 staat op grootboekrekening 080 Voorziening groot onderhoud een bedrag van € 30.000. Op 5 april jaar 6 laat het automobielbedrijf het schilderwerk uitvoeren voor een bedrag van € 34.969 inclusief 21% omzetbelasting.

Gevraagd:

2. Welke journaalpost maakt het automobielbedrijf op 5 april jaar 6 van het uitgevoerde schilderwerk?

Uitwerking:

2. Het automobielbedrijf maakt de volgende journaalpost van het uitgevoerde schilderwerk in het inkoopboek:

	080	Voorziening groot onderhoud	€ 30.000	
	170	Te verrekenen OB:		
		€ 34.969 / 121% × 21%	€ 6.069	
Aan	140	Crediteuren		€ 34.969
Aan	442	Dotatie voorziening groot onderhoud		€ 1.100*

* Gebleken is dat het bedrag van de dotaties in de afgelopen 5 jaar te hoog is geweest. Het resterende bedrag van € 1.100 kan nu vrijvallen te gunste van grootboekrekening 442.

Vanaf april jaar 6 gaat het automobielbedrijf de voorziening voor groot onderhoud in verband met schilderwerk weer opbouwen. Het op te bouwen bedrag is gebaseerd op de werkelijke schilderkosten:

€ 34.969 / 1,21 = € 28.900

De maandelijkse dotatie wordt nu € 28,900 / 5 jaar / 12 maanden = € 481,67

Gevraagd:

3. Welke journaalpost maakt het automobielbedrijf op 30 april jaar 6 van de dotatie aan de voorziening groot onderhoud over april?

Uitwerking:

3. Op 30 april jaar 6 maakt het automobielbedrijf de volgende journaalpost van de maandelijkse dotatie in het memoriaal:

	442	Dotatie voorziening groot onderhoud:	€ 481,67	
Aan	080	Voorziening groot onderhoud		€ 481,67

10.3 Voorziening debiteuren

10.3.1 Voorziening debiteuren

Voorziening debiteuren Grootboekrekening 130 Debiteuren wordt bijgehouden tegen de nominale waarde, oftewel het bedrag inclusief omzetbelasting dat op de verkoopfactuur staat.

Op grootboekrekening 131 Dubieuze debiteuren zijn vorderingen opgenomen tegen de nominale waarde van debiteuren waarvan de incasso inmiddels uit handen is gegeven en die niet meer in de normale aanmaningsprocedure moeten meelopen.

In de praktijk wordt deze grootboekrekening niet meer gebruikt, omdat de automatisering het mogelijk heeft gemaakt per debiteur en per verkoopfactuur aan te geven of deze wel of niet moet worden aangemaand.

De volgende journaalpost wordt in het memoriaal gemaakt van de overboeking naar de dubieuze debiteuren:

	131	Dubieuze debiteuren (verkoopprijs inclusief OB)	€	
Aan	130	Debiteuren (verkoopprijs inclusief OB)		€

Op grootboekrekening 133 Voorziening debiteuren wordt het bedrag opgenomen waarvoor het bedrijf inschat dat de vorderingen op debiteuren niet worden ontvangen. Aangezien het bedrag van de omzetbelasting bij oninbaarheid van de debiteuren weer kan worden teruggevraagd bij de Belastingdienst, wordt het bedrag van de voorziening exclusief omzetbelasting opgenomen.

De volgende journaalpost wordt in het memoriaal gemaakt van de dotatie aan de voorziening debiteuren:

	491	Dotatie voorziening debiteuren (verkoopprijs exclusief OB)*	€	
Aan	133	Voorziening debiteuren (verkoopprijs exclusief OB)		€

* of 490 Verkoopkosten

De journaalpost die in het memoriaal wordt gemaakt van de afboeking van de debiteur is:

	133	Voorziening debiteuren (verkoopprijs exclusief OB)	€	
	170 of 176	Te verrekenen OB of Verschuldigde OB*	€	
Aan	130 of 131	Debiteuren of Dubieuze debiteuren (verkoopprijs inclusief OB)		€

* De terug te vorderen omzetbelasting in verband met oninbare debiteuren mag met ingang van 2017 in de reguliere aangifte omzetbelasting worden opgenomen onder vraag 1 Prestaties Binnenland (175 Verschuldigde OB) of vraag 5b Voorbelasting (170 Te verrekenen OB).

Indien de dotatie aan de voorziening gedurende de verslagperiode volgens de dynamische methode heeft plaatsgevonden, moet aan het einde van de verslagperiode een statische onderbouwing van de voorziening worden gemaakt, waaruit een extra dotatie aan de voorziening voortvloeit of waaruit de voorziening voor een deel moet vrijvallen.

De journaalpost die in het memoriaal wordt gemaakt van de extra dotatie aan de voorziening debiteuren is:

	491	Dotatie voorziening debiteuren (verkoopprijs exclusief OB)	€	
Aan	133	Voorziening debiteuren (verkoopprijs exclusief OB)		€

10.3.2 Afschrijving debiteuren

Afschrijving debiteuren Wanneer geen gebruik wordt gemaakt van de voorziening debiteuren, vindt de afboeking van de debiteur rechtstreeks in de winst-en-verliesrekening plaats op de grootboekrekening 422 Afschrijvingskosten debiteuren.

De volgende journaalpost wordt in het memoriaal gemaakt van de afboeking van de debiteur:

	422	Afschrijvingskosten debiteuren (verkoopprijs exclusief OB)	€	
	170 of 175	Te verrekenen OB of Verschuldigde OB	€	
Aan	130 of 131	Debiteuren of Dubieuze debiteuren (verkoopprijs inclusief OB)		€

Voorbeeld 10.2 Voorziening debiteuren

Bij een handelsonderneming doen zich de volgende financiële feiten voor:

- De onderneming verkoopt op 1 mei jaar 1 goederen voor een bedrag van € 15.004 inclusief 21% omzetbelasting. Op 3 mei jaar 1 wordt de verkoopfactuur verzonden en worden de goederen afgeleverd. De inkoopprijs van deze goederen is € 7.800.
- Vanuit ervaring uit het verleden blijkt dat 2% van de brutoverkopen oninbaar is. De handelsonderneming bouwt de voorziening debiteuren dan ook maandelijks op volgens de dynamische methode met 2% van de brutoverkopen exclusief 21% omzetbelasting in de betreffende maand. In mei jaar 1 bedragen de brutoverkopen exclusief 21% omzetbelasting € 496.000.
- In de periode mei tot en met juli jaar 1 wordt een debiteur diverse keren telefonisch en schriftelijk aangemaand, zonder enig resultaat. De handelsonderneming besluit daarom per 31 juli van jaar 1 de vordering uit handen te geven aan een incassobureau. Op 31 augustus jaar 1 wordt € 1.500,40 per bank ontvangen.
- Op 2 december jaar 1 ontvangt de onderneming bericht van de curator dat het faillissement van de debiteur is aangevraagd.
- Op 31 december jaar 1 blijkt het saldo van grootboekrekening 133 Voorziening debiteuren € 61.040 te zijn. Uit de beoordeling van de openstaande postenlijst debiteuren en de dubieuze debiteuren blijkt dat de grootboekrekening Voorziening debiteuren € 67.840 exclusief 21% omzetbelasting moet zijn.
- Op 4 januari jaar 2 ontvangt de handelsonderneming van de curator het bericht dat het faillissement is uitgesproken en dat er geen positieve baten meer zijn.

De handelsonderneming maakt naast de standaardrekeningen gebruik van de grootboekrekening 491 Dotatie voorziening debiteuren.

Gevraagd:
1. Welke journaalpost maakt de handelsonderneming op 3 mei jaar 1 van de verkoop van de goederen?

2. Welke journaalpost maakt de handelsonderneming op 31 mei jaar 1 van de dotatie aan de voorziening debiteuren over mei?

3. Welke journaalpost maakt de handelsonderneming op 31 juli jaar 1 van het besluit de vordering uit handen te geven aan een incassobureau?

4. Welke journaalpost maakt de handelsonderneming op 31 augustus jaar 1 van de ontvangst van € 1.500,40 per bank?

5. Welke journaalpost maakt de handelsonderneming op 2 december jaar 1 van het ontvangen bericht van de curator?

6. Welke journaalpost maakt de handelsonderneming op 31 december jaar 1 van de extra dotatie aan de voorziening debiteuren?

7. Welke journaalpost maakt de handelsonderneming op 4 januari jaar 2 van de uitspraak van het faillissement van de debiteur?
De handelsonderneming wil de terug te vorderen omzetbelasting in de aangifte verwerken onder de voorbelasting.

Uitwerking:

1. De handelsonderneming maakt de volgende journaalpost van de verkoop van de goederen in het verkoopboek:

	130	Debiteuren	€ 15.004	
Aan	175	Verschuldigde OB: € 15.004 / 1,21 × 0,21		€ 2.604
Aan	850	Opbrengst verkopen: € 15.004 / 1,21		€ 12.400

In het memoriaal wordt de volgende journaalpost gemaakt van de inkoopwaarde van de omzet:

	800	Inkoopwaarde van de omzet	€ 7.800	
Aan	700	Voorraad handelsgoederen		€ 7.800

2. Op 31 mei maakt de handelsonderneming in het memoriaal de volgende journaalpost van de dotatie aan de voorziening debiteuren:

	491	Dotatie voorziening debiteuren: 2% × € 496.000	€ 9.920	
Aan	133	Voorziening debiteuren		€ 9.920

3. Van het besluit de vordering uit handen te geven maakt de handelsonderneming in het memoriaal de volgende journaalpost:

	131	Dubieuze debiteuren	€ 15.004	
Aan	130	Debiteuren		€ 15.004

4. Van de ontvangst per bank maakt de handelsonderneming in het bankboek de volgende journaalpost:

	110	Bank	€ 1.500,40	
Aan	131	Dubieuze debiteuren		€ 1.500,40

5. Van dit bericht wordt geen journaalpost gemaakt. Pas indien met zekerheid kan worden gesteld dat de vordering niet meer wordt ontvangen, kan afboeking plaatsvinden.

6. De handelsonderneming maakt in het memoriaal de volgende journaalpost van de extra dotatie:

	491	Dotatie voorziening debiteuren: € 67.840 - € 61.040	€ 6.800	
Aan	133	Voorziening debiteuren		€ 6.800

7. De handelsonderneming maakt in het memoriaal de volgende journaalpost van de afboeking van de debiteur:

	133	Voorziening debiteuren: (€ 15.004 - € 1.500,40) / 1,21	€ 11.160	
	170	Te verrekenen OB: € 11.160 × 21%	€ 2.343,60	
Aan	131	Dubieuze debiteuren: € 15.004 - € 1.500		€ 13.503,60

10.4 Voorziening garantieverplichtingen

*Garantie-
voorziening* Een garantievoorziening kan worden opgenomen als in een onderneming regelmatig lasten ontstaan omdat geleverde producten en diensten niet voldoen aan de overeengekomen kwaliteiten. Indien zich binnen een wettelijke garantietermijn gebreken voordoen aan producten en diensten die aan klanten zijn geleverd, moeten deze gebreken op kosten van de onderneming worden hersteld.

De dotatie aan de voorziening kan plaatsvinden op basis van de dynamische methode met een percentage van de omzet. Dit percentage wordt voor iedere verslagperiode vastgesteld op basis van ervaringen uit het verleden. De volgende journaalpost van de periodieke dotatie wordt in het memoriaal gemaakt:

	492	Dotatie garantievoorziening*	€	
Aan	081	Garantievoorziening		€

* of 490 Verkoopkosten

Aan het einde van de verslagperiode wordt een statische onderbouwing van de garantievoorziening gemaakt, waaruit kan blijken dat een extra dotatie aan de garantievoorziening nodig is of waaruit kan blijken dat de garantievoorziening voor een te hoog bedrag is opgenomen en vrijval van de garantievoorziening moet plaatsvinden.

De volgende journaalpost wordt in het memoriaal gemaakt van de extra dotatie:

	492	Dotatie garantievoorziening*	€	
Aan	081	Garantievoorziening		€

* of 490 Verkoopkosten

Indien er garantiewerk moet worden verricht, worden deze kosten als onttrekking aan de garantievoorziening afgetrokken (en niet als kostenpost in rubriek 4 opgenomen). Een journaalpost van de onttrekking in de vorm van het gebruik van onderdelen ziet er als volgt uit:

	081	Garantievoorziening	€	
Aan	300	Voorraad onderdelen		€

Een journaalpost van de onttrekking in de vorm van personeelskosten ziet er als volgt uit:

	081	Garantievoorziening	€	
Aan	400	Directe loonkosten		€

Een journaalpost van de onttrekking in de vorm van uitbesteed werk ziet er als volgt uit:

	081	Garantievoorziening	€	
	170	Te verrekenen OB	€	
Aan	140	Crediteuren		€

197

Voorbeeld 10.3 Garantieverplichtingen

Een automobielbedrijf geeft een garantietermijn van drie maanden af bij de verkoop van gebruikte auto's. Uit ervaring van de afgelopen 5 jaar is gebleken dat van de omzet aan gebruikte auto's 2% aan garantiewerk moet worden verricht. Het automobiel-bedrijf heeft in de financiële administratie op grootboekrekening 081 een garantie-voorziening opgenomen. Op 1 mei staat er een creditsaldo van € 10.880 op de groot-boekrekening 081 Garantievoorziening.

In het automobielbedrijf doen zich de volgende financiële feiten voor:
- Op 15 mei ontvangt het automobielbedrijf een factuur van een gespecialiseerde garage voor uitgevoerd garantiewerk van € 968 inclusief 21% omzetbelasting.
- Op 20 mei wordt garantiewerk aan auto's uitgevoerd, waarvoor een bedrag van € 1.400 aan onderdelen uit het magazijn is gebruikt.
- Op 20 mei wordt ook voor een bedrag van € 1.000 aan loonkosten besteed aan het garantiewerk.
- Op 31 mei blijkt dat over mei voor € 240.000 aan gebruikte auto's is verkocht.
- De grootboekrekening 081 heeft op 31 mei een saldo van € 12.480 (€ 10.880 + € 4.800 - € 800 - € 1.400 - € 1.000). Een nieuwe schatting van de garantiekosten leert dat het garantiewerk is gestegen naar 2,5% van de omzet van gebruikte auto's. De omzet over de maanden maart, april en mei bedraagt in totaal € 560.000. Op grootboekrekening 081 Garantievoorziening moet op 31 mei derhalve een bedrag van € 560.000 × 2,5% = € 14.000 worden opgenomen. De extra dotatie per 31 mei is € 14.000 - € 12.480 = € 1.520.

Het automobielbedrijf maakt naast de standaardrekeningen gebruik van de grootboek-rekening 300 Voorraad onderdelen.

Gevraagd:
1. Welke journaalpost maakt het automobielbedrijf op 15 mei van het uitgevoerde garantiewerk door een gespecialiseerde garage?
2. Welke journaalpost maakt het automobielbedrijf op 20 mei van het verbruik van onderdelen voor het garantiewerk?
3. Welke journaalpost maakt het automobielbedrijf op 20 mei van de besteding van de loonkosten aan het garantiewerk?
4. Welke journaalpost maakt het automobielbedrijf op 31 mei van de dotatie aan de garantievoorziening op basis van de verkochte auto's over mei?
5. Welke journaalpost maakt het automobielbedrijf op 31 mei van de extra dotatie aan de garantievoorziening in verband met de verhoging naar 2,5%?

Uitwerking:

1. Het automobielbedrijf maakt in het inkoopboek de volgende journaalpost van het uitgevoerde garantiewerk door een gespecialiseerde garage:

	081	Voorziening garanties: € 968 / 1,21	€ 800	
	170	Te verrekenen OB: € 800 × 21%	€ 168	
Aan	140	Crediteuren		€ 968

2. Van het verbruik van onderdelen maakt het automobielbedrijf in het memoriaal de volgende journaalpost:

	081	Voorziening garanties	€ 1.400	
Aan	300	Voorraad onderdelen		€ 1.400

3. Het automobielbedrijf maakt in het memoriaal de volgende journaalpost van de loonkosten:

	081	Voorziening garanties	€ 1.000	
Aan	400	Directe loonkosten		€ 1.000

4. Van de dotatie aan de garantievoorziening maakt het automobielbedrijf in het memoriaal de volgende journaalpost:

	492	Dotatie garantievoorziening: € 240.000 × 2%	€ 4.800	
Aan	081	Voorziening garanties		€ 4.800

5. Door de verhoging van het percentage naar 2,5% maakt het automobielbedrijf van de extra dotatie de volgende journaalpost in het memoriaal:

	492	Dotatie garantievoorziening	€ 1.520	
Aan	081	Voorziening garanties		€ 1.520

10.5 Voorziening milieuvervuiling

Voorziening milieuvervuiling Het kan gebeuren dat een bedrijf een milieuvervuiling van rechtswege moet opruimen of dat het bedrijf zelf het stellige voornemen heeft de milieuvervuiling op te ruimen. Dan kan het bedrijf een voorziening voor milieuvervuiling opnemen in de financiële administratie. Voorwaarde voor het treffen van een voorziening is dat de uitstroom van geldmiddelen betrouwbaar is in te schatten.

Van de dotatie aan de voorziening milieuvervuiling wordt de volgende journaalpost gemaakt in het memoriaal:

	431	Dotatie milieuvoorziening	€	
Aan	082	Voorziening milieumaatregelen		€

Van de onttrekking aan de voorziening milieuvervuiling wordt, bij ontvangst van de kostenfactuur, de volgende journaalpost gemaakt in het inkoopboek:

	082	Voorziening milieumaatregelen	€	
	170	Te verrekenen OB	€	
Aan	140	Crediteuren		€

Aan het eind van iedere verslagperiode moet opnieuw een schatting worden gemaakt van de uitstroom van geldmiddelen, waarna eventueel een extra dotatie aan de voorziening milieuvervuiling of een vrijval plaatsvindt. De volgende journaalpost van de extra dotatie aan de voorziening milieuvervuiling wordt gemaakt in het memoriaal:

	431	Dotatie milieuvoorziening	€	
Aan	082	Voorziening milieumaatregelen		€

Voorbeeld 10.4 Voorziening milieuvervuiling

De exploitant van een benzinestation ontvangt op 30 november jaar 1 een brief van de gemeente waarin staat dat de exploitant aansprakelijk wordt gesteld voor de ontstane bodemverontreiniging, en dat die binnen vier jaar opgeruimd moet zijn. De exploitant vraagt een globale prijsopgave aan bij een gespecialiseerd opruimingsbedrijf, waaruit blijkt dat de kosten van opruiming worden geschat op € 100.000 exclusief omzetbelasting. De bodemverontreiniging is volledig toerekenbaar aan de periode tot en met 30 november jaar 1, waardoor de exploitant besluit voor het volledige bedrag een milieuvoorziening op te nemen en de kosten als incidentele lasten te beschouwen.

Gevraagd:
1. Welke journaalpost maakt de exploitant van het benzinestation op 30 november jaar 1 van de vorming van een milieuvoorziening?

Uitwerking:

1. De exploitant maakt de volgende journaalpost in het memoriaal:

	970	Incidentele resultaten	€ 100.000	
Aan	082	Voorziening milieumaatregelen		€ 100.000

Op 31 december jaar 2 blijkt dat de kosten in jaar 1 te hoog zijn ingeschat: de kosten van opruiming van de bodemverontreiniging worden nu ingeschat op € 90.000.

Gevraagd:

2. Welke journaalpost maakt de exploitant op 31 december jaar 2 van de nieuwe inschatting van de kosten van opruiming van de bodemverontreiniging?

Uitwerking:

2. De exploitant maakt de volgende journaalpost in het memoriaal:

	082	Voorziening milieuvervuiling	€ 10.000	
Aan	970	Incidentele resultaten		€ 10.000

Deel 3

DE BESLOTEN VENNOOTSCHAP

De besloten vennootschap

11.1 Oprichting besloten vennootschap

besloten
vennootschap

Een besloten vennootschap is een zelfstandige rechtsvorm, waarbij de vennootschap in principe aansprakelijk is voor de schulden. Een besloten vennootschap wordt notarieel opgericht, waarbij statuten worden opgesteld. In deze statuten wordt vermeld hoeveel aandelen maximaal kunnen worden uitgegeven – het maatschappelijk kapitaal – en hoeveel aandelen bij oprichting worden geplaatst bij de aandeelhouders. In de financiële administratie worden voor het aandelenkapitaal (of het aandelenvermogen) de volgende grootboekrekeningen tegen de nominale waarde – de waarde van het aandeel volgens de statuten - bijgehouden:

maatschappelijk
kapitaal

nominale waarde

090 Aandelenvermogen (maatschappelijk kapitaal)
091 Aandelen in portefeuille

De volgende journaalpost wordt gemaakt bij de oprichting van de besloten vennootschap in het memoriaal:

	091	Aandelen in portefeuille	€	
Aan	090	Aandelenvermogen		€

geplaatste kapitaal

Het saldo van deze twee grootboekrekeningen geeft het geplaatste kapitaal van de besloten vennootschap aan.

Daarnaast wordt de volgende journaalpost in het bankboek gemaakt van de plaatsing van het aandelenkapitaal en de storting van het verschuldigde bedrag door de aandeelhouders:

	110 of 120	Rabobank of ING Bank	€	
Aan	091	Aandelen in portefeuille		€

Voorbeeld 11.1 Het oprichten van een besloten vennootschap

Een besloten vennootschap wordt op 1 januari jaar 1 opgericht. In de statuten is vermeld dat het maatschappelijk kapitaal bestaat uit 10.000 aandelen met een nominale waarde van € 10. Bij de oprichting worden 1.000 aandelen a pari geplaatst bij de aandeelhouder. De storting op de geplaatste aandelen vindt op de rekening-courant bij de Rabobank plaats op dezelfde dag.

Gevraagd:
1. Welke journaalpost wordt gemaakt van de oprichting van de besloten vennootschap?
2. Welke journaalpost wordt gemaakt van de plaatsing en volstorting van de 1.000 aandelen bij de aandeelhouder?

Uitwerking:
1. De volgende journaalpost wordt in het memoriaal gemaakt van de oprichting van de besloten vennootschap:

	091	Aandelen in portefeuille	€ 100.000	
Aan	090	Aandelenvermogen: 10.000 × € 10		€ 100.000

2. De volgende journaalpost wordt in het Rabobankboek gemaakt van de plaatsing en volstorting van de 1.000 aandelen:

	110	Rabobank: 1.000 × € 10	€ 10.000	
Aan	091	Aandelen in portefeuille		€ 10.000

Het eigen vermogen van de besloten vennootschap bestaat naast het aandelenkapitaal nog uit:
- agioreserves;
- herwaarderingsreserves (en andere wettelijke reserves);
- overige reserves (en statutaire reserves);
- niet verdeelde winsten.

Deze worden in de financiële administratie bijgehouden op de volgende grootboekrekeningen:

093 Algemene reserve
094 Agioreserve
095 Herwaarderingsreserve
096 Winstsaldo

In de volgende paragrafen wordt uitgelegd wanneer deze grootboekrekeningen gebruikt worden.

11.2 Winstverdeling besloten vennootschap

Nadat de besloten vennootschap is opgericht, wordt begonnen met het uitvoeren van de bedrijfsactiviteiten. Over de winst die de besloten vennootschap maakt, moet eerst vennootschapsbelasting aan de Belastingdienst worden betaald. Vervolgens kunnen de aandeelhouders besluiten hoe de nettowinst – dus de winst na belasting – wordt verdeeld. Daarbij kan besloten worden tot:
a. winstinhouding;
b. dividenduitkering;
c. uitkering tantième.

Ad a. Winstinhouding

Winstinhouding Winstinhouding betekent dat (een deel van) de winst in de besloten vennootschap blijft, waarmee de bedrijfsactiviteiten gefinancierd kunnen worden. De winst wordt dan toegevoegd aan grootboekrekening 093 Algemene reserve.

Ad b. Dividenduitkering

cashdividend Dividenduitkering betekent dat (een deel van) de winst wordt uitbetaald aan de aandeelhouders. De uitbetaling vindt plaats in de vorm van geld – cashdividend
stockdividend – of in de vorm van aandelen – stockdividend. De besloten vennootschap is in principe verplicht 15% dividendbelasting over de totale dividenduitkering in te houden en af te dragen aan de Belastingdienst. De hoogte van de dividenduitkering wordt uitgedrukt in een percentage van het nominaal geplaatst aandelenkapitaal of in een bedrag per aandeel. In de financiële administratie worden voor de dividenduitkering de volgende grootboekrekeningen gebruikt:

092 Uit te reiken aandelen (stockdividend)
181 Te betalen dividend (cashdividend)
182 Te betalen dividendbelasting

Ad c. Tantième

tantièmes Bij voldoende winst in de besloten vennootschap kunnen de aandeelhouders ook beslissen (een deel van) de winst in de vorm van tantièmes uit te keren aan het personeel (inclusief de directie). In de financiële administratie wordt hiervoor de volgende grootboekrekening gebruikt:

183 Te betalen tantièmes

Bij de periodeafsluiting wordt eerst de volgende journaalpost in het memoriaal van de verschuldigde vennootschapsbelasting gemaakt:

	9..	Belastingen over de winst	€	
Aan	180	Te betalen vennootschapsbelasting		€

Hiermee wordt in de winst-en-verliesrekening het resultaat na belastingen weergegeven.

Vervolgens wordt het resultaat na belastingen overgeboekt naar het eigen vermogen met behulp van de volgende journaalpost in het memoriaal:

	999	Overboekingsrekening	€	
Aan	096	Winstsaldo		€

Van het winstverdelingsvoorstel wordt de volgende journaalpost in het memoriaal gemaakt:

	096	Winstsaldo	€	
Aan	092	Uit te reiken aandelen		€
Aan	181	Te betalen dividend		€
Aan	182	Te betalen dividendbelasting		€
Aan	183	Te betalen tantièmes		€
Aan	093	Algemene reserve		€

De variatie (in de praktijk niet aan te raden) die in het vak MBA Bedrijfsadministratie ook wordt gebruikt, leidt tot de volgende journaalposten.

Van de overboeking van de winst voor belasting naar het eigen vermogen wordt de volgende journaalpost in het memoriaal gemaakt:

	999	Overboekingsrekening	€	
Aan	096	Winstsaldo (winst voor belasting)		€

Van het winstverdelingsvoorstel wordt de volgende journaalpost in het memoriaal gemaakt:

	096	Winstsaldo (winst voor belasting)	€	
Aan	092	Uit te reiken aandelen		€
Aan	180	Te betalen vennootschapsbelasting		€
Aan	181	Te betalen dividend		€
Aan	182	Te betalen dividendbelasting		€
Aan	183	Te betalen tantièmes		€
Aan	093	Algemene reserve		€

Voorbeeld 11.2 De overboeking van de winst en de boeking van het winstverdelingsvoorstel

Een besloten vennootschap heeft in jaar 5 een winst voor belasting behaald van € 480.000. De verschuldigde vennootschapsbelasting bedraagt 25% over de winst voor belasting. De directie legt aan de aandeelhoudersvergadering op 31 maart jaar 6 het volgende winstverdelingsvoorstel voor:

- Het stockdividend bedraagt 15% over het geplaatste kapitaal van € 100.000.
- Het cashdividend bedraagt 10% over het geplaatste kapitaal van € 100.000.
- De tantième aan het personeel bedraagt 10% van de winst na belasting.
- Het restant van de winst wordt toegevoegd aan de algemene reserve.

De verschuldigde dividendbelasting bedraagt 15%.

Het stockdividend wordt op 8 april jaar 6 uitgereikt aan de aandeelhouders.

De besloten vennootschap heeft naast de standaardrekeningen ook grootboekrekening 995 Belastingen over winst in gebruik.

Gevraagd:
1. Welke journaalpost wordt eind jaar 5 gemaakt van de verschuldigde vennootschaps- belasting?
2. Welke journaalpost wordt eind jaar 5 gemaakt van de overboeking van de winst na belasting naar het eigen vermogen?
3. Welke journaalpost wordt op 31 maart jaar 6 gemaakt van de verdeling van de winst, nadat goedkeuring door de aandeelhoudersvergadering heeft plaats- gevonden?
4. Welke journaalpost wordt op 8 april jaar 6 gemaakt van de uitreiking van het stock- dividend?

Uitwerking:

1. De volgende journaalpost wordt eind jaar 5 in het memoriaal gemaakt van de verschuldigde vennootschapsbelasting:

	995	Belastingen over winst: € 480.000 × 25%	€ 120.000	
Aan	180	Te betalen vennootschapsbelasting		€ 120.000

2. De volgende journaalpost wordt eind jaar 5 in het memoriaal gemaakt van de overboeking van de winst na belasting naar het eigen vermogen:

	999	Overboekingsrekening: € 480.000 - € 120.000	€ 360.000	
Aan	096	Winstsaldo		€ 360.000

3. De winstverdeling is als volgt:

Winst na belasting		€ 360.000
Stockdividend	15% × € 100.000	€ -15.000
Cashdividend	10% × € 100.000	€ -10.000
Tantième	10% × € 360.000	€ -36.000
Toevoeging aan de algemene reserve		€ 299.000

De verschuldigde dividendbelasting is € 3.750 (15% × € 25.000).

De volgende journaalpost wordt op 31 maart jaar 6 in het memoriaal gemaakt van de verdeling van de winst, nadat goedkeuring door de aandeelhoudersvergadering heeft plaatsgevonden:

	096	Winstsaldo	€ 360.000	
Aan	092	Uit te reiken aandelen		€ 15.000
Aan	181	Te betalen dividend: € 10.000 - € 3.750 (dividendbelasting)		€ 6.250
Aan	182	Te betalen dividendbelasting		€ 3.750
Aan	183	Te betalen tantième		€ 36.000
Aan	093	Algemene reserve		€ 299.000

4. De volgende journaalpost wordt op 8 april jaar 6 in het memoriaal gemaakt van de uitreiking van de aandelen vanwege het stockdividend:

	092	Uit te reiken aandelen	€ 15.000	
Aan	091	Aandelen in portefeuille		€ 15.000

11.3 Uitgeven van aandelen na oprichting en vergroten van maatschappelijk kapitaal

Indien een besloten vennootschap bijvoorbeeld voor de uitbreiding van de bedrijfsactiviteiten meer geld nodig heeft, kan worden besloten tot het opnieuw uitgeven van aandelenkapitaal. Bij de oprichting zijn de aandelen uitgegeven tegen de nominale waarde – ook wel a pari genoemd. Bij het opnieuw uitgeven van aandelen zal dit tegen een hogere prijs dan de nominale waarde gebeuren, omdat de aandelen meer waard zijn geworden door winstgevende activiteiten. Het bedrag dat de aandeelhouders dan moeten betalen bestaat dan uit het nominale kapitaal plus een agio.

a pari

Van de plaatsing van het aandelenkapitaal en de storting van het verschuldigde bedrag door de aandeelhouders wordt de volgende journaalpost in het bankboek gemaakt:

	110 of 120	Rabobank of ING Bank	€	
Aan	091	Aandelen in portefeuille (nominale waarde)		€
Aan	094	Agioreserve (bedrag boven de nominale waarde)		€

Indien er geen aandelen in portefeuille meer aanwezig zijn, moet eerst met behulp van een statutenwijziging het maatschappelijk kapitaal verhoogd worden. Voor de verhoging van het maatschappelijk kapitaal wordt de volgende journaalpost in het memoriaal gemaakt:

| | 091 | Aandelen in portefeuille | € | |
| Aan | 090 | Aandelenvermogen | | € |

Voorbeeld 11.3 De uitgifte van nieuwe aandelen en de verhoging van het aandelenkapitaal

Een besloten vennootschap wil begin jaar 6 een nieuwe investering in machines financieren met behulp van eigen vermogen. Het benodigde bedrag voor de investering is € 300.000. De nominale waarde van een aandeel is € 100. De besloten vennootschap wil hiervoor 1.200 nieuwe aandelen uitgeven tegen een uitgifteprijs van € 250 per aandeel. Aangezien er onvoldoende aandelen beschikbaar zijn om uit te geven, wordt middels een statutenwijziging het maatschappelijk kapitaal verhoogd met 4.000 aandelen.

Gevraagd:

1. Welke journaalpost wordt gemaakt van de verhoging van het maatschappelijk kapitaal middels statutenwijziging?
2. Welke journaalpost wordt gemaakt van de plaatsing en de volstorting van de aandelen via de rekening-courant van de Rabobank?

Uitwerking:

1. De volgende journaalpost wordt in het memoriaal gemaakt van de verhoging van het maatschappelijk kapitaal middels statutenwijziging:

	091	Aandelen in portefeuille	€ 400.000	
Aan	090	Aandelenvermogen: 4.000 × € 100		€ 400.000

2. De volgende journaalpost wordt in het Rabobankboek gemaakt van de plaatsing en volstorting van de aandelen:

	110	Rabobank: 1.200 × € 250	€ 300.000	
Aan	091	Aandelen in portefeuille: 1.200 × € 100		€ 120.000
Aan	094	Agioreserve: 1.200 × (€ 250 - € 100)		€ 180.000

11.4 Herwaarderen van materiële vaste activa

stille reserve

actuele kostprijs

herwaarderings-reserve

Wanneer een besloten vennootschap in het verleden materiële vaste activa heeft aangekocht en heeft gewaardeerd tegen de historische kostprijs (aankoopprijs minus cumulatieve afschrijvingen), kan er sprake zijn van een stille reserve in de balans. De boekwaarde is dan lager dan de actuele waarde. Deze stille reserve kan zichtbaar worden gemaakt in de balans van de besloten vennootschap door de materiële vaste activa te waarderen tegen de actuele waarde – de actuele kostprijs[1] – in plaats van de historische kostprijs. De waardestijging in de materiële vaste activa mag nog niet als gerealiseerde winst beschouwd worden en wordt daarom in het eigen vermogen toegevoegd aan de post Herwaarderingsreserves. De herwaarderingsreserve is een gebonden reserve, die niet als dividend uitgekeerd mag worden aan de aandeelhouders.

---

1 De actuele kostprijs is de prijs waartegen activa op balansdatum aangekocht of vervaardigd zou kunnen worden onder aftrek van afschrijvingen.

In de financiële administratie wordt voor de ongerealiseerde waardestijging de grootboekrekening 095 Herwaarderingsreserve aangemaakt:

De volgende journaalpost wordt in het memoriaal gemaakt van de herwaardering van de bedrijfsgebouwen:

	010	Gebouwen	€	
Aan	015	Afschrijving gebouwen		€
Aan	095	Herwaarderingsreserve		€

Let op! Hier wordt als gevolg van de herwaardering zowel de aanschafprijs op grootboekrekening 010 als de cumulatieve afschrijving op grootboekrekening 015 aangepast.

Voorbeeld 11.4 De herwaardering van materiële vaste activa

Een besloten vennootschap heeft op 1 januari jaar 10 de volgende saldi op de groot-boekrekeningen staan:

010	Gebouwen	debet	€ 800.000
015	Afschrijving gebouwen	credit	€ 180.000
	Boekwaarde	debet	€ 620.000

Gevraagd:
1. Welke journaalpost is jaarlijks in jaar 1 tot en met 9 gemaakt van de afschrijvings-kosten?
2. Welke journaalpost wordt op 1 januari jaar 10 gemaakt van de herwaardering van de materiële vaste activa?
3. Welke journaalpost wordt jaarlijks vanaf jaar 10 gemaakt van de afschrijvings-kosten?

Uitwerking:
1. De gebouwen zijn gewaardeerd tegen de historische kostprijs en worden in 40 jaar lineair afgeschreven. Jaarlijks is tot en met jaar 9 op basis van deze historische kostprijs de volgende journaalpost van de afschrijvingskosten in het memoriaal gemaakt:

	420	Afschrijvingskosten vaste activa: € 800.000/40 jaar	€ 20.000	
Aan	015	Afschrijving gebouwen		€ 20.000

2. De actuele kostprijs (actuele waarde) op 1 januari jaar 10 is 20% hoger dan de historische kostprijs. De boekwaarde per 1 januari jaar 10 kan dan als volgt worden weergegeven:

Grootboek-rekening	Omschrijving	Bedragen o.b.v. actuele kostprijs (120%)	Bedragen o.b.v. histori-sche kostprijs (100%)	Herwaarde-ring
010	Gebouwen	€ 960.000	€ 800.000	€ 160.000
015	Afschrijving gebouwen	€ 216.000	€ 180.000	€ -36.000
	Boekwaarde	€ 744.000	€ 620.000	€ 124.000

De volgende journaalpost wordt op 1 januari jaar 10 van de herwaardering van de materiële vaste activa gemaakt:

	010	Gebouwen	€ 160.000	
Aan	015	Afschrijving gebouwen		€ 36.000
Aan	095	Herwaarderingsreserve		€ 124.000

3. Vanaf jaar 10 wordt op basis van deze actuele kostprijs de volgende journaalpost van de jaarlijkse afschrijving in het memoriaal gemaakt:

	420	Afschrijvingskosten vaste activa	€ 24.000	
Aan	015	Afschrijving gebouwen		€ 24.000

11.5 Inbreng vanuit eenmanszaak in besloten vennootschap

Een eenmanszaak is een onderneming waarbij het eigen vermogen niet verder wordt onderverdeeld, en waarbij de winst wordt toegevoegd aan het eigen vermogen en de privéopnamen worden afgetrokken van het eigen vermogen.

De eigenaar van een eenmanszaak kan besluiten zijn bedrijfsactiviteiten voort te zetten vanuit een besloten vennootschap, bijvoorbeeld omdat hij hiermee fiscale voordelen kan behalen – het tarief van de vennootschapsbelasting is veel lager dan het hoogste tarief in de inkomstenbelasting – of om privéaansprakelijkheid te voorkomen. De eigenaar kan dan zijn eenmanszaak inbrengen in een besloten vennootschap, waarbij hij voortaan als directeur op de loonlijst van de besloten vennootschap komt te staan. Eventuele privé-uitgaven worden dan niet meer als privéopnamen in het eigen vermogen geboekt, maar hiervoor wordt een aparte grootboekrekening in rubriek 1 gemaakt met als omschrijving:

1.. Rekening-courant directie

Bij een fiscaal ruisende inbreng worden de activa en passiva van de eenmanszaak tegen de actuele waarde naar de besloten vennootschap overgebracht, waarbij de besloten vennootschap ook nog een bedrag aan goodwill moet betalen. Goodwill betreft de waarde van de onderneming bovenop de actuele waarde van de activa en passiva. De goodwill wordt dan ook wel de overwinst in een onderneming genoemd. In de financiële administratie van de besloten vennootschap wordt de betaalde goodwill op de volgende aparte grootboekrekening opgenomen:

045 Goodwill

Voorbeeld 11.5 Inbreng eenmanszaak in een besloten vennootschap

Frits Lamberts heeft al jaren een handelsbedrijf in 3D-printers, dat hij in de vorm van een eenmanszaak uitoefent. Omdat de groei in de afzet enorm toeneemt, heeft hij het besluit genomen de eenmanszaak per 1 januari jaar 4 in te brengen in een besloten vennootschap. De balans per 31 december jaar 3 van de eenmanszaak ziet er als volgt uit:

	€		€
Materiële vaste activa:		**Eigen vermogen:**	180.000
Gebouwen	280.000		
Inventaris	30.000	**Voorzieningen:**	
		Garantieverplichtingen	36.000
Vlottende activa:			
Voorraad	40.000	**Langlopende schulden:**	
Debiteuren	110.000	Hypothecaire lening o/g	210.000
Rabobank	20.000	**Kortlopende schulden:**	
		Handelscrediteuren	50.000
		Te betalen kosten	4.000
Totaal	480.000		480.000

Aanvullende gegevens:
- In de oprichtingsakte (statuten) van de besloten vennootschap is vermeld dat het maatschappelijk kapitaal € 200.000 bedraagt, verdeeld in 20.000 aandelen van € 10.
- De actuele waarde van het gebouw is € 300.000.
- De reële waarde van de inventaris is € 25.000.
- De debiteuren zijn opgenomen tegen de nominale waarde. Er moet voor de debiteuren nog een voorziening worden opgenomen van € 10.000.
- De garantieverplichtingen zijn voor € 4.000 te hoog opgenomen.
- De goodwill is berekend op € 80.000.
- Er worden 10.000 aandelen met een uitgeefprijs van € 26 per stuk uitgegeven.
- De nominale waarde van een aandeel is € 10.

- Het verschil tussen de ingebrachte activa en passiva en de uitgegeven aandelen
  wordt in rekening-courant met Frits Lamberts verwerkt.

Voor de besloten vennootschap wordt een nieuwe financiële administratie aangemaakt, waarin naast de standaardrekeningen ook de volgende grootboekrekeningen
worden aangemaakt:

- 195 Rekening-courant F. Lamberts
- 705 Voorraad 3D-printers

Gevraagd:
1. Welke journaalpost wordt gemaakt van de oprichting van de besloten vennootschap?
2. Welke journaalpost wordt gemaakt van de inbreng van de eenmanszaak in de
   besloten vennootschap?

Uitwerking:
1. Van de oprichting van de besloten vennootschap wordt de volgende journaalpost in
   het memoriaal gemaakt:

	091	Aandelen in portefeuille	€ 200.000	
Aan	090	Aandelenvermogen		€ 200.000

2. Van de inbreng van de eenmanszaak in de besloten vennootschap wordt de
   volgende journaalpost in het memoriaal gemaakt:

	010	Gebouwen	€ 300.000	
	020	Inventaris	€ 25.000	
	045	Goodwill	€ 80.000	
	110	Rabobank	€ 20.000	
	130	Debiteuren	€ 110.000	
	705	Voorraad 3D-printers	€ 40.000	
Aan	070	Hypothecaire lening o/g		€ 210.000
Aan	081	Voorziening garanties		€ 32.000
Aan	091	Aandelen in portefeuille: 10.000 × € 10		€ 100.000
Aan	094	Agioreserve: 10.000 × (€ 26 - € 10)		€ 160.000
Aan	133	Voorziening debiteuren		€ 10.000
Aan	140	Crediteuren		€ 50.000
Aan	156	Te betalen bedragen		€ 4.000
Aan	195	Rekening-courant F. Lamberts*		€ 9.000

* Het bedrag in rekening-courant F. Lamberts kan als volgt worden verklaard:

Ingebrachte activa: € 300.000 + € 25.000 + € 80.000 + € 20.000	
+ € 110.000 + € 40.000 - € 10.000	€ 565.000
Ingebrachte passiva: € 210.000 + € 32.000 + € 4.000 + € 50.000	€ -296.000
	€ 269.000
Uitgegeven aandelen en agio: 10.000 × € 29	€ -260.000
Rekening-courant F. Lamberts	€ 9.000

11.6 Financiering met behulp van een (converteerbare) obligatielening

11.6.1 De obligatielening

Naast financiering van de bedrijfsactiviteiten met behulp van eigen vermogen, kan ook worden gekozen voor financiering met behulp van vreemd vermogen. Een mogelijkheid is dan om een obligatielening uit te geven.

obligatielening Een obligatielening is een geldlening, waarbij de hoofdsom is verdeeld in verhandelbare coupures. Obligaties werden vroeger op papier uitgegeven, waarbij naast de mantel (de schuldverplichting) ook een couponblad is opgenomen. Bij inleve-*coupon* ring van een coupon vond de interestbetaling plaats. Tegenwoordig worden door het girale geldverkeer niet alle obligaties werkelijk door fysiek papier vertegenwoordigd, maar regelt de bank/tussenhandelaar de uitbetaling van de interest op coupons.

Bij het uitgeven van obligaties wordt een uitgifteprijs (de verkrijgingsprijs) vastgesteld. Het verschil tussen de uitgifteprijs en de nominale waarde (de waarde van *agio* een coupure) wordt aangeduid met agio (positieve verschil) of disagio (negatieve *disagio* verschil) op obligaties. Agio op obligaties ontstaat i die situatie dat de marktrente lager is dan de rente die op de obligaties vergoed wordt. De investeerder is dan bereid een hoger bedrag voor een obligatie te betalen. Disagio ontstaat in die situatie dat de interest op de markt hoger is dan de vergoede interest. De investeerder behaalt dan een slechter rendement op de obligaties en betaalt minder dan de nominale waarde voor een obligatie.

Het (dis)agio valt, indien er niet voor gekozen wordt de obligatie tegen de geamortiseerde kostprijs[2] te waarderen, gedurende de looptijd van de obligatie vrij.

In de financiële administratie worden de volgende grootboekrekeningen gebruikt met betrekking tot obligaties:

085 Obligatielening
086 Obligaties in portefeuille
087 Disagio op obligaties
088 Agio op obligaties
166 Te betalen coupons
167 Uitgelote obligaties

---

2 Dit wordt verder in dit boek niet behandeld.

De volgende journaalpost wordt in het memoriaal gemaakt bij de creatie van een obligatielening:

	086	Obligaties in portefeuille	€	
Aan	085	Obligatielening		€

Bij de uitgifte van de obligaties, waarbij sprake is van agio, wordt in het bankboek de volgende journaalpost gemaakt:

	110/120	Rabobank of ING Bank	€	
Aan	086	Obligaties in portefeuille		€
Aan	088	Agio op obligaties		€

En bij uitgifte van obligaties, waarbij sprake is van disagio, wordt in het bankboek de volgende journaalpost gemaakt:

	110/120	Rabobank of ING Bank	€	
	087	Disagio op obligaties	€	
Aan	086	Obligaties in portefeuille		€

Bij het boeken van de periodieke interestkosten wordt in het memoriaal de volgende journaalpost gemaakt:

	480	Interestkosten*	€	
Aan	165	Te betalen interest		€

* Het interestresultaat wordt nu niet zichtbaar gemaakt in de financiële administratie. Indien het wel zichtbaar wordt gemaakt, moet grootboekrekening 260 Interest vreemd vermogen worden gebruikt.

Van de periodieke vrijval van het agio wordt in het memoriaal de volgende journaalpost gemaakt:

	088	Agio op obligaties	€	
Aan	480	Interestkosten		€

Of in het geval van disagio:

	480	Interestkosten	€	
Aan	087	Disagio op obligaties		€

Op het moment van betaalbaarstelling van de coupons wordt de volgende journaalpost in het memoriaal gemaakt:

	165	Te betalen interest	€	
Aan	166	Te betalen coupons		€

In het verleden werden de coupons door de obligatiehouders individueel ingeleverd en uitbetaald. De grootboekrekening 166 Te betalen coupons diende dan als een 'controlerende tussenrekening', waarbij vrijval plaatsvond van niet ingeleverde coupons. Aangezien tegenwoordig de uitbetaling aan de obligatiehouders giraal geregeld wordt, hoeft deze journaalpost in de praktijk niet meer gemaakt te worden.

Van de aflossing aan het einde van de looptijd wordt de volgende journaalpost in het bankboek gemaakt:

	085	Obligatielening	€	
Aan	110 of 120	Rabobank of ING bank		€

Obligaties kunnen, indien dit in de voorwaarden is opgenomen, tussentijds uitgeloot worden. Van de uitloting van obligaties wordt in het memoriaal de volgende boeking gemaakt:

	085	Obligatielening	€	
Aan	167	Uitgelote obligaties		€

Van de aflossing op de uitgelote obligaties wordt in het bankboek de volgende journaalpost gemaakt:

	167	Uitgelote obligaties	€	
Aan	110 of 120	Rabobank of ING bank		€

Voorbeeld 11.6 De obligatielening

Een besloten vennootschap wil begin jaar 6 een nieuwe investering in machines financieren met behulp van vreemd vermogen. Het benodigde bedrag voor de investering is € 300.000. De besloten vennootschap besluit hiervoor een obligatielening, verdeeld in 300 coupures met een nominale waarde van € 1.000, uit te geven onder de volgende voorwaarden:

- De uitgifteprijs van een obligatie is 103%.
- Uitgifte vindt plaats via de Rabobank.
- De looptijd van de obligatielening is 5 jaar.
- Aflossing vindt na 5 jaar plaats tegen 100%.

- Uitloting van (een deel van) de obligatielening kan telkens aan het eind van het jaar plaatsvinden.
- De interestvergoeding is 6% en uitbetaling vindt aan het einde van elk jaar plaats.

De besloten vennootschap maakt het interestresultaat niet zichtbaar in de financiële administratie.

Gevraagd:

1. Welke journaalpost wordt begin jaar 6 gemaakt van de creatie van de obligatie-lening?
2. Welke journaalpost wordt begin jaar 6 gemaakt van de uitgifte van de obligaties via de Rabobank tegen de uitgifteprijs van 103% (alle obligaties zijn uitgegeven)?
3. Welke journaalpost wordt aan het einde van elke maand in jaar 6 gemaakt van de interestkosten?
4. Welke journaalpost wordt aan het einde van jaar 6 gemaakt van de uit te betalen coupons?
5. Welke journaalpost wordt aan het einde van jaar 6 gemaakt van de uitbetaalde coupons per Rabobank? (Aangezien de uitbetaling door de Rabobank giraal gere-geld is, is alle verschuldigde interest op coupons aan de obligatiehouders uitbetaald)
6. Welke journaalpost wordt aan het einde van jaar 6 gemaakt van de vrijval van het (dis)agio?

Uitwerking:

1. Van de creatie van de obligatielening wordt begin jaar 6 in het memoriaal de volgende journaalpost gemaakt:

	086	Obligaties in portefeuille: 300 × € 1.000	€ 300.000	
Aan	085	Obligatielening		€ 300.000

2. Van de uitgifte van alle obligaties tegen een uitgifteprijs van 103% wordt in het Rabobankboek de volgende journaalpost gemaakt:

	110	Rabobank: € 300.000 × 103%	€ 309.000	
Aan	086	Obligaties in portefeuille		€ 300.000
Aan	088	Agio op obligaties		€ 9.000

3. De volgende journaalpost wordt aan het einde van elke maand in het memoriaal gemaakt van de interestkosten:

	480	Interestkosten: € 300.000 × 5% × 1/12^e	€ 1.250	
Aan	165	Te betalen interest		€ 1.250

4. De volgende journaalpost wordt aan het einde van jaar 6 gemaakt van de uit te betalen couponrente

	165	Te betalen interest	€ 15.000	
Aan	166	Te betalen coupons: € 300.000 × 5%		€ 15.000

5. De volgende journaalpost wordt in het Rabobankboek gemaakt van de uitbetaling van de couponrente aan het einde van jaar 6:

	166	Te betalen coupons	€ 15.000	
Aan	110	Rabobank		€ 15.000

6. De volgende journaalpost wordt in het memoriaal gemaakt van de vrijval van het agio:

	088	Agio op obligaties: € 9.000/5 jaar	€ 1.800	
Aan	480	Interestkosten		€ 1.800

Eind jaar 8 wordt besloten dat 100 obligaties uitgeloot en uitbetaald worden aan de obligatiehouders.

Gevraagd:

7. Welke journaalpost wordt gemaakt van het besluit tot uitloten van de 100 obligaties?
8. Welke journaalpost wordt gemaakt van de uitbetaling van de uitgelote obligaties per Rabobank?

Uitwerking:

7. De volgende journaalpost wordt in het memoriaal gemaakt van de uitloting van de 100 obligaties:

	085	Obligatielening: 100 × € 1.000	€ 100.000	
Aan	167	Uitgelote obligaties		€ 100.000

8. De volgende journaalpost wordt in het Rabobankboek gemaakt van de uitbetaling van de uitgelote obligaties:

	167	Uitgelote obligaties	€ 100.000	
Aan	110	Rabobank		€ 100.000

11.6.2 De converteerbare obligatielening

converteerbare
obligatielening

Een converteerbare obligatielening geeft de obligatiehouder het recht om de obligatie gedurende een bepaalde periode (de conversieperiode) tegen vooraf vastgestelde voorwaarden (waaronder de conversiekoers en de eventuele bijbetaling) om te wisselen tegen aandelen van de uitgevende vennootschap.

conversiekoers
conversieprijs

De conversiekoers of de conversieprijs in euro's, oftewel de omwisselingsverhouding, wordt als volgt bepaald:

Conversiekoers

$$= \frac{\text{aantal in te leveren obligaties} \times \text{nominale waarde} + \text{bijbetaling in contanten}}{\text{aantal bij conversie te ontvangen aandelen}}$$

De volgende journaalpost wordt gemaakt van de conversie van obligaties in aandelen:

	089	Converteerbare obligatielening:		
		nominale waarde ingeleverde obligaties	€	
	110 of 120	Rabobank of ING bank:		
		bijbetaling in contanten	€	
Aan	091	Aandelen in portefeuille:		
		aantal aandelen × nominale waarde		€
Aan	094	Agioreserve:		
		aantal aandelen × (conversieprijs –		
		nominale waarde aandeel)		€

Voorbeeld 11.7 De converteerbare obligatielening

Een besloten vennootschap geeft aan het begin van jaar 1 een 5-jarige converteerbare obligatielening uit ter grootte van € 1.200.000. De nominale waarde van een obligatie bedraagt € 1.000 en de jaarlijkse interestvergoeding is 4%. In de voorwaarden is opgenomen dat de converteerbare obligaties na 3 jaar kunnen worden ingewisseld tegen aandelen, waarbij obligatiehouders tegen inlevering van 3 obligaties plus een bijbetaling van € 500 in contanten 25 aandelen met een nominale waarde van € 100 ontvangen. De conversieprijs is als volgt berekend:

$$\frac{3 \text{ obligaties} \times € 1.000 + € 500}{25 \text{ aandelen}} = € 140.$$

Het aantal conversies bedraagt 400 en kan als volgt worden berekend:

$$\frac{\text{Totaal aantal obligaties}}{\text{Aantal per conversie in te leveren obligaties}} = \frac{1.200}{3} = 400.$$

Alle obligatiehouders hebben aan het eind van jaar 3 gebruik gemaakt van hun conver-sierecht.

Gevraagd:
1. Welke journaalpost wordt aan het eind van jaar 3 gemaakt van de conversie van de obligaties en de bijbetaling op de Rabobank?

Uitwerking:
1. De volgende journaalpost wordt aan het eind van jaar 3 in het Rabobankboek gemaakt

	089	Converteerbare obligatielening	€ 1.200.000	
	110	Rabobank: 400 conversies × € 500	€ 200.000	
Aan	091	Aandelen in portefeuille: 400 conversies × 25 aandelen × € 100		€ 1.000.000
Aan	094	Agioreserve: 400 conversies × 25 aandelen x (€ 140 - € 100)		€ 400.000

.

Deel 4

PRODUCTIEBOEKHOUDING

12 Productieboekhouding met behulp van de kostenplaatsenmethode

HOOFDSTUK

12.1 Productieboekhouding

Productieboek-
houding

Het decimale rekeningstelsel is ingericht op de traditionele productieboek-houding (ook wel fabricageboekhouding genoemd), waarbij de werkelijke dan wel standaardkosten steeds worden overgeboekt naar een volgende rubriek en waarbij de deelresultaten van alle afdelingen uiteindelijk als perioderesultaat in rubriek 9 worden geboekt.

De perioderesultaten worden uiteindelijk overgeboekt naar het eigen vermogen.

Doorstroming
kosten

Het uitgangspunt van de doorstroming van de kosten is als volgt:
- De inkopen grondstoffen worden eerst in rubriek 3 geboekt en vervolgens tegen de vaste verrekenprijs overgeboekt naar rubriek 4. Het gerealiseerde resultaat

prijsverschillen van de inkoopafdeling wordt aan het einde van de verslagperiode overgeboekt naar rubriek 9.

- Alle kosten worden eerst in rubriek 4 geboekt en vervolgens via de overboekingsrekening 499 aan het einde van de verslagperiode overgeboekt naar de rubriek waarop zij betrekking hebben, dus:
  - rubriek 5 voor de indirecte kosten;
  - rubriek 6 voor de directe fabricagekosten;
  - rubriek 8 voor de directe verkoopkosten;
  - rubriek 9 voor de kosten die niet in de kostprijs worden opgenomen, zoals algemene beheerkosten en interestkosten.
- De indirecte kosten in rubriek 5 worden met behulp van een standaardtarief doorbelast aan de rubriek waarop zij betrekking hebben. Dit kan zijn rubriek 6 voor de fabricagekosten en rubriek 8 voor de verkoopkosten*. Aan het einde van de verslagperiode worden de resultaten op indirecte kosten via de overboekingsrekening 599 overgeboekt naar rubriek 9.
- De fabricagekosten worden aan het einde van de verslagperiode vanuit rubriek 6 overgeboekt naar rubriek 7 (bij productie op voorraad) tegen de fabricagekostprijs of naar rubriek 8 (bij rechtstreekse levering aan de afnemer) tegen de voorgecalculeerde of nagecalculeerde kosten. Aan het einde van de verslagperiode worden de fabricageresultaten via de overboekingsrekening 699 overgeboekt naar rubriek 9.
- De verkopen, de kostprijs van de omzet en de verkoopkosten worden in rubriek 8 geboekt. Het resultaat van de verkoopafdeling wordt aan het einde van de verslagperiode via de overboekingsrekening 899 overgeboekt naar rubriek 9.
- Ten slotte wordt in rubriek 9 het perioderesultaat verzameld, dat aan het einde van de verslagperiode via de overboekingsrekening 999 wordt overgeboekt naar het eigen vermogen.

* Er is een uitzondering. De doorbelasting van de indirecte inkoopkosten en de magazijnkosten gaat terug naar rubriek 3 als deze kosten worden opgenomen in de vaste verrekenprijs.

In dit boek wordt gebruikgemaakt van de integrale kostencalculatie (absorption costing-methode), waarbij zowel de constante kosten als de variabele kosten worden doorbelast.

12.2 Doorberekenen van indirecte kosten

Bij een productiebedrijf dat op voorraad produceert, wordt voor de berekening van de kostprijs onderscheid gemaakt tussen:
- directe kosten, oftewel kosten die direct toe te wijzen zijn aan een product of dienst, zoals bijvoorbeeld verbruik van grondstoffen en directe loonkosten;

- indirecte kosten, waarbij de kosten niet direct zijn toe te wijzen aan een product of dienst.

Directe kosten   De directe kosten worden in de financiële administratie rechtstreeks vanuit rubriek 4 overgeboekt naar de rubriek waarop zij betrekking hebben. Dit is rubriek 6 voor de directe fabricagekosten en rubriek 8 voor de directe verkoopkosten.

De journaalpost die in het memoriaal wordt gemaakt van de overboeking van de verbruikte grondstof door de productieafdeling is:

	600	Fabricagekosten	€	
Aan	499	Overboekingsrekening		€

Het doel van de overboekingsrekening is om op eenvoudige wijze kosten (grootboekrekening 499) of resultaten (grootboekrekeningen 599, 699 en 899) over te boeken naar de volgende rubriek. Hierdoor hoeven niet alle grootboekrekeningen te worden leeggeboekt. Bovendien blijven de saldi van de grootboekrekeningen in de rubrieken in stand en kunnen die worden gebruikt voor statistische doeleinden of voor basisinformatie voor de voorcalculatie van het volgende jaar. Het uiteindelijke doel is om alle resultaten in rubriek 9 op te nemen, zodat het perioderesultaat zichtbaar wordt. Aan het einde van de verslagperiode wordt het perioderesultaat via grootboekrekening 999 overgeboekt naar het eigen vermogen in rubriek 0.

De journaalpost die in het memoriaal wordt gemaakt van de overboeking van de directe productielonen is:

	600	Fabricagekosten	€	
Aan	499	Overboekingsrekening		€

Indirecte kosten   Voor het doorberekenen van de indirecte kosten aan een product of dienst kunnen verschillende methoden worden gebruikt:
1. enkelvoudige of primitieve opslagmethode;
2. meervoudige of verfijnde opslagmethode;
3. kostenplaatsenmethode of productiecentramethode;
4. activity based costing-methode (ABC-methode).

12.2.1   Enkelvoudige of primitieve opslagmethode

Enkelvoudige/
primitieve
opslagmethode   Bij de enkelvoudige of primitieve opslagmethode worden de indirecte kosten door middel van een percentage van de directe kosten aan de kostprijs toegerekend. Bij deze methode is het niet noodzakelijk de indirecte kosten te splitsen in rubriek 5, maar kunnen de indirecte kosten op een grootboekrekening in rubriek 5 worden

229

verzameld en vervolgens worden doorbelast aan rubriek 6, voor zover deze indirecte kosten betrekking hebben op de productie.

Voor de overboeking van de directe en indirecte kosten uit rubriek 4 wordt in het memoriaal de volgende journaalpost gemaakt:

	600	Fabricagekosten	€	
	510	Indirecte kosten	€	
Aan	499	Overboekingsrekening		€

Van de doorbelasting van de indirecte kosten uit rubriek 5 aan rubriek 6 wordt in het memoriaal de volgende journaalpost gemaakt:

	600	Fabricagekosten	€	
Aan	515	Doorberekende indirecte kosten*		€

* of Opslag indirecte kosten of Dekking indirecte kosten

12.2.2 Meervoudige of verfijnde opslagmethode

Meervoudige/ verfijnde opslagmethode

Bij de meervoudige of verfijnde opslagmethode worden de indirecte productie-kosten uitgesplitst naar het verband dat er is met aparte bestanddelen van de directe kosten, zoals:
- indirecte productiekosten die samenhangen met het verbruik van grondstoffen;
- indirecte productiekosten die samenhangen met de directe lonen;
- indirecte productiekosten die samenhangen met de totale directe kosten.

Voor de toerekening van de indirecte kosten aan de kostprijs worden dan meerdere opslagpercentages gebruikt. In rubriek 5 worden de directe kosten gesplitst in deze bestanddelen en vervolgens door middel van de dekkingsrekeningen doorbelast aan rubriek 6, voor zover de indirecte kosten betrekking hebben op de productie.

Voor de overboeking van de directe en indirecte kosten uit rubriek 4 wordt in het memoriaal de volgende journaalpost gemaakt:

	600	Fabricagekosten	€	
	510.1	Indirecte fabricagekosten in samenhang met grondstofkosten	€	
	510.2	Indirecte fabricagekosten in samenhang met directe lonen	€	
	510.3	Overige indirecte fabricagekosten	€	
Aan	499	Overboekingsrekening		€

Van de doorbelasting van de indirecte kosten uit rubriek 5 aan rubriek 6 wordt in het memoriaal de volgende journaalpost gemaakt:

	600	Fabricagekosten	€	
Aan	515.1	Doorberekende indirecte fabricagekosten in samen-hang met grondstofkosten		€
Aan	515.2	Doorberekende indirecte fabricagekosten in samen-hang met directe lonen		€
Aan	515.3	Doorberekende overige indirecte fabricagekosten		€

12.2.3 Kostenplaatsenmethode of productiecentramethode

Kostenplaatsen-
methode/
productie-
centramethode

Omdat er een grote verscheidenheid is aan indirecte kosten (ook wel overhead-kosten genoemd) moet geconcludeerd worden dat de opslagmethoden een te onnauwkeurige schatting van de indirecte kosten per product geven. Deze opslag-methoden zorgen onvoldoende voor beheersing van de indirecte kosten.

Bij toepassing van de kostenplaatsenmethode worden drie soorten kostenplaatsen onderscheiden:
a. hulpkostenplaatsen;
b. zelfstandige kostenplaatsen;
c. hoofdkostenplaatsen.

Ad a. Hulpkostenplaatsen

Hulpkosten-
plaatsen

Hulpkostenplaatsen zijn activiteiten in het productieproces waarvoor geen afzon-derlijke afdelingen bestaan. Ze worden slechts gebruikt om de indirecte kosten te kunnen verdelen. Voorbeelden van hulpkostenplaatsen zijn huisvesting en energie.

Ad b. Zelfstandige kostenplaatsen

Zelfstandige
kostenplaatsen

Zelfstandige kostenplaatsen zijn activiteiten die worden verricht binnen bestaande afdelingen van de onderneming. Deze afdelingen zijn nodig ter ondersteuning van de primaire processen. Voorbeelden van zelfstandige kostenplaatsen zijn inkoop, magazijn, administratie en planning.

Ad c. Hoofdkostenplaatsen

Hoofdkosten-
plaatsen

Hoofdkostenplaatsen leveren rechtstreeks prestaties voor de eindproducten, ofwel de kostendragers. Voorbeelden van hoofdkostenplaatsen zijn productie en verkoop.

Met de kostenplaatsenmethode kunnen de indirecte kosten vrij nauwkeurig worden verdeeld over de verschillende producten die worden gemaakt in een productieonderneming.

Kostenplaatsenmethode:

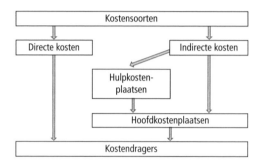

12.2.4 Activity based costing-methode

ABC-methode

Bij de activity based costing-methode (ABC-methode) wordt een relatie gelegd tussen de activiteiten die nodig zijn om de producten te maken en te verkopen en de kosten van deze activiteiten.

De ABC-methode bepaalt in het productie- en verkoopproces welke cost drivers er zijn en maakt hiervoor cost pools aan.

Cost driver

Cost drivers zijn activiteiten die kosten veroorzaken, zoals orderbehandeling, kwaliteitscontrole en inkoopbestellingen.

Cost pool

In een cost pool (vertaald: kostenpool) worden kosten verzameld die aan een bepaalde activiteit kunnen worden toegerekend.

De indirecte kosten worden dan niet alleen vanuit de hoofdkostenplaatsen aan de productie en verkoop toegerekend, maar ook vanuit de cost drivers (vertaald: kostenveroorzakers).

Activity based costing-methode:

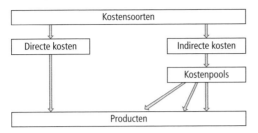

12.3 Boekingen bij de kostenplaatsenmethode

Masterbudget Aan het begin van de verslagperiode wordt een masterbudget opgesteld, waarbij de doelstellingen van de onderneming in waarden worden vertaald en waarmee de ondernemingsleiding gedurende de verslagperiode in staat is de onderneming te beheersen, te besturen en beslissingen te nemen.

Het masterbudget resulteert in een resultatenbegroting (overzicht van opbrengsten en kosten) en een liquiditeitsbegroting (overzicht van ontvangsten en uitgaven).

Uit dit masterbudget worden tarieven vastgesteld, op basis waarvan de verschillende afdelingen verantwoording moeten afleggen en wat dient als basis voor de interne resultatenanalyse.

Deze tarieven bestaan voor een productiebedrijf dat op voorraad produceert, onder andere uit:
- kostprijzen;
- dekkingstarieven.

Dekkingstarief Het dekkingstarief is nodig om de kosten te kunnen doorbelasten en wordt als volgt vastgesteld:

$$\text{Dekkingstarief} = \frac{\text{begrote constante kosten}}{\text{normale hoeveelheid}} + \frac{\text{begrote variabele kosten}}{\text{begrote hoeveelheid}}$$

of

$$\text{Dekkingstarief} = \frac{C}{N} + \frac{V}{H_b}$$

Voorcalculatorische kostenverdeel- en dekkingsstaat

Om de dekkingstarieven van hulpkostenplaatsen, zelfstandige kostenplaatsen en hoofdkostenplaatsen te kunnen berekenen, wordt een voorcalculatorische kostenverdeel- en dekkingsstaat opgesteld.

Voorcalculatorische kostenverdeel- en dekkingsstaat:

Kostensoorten	Totaal	Hulpkosten-plaatsen		Zelfstandige kostenplaatsen		Hoofdkosten-plaatsen	
		Energie	Huis-vesting	Adminis-tratie	Inkoop	Pro-ductie	Ver-koop
400	€					€	
402	€	€	€	€	€	€	€
410	€					€	
......	€	€	€	€	€	€	€
Eerstverdeelde begrote kosten	€	€	€	€	€	€	€
Doorbelastingen:							
Energie		€ -	€	€	€	€	€
		€ 0	€	€	€	€	€
Huisvesting			€ -	€	€	€	€
			€ 0	€	€	€	€
Administratie				€ -	€	€	€
				€ 0	€	€	€
					↓	↓	↓
						Kostendragers	

Hierbij worden de begrote kosten vanuit rubriek 4 verdeeld over de verschillende hulpkostenplaatsen, zelfstandige kostenplaatsen en hoofdkostenplaatsen. Dit worden de eerstverdeelde kosten genoemd.

Vervolgens wordt de volgorde van doorbelasting van hulpkosten- en zelfstandige kostenplaatsen naar de hoofdkostenplaatsen bepaald en worden de kosten van de hulpkostenplaatsen en de zelfstandige kostenplaatsen doorbelast aan de hoofdkostenplaatsen.

Ten slotte worden de dekkingstarieven per kostenplaats bepaald door de eerstverdeelde kosten en de doorbelaste kosten bij elkaar op te tellen en deze in te delen naar constante kosten en variabele kosten.

Nacalculatorische kostenverdeel- en dekkingsstaat

Aan het einde van de verslagperiode wordt een nacalculatorische kostenverdeel- en dekkingsstaat opgesteld om de resultaten per kostenplaats te kunnen bepalen. Dit resultaat bestaat uit het verschil tussen de werkelijke kosten en de doorbelasting van de kosten (tarief gebaseerd op de voorcalculatie).

Nacalculatorische kostenverdeel- en dekkingsstaat:

Kostensoorten	Totaal	Hulpkostenplaatsen		Zelfstandige kostenplaatsen		Hoofdkostenplaatsen	
		Energie	Huisvesting	Administratie	Inkoop	Productie	Verkoop
400	€					€	
402	€	€	€	€	€	€	€
410	€					€	
......	€	€	€	€	€	€	€
Eerstverdeelde werkelijke kosten	€	€	€	€	€	€	€
Doorbelastingen:							
Energie		€ -	€	€	€	€	€
		Resultaat	€	€	€	€	€
Huisvesting			€ -	€	€	€	€
			Resultaat	€	€	€	€
Administratie				€ -	€	€	€
				Resultaat	Resultaat	Resultaat	Resultaat

De volgende journaalposten worden aan het einde van de verslagperiode gemaakt in het memoriaal:
- Van de eerstverdeelde kosten (uit rubriek 4 naar rubriek 5):

	500	Kosten hulpafdelingen	€	
	5..	Kosten zelfstandige kostenplaatsen*	€	
	540	Kosten afdeling fabricage	€	
	550	Kosten afdeling verkoop	€	
Aan	499	Overboekingsrekening		€

* bijvoorbeeld 520 Magazijnkosten.

- Van de doorbelasting van de hulpafdelingen (van rubriek 5 naar rubriek 5):

	5..	Kosten zelfstandige kostenplaatsen	€	
	540	Kosten afdeling fabricage	€	
	550	Kosten afdeling verkoop	€	
Aan	505	Dekking hulpafdelingen		€

- Van de doorbelasting van de zelfstandige kostenplaatsen (met uitzondering van de indirecte inkoopkosten en de magazijnkosten):

	5..	(Andere) zelfstandige kostenplaatsen	€	
	540	Kosten afdeling fabricage	€	
	550	Kosten afdeling verkoop	€	
Aan	5.5	Dekking zelfstandige kostenplaatsen		€

- Van de doorbelastingen van de indirecte inkoopkosten en magazijnkosten, indien deze worden geboekt op het moment van ontvangst van de grondstoffen en de inkoopfactuur (= doorbelasting aan kostendrager):

	300	Voorraad grondstoffen	€	
	170	Te verrekenen OB	€	
Aan	140	Crediteuren		€
Aan	320	Prijsverschillen bij inkoop grondstoffen		€
Aan	535	Dekking indirecte inkoopkosten		€
Aan	525	Dekking magazijnkosten		€

Indien de dekkingen van de indirecte inkoopkosten en de magazijnkosten apart worden geboekt, wordt de hierboven genoemde journaalpost gesplitst in:

	300	Voorraad grondstoffen	€	
	170	Te verrekenen OB	€	
Aan	140	Crediteuren		€
Aan	320	Prijsverschillen bij inkoop grondstoffen		€

En:

	320	Prijsverschillen bij inkoop grondstoffen	€	
Aan	535	Dekking indirecte inkoopkosten		€
Aan	525	Dekking magazijnkosten		€

- Van de doorbelasting van de indirecte productiekosten (van rubriek 5 naar rubriek 6):

	600	Fabricagekosten	€	
Aan	545	Dekking afdeling fabricage		€

- Van de doorbelasting van de indirecte verkoopkosten (van rubriek 5 naar rubriek 8):

	820	Toeslag indirecte verkoopkosten	€	
Aan	555	Dekking afdeling verkoop		€

Tips bij het maken van journaalposten:
- Werkelijke kosten worden debet geboekt.
- Standaardkosten in de vorm van doorbelastingen en dekkingen worden credit geboekt.
- Toeslagen van indirecte kosten worden debet geboekt.

237

12.4   Cijfervoorbeeld kostenplaatsenmethode

De controller van een productiebedrijf heeft aan het begin van het jaar de volgende voorcalculatorische kostenverdeel- en -dekkingsstaat opgesteld:

Groot-boek-nummer	Omschrijving	Eerstverdeelde kosten rubriek 4	Kostenplaatsen					Kostendragers		
			Huis-vesting	Alge-meen beheer	Inkoop	Productie	Verkoop	Productie (rubriek 6)	Verkoop (rubriek 8)	Inkoop (rubriek 3)
400	Directe lonen	€ 690.000						€ 690.000		
402	Indirecte lonen	€ 390.000	€ 20.000	€ 90.000	€ 80.000	€ 70.000	€ 130.000			
410	Grondstofverbruik	€ 1.260.000						€ 1.260.000		
420	Afschrijvingen	€ 260.000	€ 50.000	€ 20.000	€ 30.000	€ 120.000	€ 40.000			
430	Huisvestingskosten	€ 90.000	€ 90.000							
440	Machinekosten	€ 60.000				€ 60.000				
490	Verkoopkosten	€ 140.000					€ 110.000		€ 30.000	
491	Kantoorkosten	€ 60.000		€ 60.000						
		€ 2.950.000	€ 160.000	€ 170.000	€ 110.000	€ 250.000	€ 280.000	€ 1.950.000	€ 30.000	€ 0
	Doorbelaste kosten:									
	Huisvesting o.b.v. tarief per m²		€ -160.000	€ 20.000	€ 30.000	€ 80.000	€ 30.000			
			€ 0	€ 190.000	€ 140.000	€ 330.000	€ 310.000			
	Algemeen beheer o.b.v. tarief per uur			€ -190.000	€ 40.000	€ 60.000	€ 90.000			
				€ 0	€ 180.000	€ 390.000	€ 400.000			
	Inkoop o.b.v. tarief per kg				€ -180.000					€ 180.000
					€ 0	€ 390.000	€ 400.000			
	Productie o.b.v. tarief per machine-uur					€ -390.000		€ 390.000		
						€ 0	€ 400.000			
	Verkoop o.b.v. tarief per verkocht product						€ -400.000		€ 400.000	
		€ 2.950.000					€ 0	€ 2.340.000	€ 430.000	€ 180.000

Van de kostenplaatsen zijn de volgende gegevens bekend:

- Huisvesting:

De kosten van huisvesting, die overwegend bestaan uit constante kosten, worden op basis van een tarief per m² als volgt doorbelast aan de andere afdelingen:

Algemeen beheer	400 m²
Inkoop	600 m²
Productie	1.600 m²
Verkoop	600 m²
Totaal	3.200 m²

- Algemeen beheer:

De kosten van algemeen beheer bestaan voor 60% uit constante kosten en voor 40% uit variabele kosten. De kosten worden doorbelast op basis van voor de andere afdelingen gemaakte uren. Het normale en begrote aantal uren bedraagt 9.500 uur.

- Inkoop:

De inkoopkosten zijn als volgt verdeeld:

Constante kosten	€ 92.000
Variabele kosten	€ 88.000

De kosten worden doorbelast op basis van de ontvangen hoeveelheid grondstoffen. De normale hoeveelheid ontvangen kilogrammen bedraagt 40.000; de verwachte hoeveelheid ontvangen kilogrammen bedraagt 44.000.

- Productie:

De indirecte productiekosten zijn als volgt verdeeld:

Constante kosten	€ 320.000
Variabele kosten	€ 70.000

De kosten worden doorbelast op basis van de hoeveelheid machine-uren. De normale hoeveelheid machine-uren is 5.000, de verwachte hoeveelheid machine-uren is 5.000.

- Verkoop:

De indirecte verkoopkosten zijn als volgt verdeeld:

Constante kosten	€ 240.000
Variabele kosten	€ 160.000

De kosten worden doorbelast op basis van de hoeveelheid verkochte producten. De normale hoeveelheid verkochte producten is 30.000; de verwachte hoeveelheid verkochte producten is 32.000.

- De eerstverdeelde kosten bedroegen volgens de gedeeltelijk ingevulde nacalculatorische kostenverdeel- en -dekkingsstaat:

Grootboeknummer	Omschrijving	Eerstverdeelde kosten rubriek 4	Huisvesting	Algemeen beheer	Inkoop	Productie	Verkoop	Productie (rubriek 6)	Verkoop (rubriek 8)	Inkoop (rubriek 3)
			Kostenplaatsen					Kostendragers		
400	Directe lonen	€ 693.200						€ 693.200		
402	Indirecte lonen	€ 388.600	€ 19.600	€ 89.800	€ 79.600	€ 68.800	€ 130.800			
410	Grondstofverbruik	€ 1.273.400						€ 1.273.400		
420	Afschrijvingen	€ 265.000	€ 50.000	€ 20.000	€ 30.000	€ 125.000	€ 40.000			
430	Huisvestingskosten	€ 89.400	€ 89.400							
440	Machinekosten	€ 62.100				€ 62.100				
490	Verkoopkosten	€ 141.400					€ 111.200		€ 30.200	
491	Kantoorkosten	€ 60.900		€ 60.900						
		€ 2.974.000	€ 159.000	€ 170.700	€ 109.600	€ 255.900	€ 282.000	€ 1.966.600	€ 30.200	€ 0

- De kostenplaatsen hebben hun kosten als volgt doorbelast:
  Huisvesting:

Algemeen beheer	400 m²
Inkoop	600 m²
Productie	1.600 m²
Verkoop	600 m²
Totaal	3.200 m²

Algemeen beheer:

Inkoop	2.020 uur
Productie	2.580 uur
Verkoop	4.980 uur

Inkoop:

Ontvangen hoeveelheid grondstof	43.900 kg

Productie:

Verbruik machine-uren	5.120

Verkoop:

Hoeveelheid verkochte producten	31.480

- De dekkingstarieven worden met uitzondering van de zelfstandige kostenplaats inkoop afgerond op hele euro's.

In de financiële administratie zijn naast de standaardrekeningen de volgende grootboekrekeningen opgenomen:

Rekeningnummer	Naam
500.1	Kosten huisvesting
500.2	Kosten algemeen beheer
505.1	Dekking kosten huisvesting
505.2	Dekking kosten algemeen beheer
530	Indirecte inkoopkosten
535	Dekking indirecte inkoopkosten

Gevraagd:

1. Hoeveel bedraagt het dekkingstarief van:
   a. de hulpkostenplaats huisvesting?
   b. de hulpkostenplaats algemeen beheer?
   c. de zelfstandige kostenplaats inkoop?
   d. de hoofdkostenplaats productie?
   e. de hoofdkostenplaats verkoop?
2. Welke journaalpost is in het memoriaal gemaakt van:
   a. de eerstverdeelde kosten?
   b. de doorbelasting van de hulpkostenplaats huisvesting?
   c. de doorbelasting van de hulpkostenplaats algemeen beheer?
   d. de doorbelasting van de zelfstandige kostenplaats inkoop?
   e. de doorbelasting van de hoofdkostenplaats productie?
   f. de doorbelasting van de hoofdkostenplaats verkoop?
3. Vul de nacalculatorische kostenverdeel- en -dekkingsstaat verder in een bepaal de resultaten per kostenplaats.
4. Welke journaalpost wordt gemaakt van de overboeking van de resultaten op indirecte kosten in het memoriaal?

Groot-boek-nummer	Omschrijving	Eerst-verdeelde kosten rubriek 4	Kostenplaatsen					Kostendragers		
			Huisves-ting	Alge-meen beheer	Inkoop	Productie	Verkoop	Productie (rubriek 6)	Verkoop (rubriek 8)	Inkoop (rubriek 3)
400	Directe lonen	€ 693.200						€ 693.200		
402	Indirecte lonen	€ 388.600	€ 19.600	€ 89.800	€ 79.600	€ 68.800	€ 130.800			
410	Grondstofverbruik	€ 1.273.400						€ 1.273.400		
420	Afschrijvingen	€ 265.000	€ 50.000	€ 20.000	€ 30.000	€ 125.000	€ 40.000			
430	Huisvestingskosten	€ 89.400	€ 89.400							
440	Machinekosten	€ 62.100				€ 62.100				
490	Verkoopkosten	€ 141.400					€ 111.200		€ 30.200	
491	Kantoorkosten	€ 60.900		€ 60.900						
		€ 2.974.000	€ 159.000	€ 170.700	€ 109.600	€ 255.900	€ 282.000	€ 1.966.600	€ 30.200	€ 0
	Doorbelaste kosten:									
	Huisvesting o.b.v. tarief per m²									
	Algemeen beheer o.b.v. tarief per uur									
	Inkoop o.b.v. tarief per kg									
	Productie o.b.v. tarief per machine-uur									
	Verkoop o.b.v. tarief per verkocht product									
		€ 2.974.000								

Uitwerking:

1. Het dekkingstarief wordt berekend met de volgende formule:

$$\frac{\text{Constante kosten}}{\text{Normale hoeveelheid}} + \frac{\text{Variabele kosten}}{\text{Verwachte hoeveelheid}}$$

a. De hulpkostenplaats huisvesting:

$$\frac{€\ 160.000}{3.200\ m^2} \qquad €\ 50\ \text{per m}^2$$

b. De hulpkostenplaats algemeen beheer:

$$\frac{€\ 190.000 \times 60\%}{9.500\ \text{uur}} + \frac{€\ 190.000 \times 40\%}{9.500\ \text{uur}} \qquad €\ 20\ \text{per uur}$$

c. De zelfstandige kostenplaats inkoop:

$$\frac{€\ 92.000}{40.000\ kg} + \frac{€\ 88.000}{44.000\ kg} \qquad €\ 4,30\ per\ kg$$

d. De hoofdkostenplaats productie:

$$\frac{€\ 320.000}{5.000\ uur} + \frac{€\ 70.000}{5.000\ uur} \qquad €\ 78\ per\ machine-uur$$

e. De hoofdkostenplaats verkoop:

$$\frac{€\ 240.000}{30.000\ stuks} + \frac{€\ 160.000}{32.000\ stuks} \qquad €\ 13\ per\ verkocht\ product$$

2. De volgende journaalposten worden in het memoriaal gemaakt:
   a. De eerstverdeelde kosten:

	500.1	Kosten huisvesting	€ 159.000	
	500.2	Kosten algemeen beheer	€ 170.700	
	530	Indirecte inkoopkosten	€ 109.600	
	540	Kosten afdeling fabricage	€ 255.900	
	550	Kosten afdeling verkoop	€ 282.000	
	600	Fabricagekosten: € 1.273.400 + € 693.200	€ 1.966.600	
	810	Directe verkoopkosten	€ 30.200	
Aan	499	Overboekingsrekening		€ 2.974.000

b. De doorbelasting van de hulpkostenplaats huisvesting:

	500.2	Kosten algemeen beheer: 400 m² × € 50	€ 20.000	
	530	Indirecte inkoopkosten: 600 m² × € 50	€ 30.000	
	540	Kosten afdeling fabricage: 1.600 m² × € 50	€ 80.000	
	550	Kosten afdeling verkoop: 600 m² × € 50	€ 30.000	
Aan	505.1	Dekking kosten huisvesting		€ 160.000

c. De doorbelasting van de hulpkostenplaats algemeen beheer:

	530	Indirecte inkoopkosten: 2.020 uur × € 20	€ 40.400	
	540	Kosten afdeling fabricage: 2.580 uur × € 20	€ 51.600	
	550	Kosten afdeling verkoop: 4.980 uur × € 20	€ 99.600	
Aan	505.2	Dekking algemeen beheer		€ 191.600

d. De doorbelasting van de zelfstandige kostenplaats inkoop:

	320	Prijsverschillen bij inkoop grondstoffen: 43.900 kg × € 4,30	€ 188.770	
Aan	535	Dekking indirecte inkoopkosten		€ 188.770

e. De doorbelasting van de hoofdkostenplaats productie:

	600	Fabricagekosten: 5.120 uur × € 78	€ 399.360	
Aan	545	Dekking afdeling fabricage		€ 399.360

f. De doorbelasting van de hoofdkostenplaats verkoop:

	820	Toeslag indirecte verkoopkosten: 31.480 stuks × € 13	€ 409.240	
Aan	555	Dekking afdeling verkoop		€ 409.240

3. De nacalculatorische kostenverdeel- en -dekkingsstaat ziet er als volgt uit:

Groot- boek- nummer	Omschrijving	Eerst- verdeelde kosten rubriek 4	Kostenplaatsen					Kostendragers		
			Huis- vesting	Algemeen beheer	Inkoop	Productie	Verkoop	Productie (rubriek 6)	Verkoop (rubriek 8)	Inkoop (rubriek 3)
400	Directe lonen	€ 693.200						€ 693.200		
402	Indirecte lonen	€ 388.600	€ 19.600	€ 89.800	€ 79.600	€ 68.800	€ 130.800			
410	Grondstofverbruik	€ 1.273.400						€ 1.273.400		
420	Afschrijvingen	€ 265.000	€ 50.000	€ 20.000	€ 30.000	€ 125.000	€ 40.000			
430	Huisvestingskosten	€ 89.400	€ 89.400							
440	Machinekosten	€ 62.100				€ 62.100				
490	Verkoopkosten	€ 141.400					€ 111.200		€ 30.200	
491	Kantoorkosten	€ 60.900		€ 60.900						
		€ 2.974.000	€ 159.000	€ 170.700	€ 109.600	€ 255.900	€ 282.000	€ 1.966.600	€ 30.200	€ 0
	Doorbelaste kosten:									
	Huisvesting o.b.v. tarief per m²		€ -160.000	€ 20.000	€ 30.000	€ 80.000	€ 30.000			
				€ 190.700	€ 139.600	€ 335.900	€ 312.000			
	Algemeen beheer o.b.v. tarief per uur			€ -191.600	€ 40.400	€ 51.600	€ 99.600			
					€ 180.000	€ 387.500	€ 411.600			
	Inkoop o.b.v. tarief per kg				€ -188.770					€ 188.770
						€ 387.500	€ 411.600			
	Productie o.b.v. tarief per machine- uur					€ -399.360		€ 399.360		
							€ 411.600			
	Verkoop o.b.v. tarief per verkocht product						€ -409.240		€ 409.240	
		€ 2.994.170						€ 2.365.960	€ 439.440	€ 188.770
	Resultaten	€ 20.170 voordelig	€ 1.000 voordelig	€ 900 voordelig	€ 8.770 voordelig	€ 11.860 voordelig	€ 2.360 nadelig			

4. De volgende journaalpost wordt gemaakt van de overboeking van de resultaten op indirecte kosten:

	599	Overboekingsrekening	€ 20.170	
Aan	990	Resultaat indirecte kosten		€ 20.170

Dit is een positief resultaat op de indirecte kosten, omdat er meer indirecte kosten zijn doorbelast dan de werkelijk gemaakte indirecte kosten.

Standaard fabricagekostprijs

Een productiebedrijf dat op voorraad produceert, zal de productiekosten beheersen door aan het begin van de verslagperiode een standaard fabricagekostprijs vast te stellen.

De fabricagekostprijs bestaat uit alle noodzakelijke opofferingen om een product te maken. In de fabricagekostprijs worden alle onvermijdbare kosten opgenomen, omdat deze kunnen worden doorberekend aan de afnemer. Verspillingen kunnen niet worden doorberekend en zijn een verlies voor de onderneming. De fabricagekostprijs wordt opgebouwd uit standaardhoeveelheden (H_s) en standaardprijzen (P_s).

Opbouw fabricagekostprijs

De (basis) fabricagekostprijs is opgebouwd uit directe en indirecte kosten en bestaat uit:

Verbruik grondstof: $H_s \times P_s$	€
Directe lonen: $H_s \times P_s$	€
Opslag indirecte fabricagekosten: $H_s \times P_s$	€
	€

In rubriek 6 worden de volgende grootboekrekeningen aangemaakt om de fabricagekosten te verzamelen en het fabricageresultaat te kunnen bepalen:

600 Fabricagekosten
610 Toegestane fabricagekosten

De volgende journaalposten worden gemaakt om deze grootboekrekeningen te vullen.

Van het verbruik van de grondstoffen wordt in het memoriaal de volgende journaalpost gemaakt:

	600	Fabricagekosten: $H_w \times P_s$	€	
Aan	499	Overboekingsrekening		€

Van de directe lonen wordt in het memoriaal de volgende journaalpost gemaakt:

	600	Fabricagekosten: $H_w \times P_w$	€	
Aan	499	Overboekingsrekening		€

Van de toeslag indirecte productiekosten wordt in het memoriaal de volgende journaalpost gemaakt:

	600	Fabricagekosten: $H_w \times P_s$	€	
Aan	545	Dekking afdeling fabricage		€

Van de gereedgekomen geproduceerde eenheden wordt in het memoriaal de volgende journaalpost gemaakt:

	700	Voorraad producten: productie (P) × fabricagekostprijs	€	
Aan	610	Toegestane fabricagekosten		€

Producten in bewerking Van de producten in bewerking (ook wel onderhanden werk of halffabricaten genoemd) worden de standaardkosten aan het einde van de verslagperiode op de balans opgenomen. Dit komt doordat de kosten van producten in bewerking niet in de verslagperiode als kosten mogen worden verantwoord. Volgens de boekhoudprincipes is hier sprake van productmatching, oftewel: de kosten worden pas in de winst-en-verliesrekening opgenomen op het moment dat de verkoopopbrengst is gerealiseerd. Aan het begin van de volgende verslagperiode worden deze standaardkosten dan weer teruggeboekt naar rubriek 6 om deze producten verder te bewerken tot eindproducten. Dit is uitsluitend een administratieve handeling.

De volgende journaalpost wordt aan het einde van de verslagperiode in het memoriaal gemaakt van de producten in bewerking:

	710	Voorraad producten in bewerking	€	
Aan	610	Toegestane fabricagekosten: aantal × $H_s \times P_s$ × % gereed		€

Aan het begin van de volgende verslagperiode worden deze standaardkosten van producten in bewerking weer in rubriek 6 opgenomen en wordt de volgende journaalpost gemaakt in het memoriaal:

	610	Toegestane fabricagekosten: aantal × H_s × P_s × % gereed	€	
Aan	710	Voorraad producten in bewerking		€

De volgende journaalpost wordt aan het einde van de verslagperiode in het memoriaal gemaakt van de producten in bewerking tegen de werkelijke kosten:

	710	Voorraad producten in bewerking	€	
Aan	600	Fabricagekosten: H_w × P_s		€

Aan het begin van de volgende verslagperiode worden deze werkelijke kosten van de producten in bewerking weer in rubriek 6 opgenomen en wordt in het memoriaal de volgende journaalpost gemaakt:

	600	Fabricagekosten: H_w × P_s	€	
Aan	710	Voorraad producten in bewerking		€

Fabricageresultaat Aan het einde van de verslagperiode wordt het fabricageresultaat bepaald als het saldo van de grootboekrekeningen in rubriek 6.

600	Fabricagekosten	debet	€
610	Toegestane fabricagekosten	credit	€
	Fabricageresultaat		€

Voorbeeld 13.1 Voorraad gereed product en producten in bewerking tegen standaardkosten

Een productiebedrijf heeft voor het maken van het product 'Moon' de volgende fabricagekostprijs berekend:

Grondstof	60 kilogram × € 10	€ 600
Directe lonen	6 manuur × € 25	€ 150
Toeslag indirecte fabricagekosten	6 machine-uren × € 50	€ 300
Fabricagekostprijs		€ 1.050

In de laatste week van mei is het productiebedrijf begonnen met een productieopdracht voor het maken van 40 producten 'Moon'. Over de laatste week van mei zijn
de volgende gegevens met betrekking tot de productie bekend geworden:

- aantal producten in bewerking genomen   20 producten
- verbruik grondstof   612 kg
- aantal manuren   62
- uitbetaald direct loon   € 1.488
- aantal machine-uren   64

De voorraad gereed product wordt bijgehouden tegen de fabricagekostprijs. De
voorraad producten in bewerking wordt bijgehouden tegen de standaardkosten.
De 20 producten in bewerking zijn voor 50% gereed.

Gevraagd:

1. Welke journaalpost wordt eind mei gemaakt van:
   a. het werkelijke verbruik van de grondstoffen?
   b. het werkelijke aantal manuren?
   c. het werkelijke aantal machine-uren?
2. Welke journaalpost wordt gemaakt van de overboeking van de kosten naar de voorraad producten in bewerking?
3. Hoeveel bedraagt het fabricageresultaat over mei?
4. Welke journaalpost wordt gemaakt van de overboeking van het fabricageresultaat?

Uitwerking:

1. De volgende journaalposten worden eind mei gemaakt in het memoriaal:
   a. Van het werkelijke verbruik van de grondstoffen:

	600	Fabricagekosten: 612 kg × € 10	€ 6.120	
Aan	499	Overboekingsrekening		€ 6.120

   b. Van het werkelijke aantal manuren:

	600	Fabricagekosten	€ 1.488	
Aan	499	Overboekingsrekening		€ 1.488

   c. Van het werkelijke aantal machine-uren:

	600	Fabricagekosten: 64 × € 50	€ 3.200	
Aan	545	Dekking afdeling fabricage		€ 3.200

2. De volgende journaalpost wordt gemaakt van de overboeking van de kosten naar de voorraad producten in bewerking:

	710	Voorraad producten in bewerking	€ 10.500	
Aan	610	Toegestane fabricagekosten: 20 producten × € 1.050 × 50%		€ 10.500

3. Het fabricageresultaat wordt bepaald in rubriek 6 een bedraagt in mei € 308 negatief. Op de grootboekrekeningen in rubriek 6 zijn de volgende bedragen (saldi) geboekt:

600	Fabricagekosten: € 6.120 + € 1.488 + € 3.200	debet	€ 10.808
610	Toegestane fabricagekosten	credit	€ 10.500
	Fabricageresultaat		€ -308

4. De volgende journaalpost wordt gemaakt van de overboeking van het fabricage-resultaat:

	991	Fabricageresultaten	€ 308	
Aan	699	Overboekingsrekening		€ 308

In juni komen de 20 producten in bewerking en de 20 nog te produceren producten Moon' gereed en worden deze producten in het magazijn opgeslagen. Over juni zijn de volgende gegevens met betrekking tot de productie van 40 producten 'Moon' bekend geworden:
- verbruik grondstoffen 1.812 kg
- aantal manuren 178
- uitbetaald direct loon € 4.539
- aantal machine-uren 174

Gevraagd:
5. Welke journaalpost wordt begin juni gemaakt van de terugboeking van de voorraad producten in bewerking naar rubriek 6?
6. Welke journaalposten worden in juni gemaakt van:
   a. het werkelijke verbruik van de grondstoffen?
   b. het werkelijke aantal manuren?
   c. het werkelijke aantal machine-uren?
7. Welke journaalpost wordt eind juni gemaakt van de gereedgekomen producten 'Moon'?
8. Hoeveel bedraagt het fabricageresultaat over juni?
9. Welke journaalpost wordt eind juni gemaakt van de overboeking van het fabricage-resultaat?

Uitwerking:

5. De volgende journaalpost wordt begin juni in het memoriaal gemaakt van de terug-
    boeking van de voorraad producten in bewerking naar rubriek 6:

	610	Toegestane fabricagekosten	€ 10.500	
Aan	710	Voorraad producten in bewerking		€ 10.500

Dit is dus de tegengestelde boeking van de journaalpost die bij vraag 2 is gemaakt. De
grootboekrekening 710 Voorraad producten in bewerking staat dus nu weer op € 0.
Met andere woorden: de kosten zijn tijdelijk op de balans gezet, omdat ze nog niet in
mei als kosten mochten worden geboekt.

6. De volgende journaalposten worden eind juni gemaakt in het memoriaal:
    a. Van het werkelijke verbruik van de grondstof:

	600	Fabricagekosten: 1.812 kg × € 10	€ 18.120	
Aan	499	Overboekingsrekening		€ 18.120

    b. Van het werkelijke aantal manuren:

	600	Fabricagekosten	€ 4.539	
Aan	499	Overboekingsrekening		€ 4.539

    c. Van het werkelijke aantal machine-uren:

	600	Fabricagekosten: 174 × € 50	€ 8.700	
Aan	545	Dekking afdeling fabricage		€ 8.700

7. De journaalpost die eind juni in het memoriaal wordt gemaakt van de gereedge-
    komen producten 'Moon' is:

	700	Voorraad producten: 40 × € 1.050	€ 42.000	
Aan	610	Toegestane fabricagekosten		€ 24.000

8. Het fabricageresultaat wordt bepaald in rubriek 6 een bedraagt in juni € 141 positief (de werkelijke kosten zijn lager dan de standaardkosten). Op de grootboek-rekeningen in rubriek zijn de volgende bedragen (saldi) geboekt:

600	Fabricagekosten € 18.120 + € 4.539 + € 8.700	debet	€ 31.159
610	Toegestane fabricagekosten	credit	€ 31.500
	Positief fabricageresultaat		€ 141

9. De volgende journaalpost wordt gemaakt van de overboeking van het fabricage-resultaat:

	699	Overboekingsrekening	€ 141	
Aan	991	Fabricageresultaat		€ 141

In totaal is het fabricageresultaat voor deze productieopdracht geweest:

Mei   negatief € 308

Juni   positief   € 141

        negatief € 167

Productieboekhouding met behulp van de activity based costing-methode

HOOFDSTUK 14

14.1 Berekenen van tarieven bij toepassing van de activity based costing-methode en de verwerking in de financiële administratie

14.1.1 De activity based costing-methode

De automatisering in productiebedrijven heeft ervoor gezorgd dat het aandeel van de indirecte kosten in de kostprijs van een product steeds groter is geworden. Hierdoor is het belang van een nauwkeurige toerekening van indirecte kosten aan de producten steeds groter geworden. De activity based costing-methode (ABC-methode), onder andere bedacht door Kaplan, voorziet in deze behoefte. Via de ABC-methode worden de indirecte kosten nu toegerekend op basis van de activiteiten van een onderneming.

In de oorspronkelijke theorie worden alleen de beheersbare (variabele) kosten op basis van de verwachte activiteiten toegerekend aan de kostprijs van een product. In de Nederlandse situatie, waar de absorption costing-methode (lees: integrale kostencalculatie) wordt toegepast, worden zowel de beheersbare als de niet-beheersbare (constante) kosten in de kostprijs opgenomen.

ABC-methode Bij de activity based costing-methode (ABC-methode) wordt een relatie gelegd tussen de activiteiten die nodig zijn om de producten te maken en te verkopen en de kosten van deze activiteiten. Daarbij kan bij de toepassing van de ABC-methode de kostprijs van een product nauwkeuriger worden bepaald.

Bij de ABC-methode worden de volgende stappen doorlopen:
1. identificeren van de activiteiten;
2. toewijzen van kosten aan de activiteiten (cost pools of kostenpools);
3. bepalen van de kostenveroorzaker (cost driver) of kostenveroorzakers per activiteit;
4. toewijzen van kosten aan de producten.

Ad 1. Identificeren van de activiteiten

Activiteiten identificeren Allereerst worden de activiteiten geïdentificeerd die in een bedrijf noodzakelijk zijn om het product (of de dienst) te kunnen leveren. Het gaat hierbij om het identificeren van de belangrijkste activiteiten van een productiebedrijf om het product te maken en te verkopen. Activiteiten die weinig kosten veroorzaken, worden uit kostenoogpunt buiten beschouwing gelaten.

Activiteiten kunnen voor een productiebedrijf bijvoorbeeld bestaan uit:
- inkopen van grondstoffen;
- bewerken van producten;
- verpakken van producten;
- transporteren van de producten;
- uitvoeren van verkooporders.

Ad 2. Toewijzen van kosten aan de activiteiten (cost pools)

Toewijzen kosten aan activiteiten De directe kosten zijn direct toewijsbaar aan de producten. De indirecte kosten moeten met behulp van een opslagpercentage worden toegerekend.

De verwachte indirecte kosten (ook wel overhead genoemd) worden in rubriek 5 verdeeld over de cost pools. Bij toepassing van de absorption costing-methode (of integrale kostencalculatie) worden zowel de constante kosten als de variabele kosten, zoals geboekt in rubriek 4, opgenomen in een voorcalculatorische kostenverdeelstaat.

Een voorbeeld van zo'n voorcalculatorische kostenverdeelstaat is:

Groot-boek-nummer	Omschrijving	Te verdelen kosten rubriek 4	Cost pools					
			Inkopen grond-stoffen	Bewerken producten	Verpakken producten	Instellen machines	Trans-porteren producten	Opstellen verkoop-orders
402	Indirecte lonen	€	€	€	€	€	€	€
420	Afschrijvingen	€	€	€	€	€	€	€
430	Huisvestingskosten	€	€	€	€	€	€	€
440	Machinekosten	€		€	€	€		
445	Vervoerkosten	€					€	
490	Verkoopkosten	€					€	€
491	Kantoorkosten	€	€	€	€	€	€	€
		€	€	€	€	€	€	€

Ad 3. Bepalen van de kostenveroorzaker (cost driver) per activiteit

Bepalen cost driver   De cost driver is de factor die de omvang van de kosten bepaalt. Op basis van deze cost drivers kunnen de indirecte kosten worden toegerekend aan de producten.

Voorbeelden van cost drivers zijn:

Activiteit	Cost drivers
Inkoop	Aantal bestellingen of aantal in te kopen kilogrammen grondstof
Bewerken van producten	Aantal machine-uren
Verpakken van producten	Aantal gereedgekomen producten
Instellen machines	Aantal instellingen
Tranporteren producten	Aantal af te leveren producten
Verkooporders	Aantal op te stellen verkooporders

Groot-boek-nummer	Omschrijving	Te verdelen kosten rubriek 4	Cost pools					
			Inkopen grond-stoffen	Bewerken producten	Verpakken producten	Instellen machines	Trans-porteren producten	Opstellen verkoop-orders
402	Indirecte lonen	€	€	€	€	€	€	€
420	Afschrijvingen	€	€	€	€	€	€	€
430	Huisvestingskosten	€	€	€	€	€	€	€
440	Machinekosten	€		€	€	€	€	
445	Vervoerkosten	€					€	
490	Verkoopkosten	€					€	€
491	Kantoorkosten	€	€	€	€	€	€	€
		€	€	€	€	€	€	€

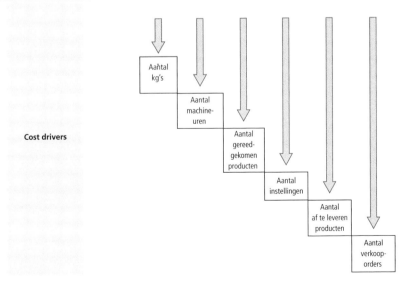

Cost drivers

257

Ad 4. Toewijzen van de kosten aan de producten

Dekkingstarief

Voor de doorbelasting van de indirecte kosten per cost pool vanuit rubriek 5 naar de activiteiten wordt voorcalculatorisch een dekkingstarief bepaald op basis van de volgende formule:

$$\text{Dekkingstarief} = \frac{\text{Constante kosten per activiteit}}{\text{Normaal aantal keren plaatsvinden activiteit}} + \frac{\text{Variabele kosten per activiteit}}{\text{Verwacht aantal keren plaatsvinden activiteit}}$$

Dus het dekkingstarief voor de inkoop wordt berekend met de formule:

$$\text{Constant deel dekkingstarief inkoop} = \frac{\text{Constante indirecte inkoopkosten}}{\text{Normaal aantal ingekochte kilogrammen}}$$

en

$$\text{Variabel deel dekkingstarief inkoop} = \frac{\text{Variabele indirecte inkoopkosten}}{\text{Verwacht aantal ingekochte kilogrammen}}$$

Het dekkingstarief voor de bewerkingskosten producten wordt berekend met de formule:

$$\text{Constant deel dekkingstarief verpakkingskosten producten} = \frac{\text{Constante indirecte verpakkingskosten producten}}{\text{Normaal aantal gereedgekomen producten}}$$

en

$$\text{Variabel deel dekkingstarief verpakkingskosten producten} = \frac{\text{Variabele indirecte verpakkingskosten producten}}{\text{Verwacht aantal gereedgekomen producten}}$$

Voorbeeld 14.1 Berekenen dekkingstarieven indirecte kosten bij activity based costing methode

Een productiebedrijf heeft aan het begin van jaar 1 de volgende begroting gemaakt van de eerstverdeelde indirecte kosten naar de cost pools (in hele euro's).

Groot-boek-nummer	Omschrijving	Eerst-verdeelde kosten rubriek 4	Inkopen grond-stoffen	Bewerken producten	Verpakken producten	Instellen machines	Opstellen verkoop-orders
402	Indirecte lonen	420.000	41.000	116.000	86.000	47.000	130.000
415	Huisvestingskosten	120.000	20.000	60.000	10.000	10.000	20.000
420	Afschrijvingskosten vaste activa	300.000	20.000	240.000	10.000	0	30.000
440	Onderhoudskosten	90.000	0	80.000	0	10.000	0
490	Verkoopkosten	80.000	0	0	0	0	80.000
495	Overige kosten	130.000	20.000	30.000	10.000	10.000	60.000
		1.140.000	101.000	526.000	116.000	77.000	320.000

De cost drivers voor deze cost pools zijn:

Inkopen grondstoffen	Aantal kilogrammen in te kopen grondstof
Bewerken producten	Aantal machine-uren
Verpakken producten	Aantal geproduceerde eenheden
Instellen machines	Aantal benodigde insteluren
Opstellen verkooporders	Aantal op te stellen verkooporders

Voor de berekening van de dekkingstarieven van de indirecte kosten zijn de volgende gegevens bekend:

Inkopen grondstoffen:

Verwachte constante kosten	€ 60.000
Verwachte variabele kosten	€ 41.000
	€ 101.000
Normaal aantal in te kopen grondstof	400.000 kg
Verwacht aantal in te kopen grondstof	410.000 kg

Bewerken producten:

Verwachte constante kosten	€ 400.000
Verwachte variabele kosten	€ 126.000
	€ 526.000
Normaal aantal machine-uren	20.000 uur
Verwacht aantal machine-uren	21.000 uur

Verpakken producten:

Verwachte constante kosten	€ 50.000
Verwachte variabele kosten	€ 66.000
	€ 116.000
Normaal aantal geproduceerde eenheden	40.000
Verwacht aantal geproduceerde eenheden	44.000

Instellen machines:

Verwachte constante kosten	€ 22.000
Verwachte variabele kosten	€ 55.000
	€ 77.000
Normaal aantal insteluren	1.000
Verwacht aantal insteluren	1.100

Opstellen verkooporders:

Verwachte constante kosten	€ 120.000
Verwachte variabele kosten	€ 200.000
	€ 320.000
Normaal aantal orders	6.000
Verwacht aantal orders	6.250

Gevraagd:

1. Hoeveel bedraagt het dekkingstarief in jaar 1 voor:
    a. Inkopen grondstoffen?
    b. Bewerken producten?
    c. Verpakken producten?
    d. Instellen machines?
    e. Opstellen verkooporders?

Uitwerking:

1. Het dekkingstarief in jaar 1 bedraagt voor:

a. Inkopen grondstoffen:

Constante deel	€ 60.000 / 400.000 kg	€ 0,15 per kg
Variabel deel	€ 41.000 / 410.000 kg	€ 0,10 per kg
Totaal		€ 0,25 per kg

b. Bewerken producten:

Constante deel	€ 400.000 / 20.000 machine-uur	€ 20 per uur
Variabel deel	€ 126.000 / 21.000 machine-uur	€ 6 per uur
Totaal		€ 26 per uur

c. Verpakken producten:

Constante deel	€ 50.000 / 40.000 producten	€ 1,25 per product
Variabel deel	€ 66.000 / 44.000 producten	€ 1,50 per product
Totaal		€ 2,75 per product

d. Instellen machines:

Constante deel	€ 22.000 / 2.000 insteluren	€ 11 per insteluur
Variabel deel	€ 55.000 / 2.200 insteluren	€ 25 per insteluur
Totaal		€ 36 per insteluur

e. Opstellen verkooporders:

Constante deel	€ 120.000 / 6.000 orders	€ 20 per order
Variabel deel	€ 200.000 / 6.250 orders	€ 32 per order
Totaal		€ 52 per order

14.2 Boekingen van fabricagekosten in rubriek 6 bij activity based costing-methode

Een productiebedrijf dat op voorraad produceert, zal de productiekosten beheersen door aan het begin van de verslagperiode een standaard fabricagekostprijs vast te stellen.

Fabricagekostprijs De fabricagekostprijs bestaat uit alle noodzakelijke opofferingen om een product te maken, waarbij zowel de directe als de indirecte kosten worden toegerekend. Bij de toerekening van de indirecte kosten verschilt de ABC-methode van de kostenplaatsenmethode. Bij de ABC-methode worden de indirecte kosten op basis van verschillende cost drivers doorberekend aan de kostprijs, terwijl bij de kosten-plaatsenmethode de indirecte kosten op basis van één machine-uurtarief worden doorberekend.

De fabricagekostprijs bij de kostenplaatsenmethode bestaat uit:

Verbruik grondstof: $H_s \times P_s$	€
Directe lonen: $H_s \times P_s$	€
Opslag indirecte fabricagekosten: $H_s \times P_s$	€
Fabricagekostprijs	€

De fabricagekostprijs bij de ABC-methode kan bestaan uit:

Verbruik grondstoffen: $H_s \times P_s$	€
Directe lonen: $H_s \times P_s$	€
Opslag bewerkingskosten producten: $H_s \times P_s$	€
Opslag verpakkingskosten producten: $H_s \times P_s$	€
Opslag instelkosten: $H_s \times P_s$	€
Fabricagekostprijs	€

De volgende journaalposten worden geboekt om de fabricagekosten in rubriek 6 op te nemen.

1. Van het verbruik van grondstoffen:

	600	Fabricagekosten: $H_w \times P_s$	€	
Aan	499	Overboekingsrekening		€

2. Van de betaalde directe lonen:

	600	Fabricagekosten: $H_w \times P_w$	€	
Aan	499	Overboekingsrekening		€

3. Van de doorbelasting van de indirecte kosten:

	600	Fabricagekosten: $H_w \times P_s$	€	
Aan	545	Dekking bewerkingskosten producten		€
	600	Fabricagekosten: $H_w \times P_s$	€	
Aan	575	Dekking instelkosten		€
	600	Fabricagekosten: $H_w \times P_s$	€	
Aan	565	Dekking verpakkingskosten producten		€

4. Van de gereedgekomen geproduceerde eenheden:

	700	Voorraad producten: P × fabricagekostprijs	€	
Aan	610	Toegestane fabricagekosten		€

Aan het einde van de verslagperiode kunnen de fabricageresultaten worden bepaald (intracomptabel) waarna het fabricageresultaat wordt overgeboekt naar rubriek 9.

Cijfervoorbeeld 14.2 Boekingen fabricagekosten bij activity based costing

Een timmerbedrijf maakt onder andere betonnen eetkamertafels. Het betonnen tafelblad wordt betrokken van een leverancier, terwijl het houten onderstel zelf wordt gemaakt. De fabricagekostprijs is als volgt samengesteld:

Betonnen blad	1 blad × € 400	€ 400
Verbruik hout	6 meter × € 20	€ 120
Direct loon	1 ½ uur × € 32	€ 48
Toeslag assemblage	1 uur × € 40	€ 40
Toeslag verpakking	¼ uur × € 28	€ 7
Fabricagekostprijs		€ 615

De betonnen bladen en het hout worden tegen vaste verrekenprijzen in de financiële administratie opgenomen. De opbouw van de vaste verrekenprijs van de betonnen bladen is als volgt:

Verwachte gemiddelde inkoopprijs	€ 380
Toeslag indirecte inkoopkosten: 3% van de vaste verrekenprijs	€ 12
Toeslag magazijnkosten: 2% van de vaste verrekenprijs	€ 8
Vaste verrekenprijs	€ 400

De vaste verrekenprijs van het hout is als volgt:

Verwachte gemiddelde inkoopprijs	€ 18
Toeslag indirecte inkoopkosten: 4% van de vaste verrekenprijs	€ 0,80
Toeslag magazijnkosten: 6% van de vaste verrekenprijs	€ 1,20
Vaste verrekenprijs	€ 20

De toeslagen indirecte inkoopkosten en magazijnkosten worden geboekt op het moment van ontvangst van de betonbladen en het hout in het magazijn.

De inkoopfacturen van zowel de betonnen bladen als het hout worden altijd ontvangen nadat de levering in het magazijn heeft plaatsgevonden. De prijsverschillen worden geboekt op het moment van ontvangst van de betonnen bladen en het hout.

Het timmerbedrijf heeft naast de standaardrekeningen ook nog de volgende grootboekrekeningen in gebruik:

301	Voorraad betonnen bladen
302	Voorraad hout
312	Prijsverschillen bij inkoop betonnen bladen
313	Prijsverschillen bij inkoop hout
411	Verbruik betonnen bladen
412	Verbruik hout
530	Indirecte inkoopkosten
535	Opslag indirecte inkoopkosten
560	Kosten afdeling Assemblage
565	Dekking afdeling Assemblage
570	Kosten afdeling Verpakking
575	Dekking afdeling Verpakking
701	Voorraad betonnen eetkamertafels

In de maand maart hebben zich de volgende financiële feiten voorgedaan:

- Op 3 maart zijn 300 betonnen bladen afgeleverd in het magazijn.
- Op 7 maart is een inkoopfactuur ontvangen van de 300 betonnen bladen. De inkoopprijs bedroeg € 378 exclusief 21% omzetbelasting per blad.
- Aan de fabricageafdeling is 1.940 meter hout en 321 betonnen bladen afgegeven.
- Op de loonverdeelstaat is opgenomen dat het brutoloon van het fabricagepersoneel € 15.582 bedraagt.
- De indirecte kosten zijn als volgt:
  a. van de afdeling Assemblage € 12.840;
  b. van de afdeling Verpakking € 2.106;
  c. van de indirecte inkoopkosten € 3.540;
  d. van de magazijnkosten € 2.480.

- Het aantal assemblage-uren bedroeg 318.
- Het aantal verpakkingsuren bedroeg 78.
- Het aantal geproduceerde en aan het magazijn afgegeven eetkamertafels bedroeg 320.

Gevraagd:

1. Welke journaalpost wordt in maart gemaakt van:
   a. de ontvangst van 300 betonnen bladen in het magazijn?
   b. de ontvangst van de inkoopfactuur van de 300 betonnen bladen?
   c. de afgifte van het hout en de betonnen bladen aan de fabricageafdeling?
   d. de loonverdeelstaat?
   e. de overboeking van de indirecte kosten naar rubriek 5?
   f. de overboeking van de directe kosten naar de fabricageafdeling?
   g. de doorbelasting van de afdeling assemblage aan de fabricageafdeling?
   h. de doorbelasting van de afdeling verpakking aan de fabricageafdeling?
   i. de afgifte van de 320 eetkamertafels aan het magazijn?
2. Welke journaalpost wordt ultimo maart gemaakt van de overboeking van het resultaat op indirecte kosten?
3. Welke journaalpost wordt ultimo maart gemaakt van de overboeking van het fabricageresultaat?

Uitwerking:

1. De volgende journaalposten worden gemaakt van:
   a. de ontvangst van 300 betonnen bladen in het magazijn:

	301	Voorraad betonnen bladen: 300 × € 400	€ 120.000	
Aan	148	Nog te ontvangen facturen: 300 × € 378		€ 113.400
Aan	525	Dekking magazijnkosten: 300 × € 8		€ 2.400
Aan	535	Dekking indirecte inkoopkosten: 300 × € 12		€ 3.600
Aan	312	Prijsverschillen bij inkoop betonnen bladen: 300 × € 2		€ 600

   b. de ontvangst van de inkoopfactuur van de 300 betonnen bladen:

	148	Nog te ontvangen facturen	€ 113.400	
	170	Te verrekenen omzetbelasting	€ 23.814	
Aan	140	Crediteuren		€ 137.214

c. de afgifte van het hout en de betonnen bladen aan de fabricageafdeling:

	411	Verbruik betonnen bladen: 321 × € 400	€ 128.400	
	412	Verbruik hout: 1.940 × € 20	€ 38.800	
Aan	301	Voorraad betonnen bladen		€ 128.400
Aan	302	Voorraad hout		€ 38.800

d. de loonverdeelstaat:

	400	Directe loonkosten	€ 15.582	
Aan	240	Tussenrekening lonen		€ 15.582

e. de overboeking van de indirecte kosten naar rubriek 5:

	520	Magazijnkosten	€ 2.480	
	530	Indirecte inkoopkosten	€ 3.540	
	560	Kosten afdeling Assemblage	€ 12.840	
	570	Kosten afdeling Verpakking	€ 2.106	
Aan	499	Overboekingsrekening		€ 20.966

f. de overboeking van de directe kosten naar de fabricageafdeling:

	600	Fabricagekosten: € 128.400 + € 38.800 + € 15.582	€ 182.782	
Aan	499	Overboekingsrekening		€ 182.782

g. de doorbelasting van de afdeling Assemblage aan de fabricageafdeling:

	600	Fabricagekosten: 318 × € 40	€ 12.720	
Aan	565	Dekking afdeling Assemblage		€ 12.720

h. de doorbelasting van de afdeling Verpakking aan de fabricageafdeling:

	600	Fabricagekosten: 78 × € 28	€ 2.184	
Aan	575	Dekking afdeling Verpakking		€ 2.184

i. de afgifte van de 320 eetkamertafels aan het magazijn:

	701	Voorraad eetkamertafels: 320 × € 615	€ 196.800	
Aan	610	Toegestane fabricagekosten		€ 196.800

2. Het resultaat op indirecte kosten bedraagt € 62 negatief en is als volgt bepaald:

520	Magazijnkosten	Debet	€ 2.480
530	Indirecte inkoopkosten	Debet	€ 3.540
560	Kosten afdeling Assemblage	Debet	€ 12.840
570	Kosten afdeling Verpakking	Debet	€ 2.106
525	Dekking magazijnkosten	Credit	€ -2.400
535	Dekking indirecte inkoopkosten	Credit	€ -3.600
565	Dekking afdeling Assemblage	Credit	€ -12.720
575	Dekking afdeling Verpakking	Credit	€ -2.184
	Resultaat op indirecte kosten	Negatief	€ 62

De volgende journaalpost wordt gemaakt van de overboeking van het resultaat op indirecte kosten:

	990	Resultaat indirecte kosten	€ 62	
Aan	599	Overboekingsrekening		€ 62

3. Het fabricageresultaat bedraagt € 886 negatief en is als volgt bepaald:

600	Fabricagekosten: € 182.782 + € 12.720 + € 2.184	Debet	€ 197.686
610	Toegestane fabricagekosten	Credit	€ 196.800
	Resultaat op indirecte kosten	Negatief	€ 886

De volgende journaalpost wordt gemaakt van de overboeking van het fabricageresultaat:

	991	Fabricageresultaat	€ 886	
Aan	699	Overboekingsrekening		€ 886

15 HOOFDSTUK

Verkoopresultaten

15.1 Boekingen bij verkoop bij een handelsbedrijf

Winstcentrum

De verkoopafdeling is een winstcentrum en moet elke verslagperiode verantwoording afleggen over de behaalde verkoopresultaten. Bij een handelsbedrijf is informatievoorziening over de behaalde brutowinst in een verslagperiode uitermate belangrijk. Deze brutowinst moet voldoende zijn om de indirecte kosten, zoals loonkosten, huisvestingskosten, reclamekosten, administratiekosten en interestkosten, goed te maken en de gewenste nettowinst over te houden. De brutowinst wordt als volgt berekend:

Brutowinst

Brutowinst = Bruto verkoopopbrengst - verstrekte rabat
$\qquad$ - inkoopwaarde van de omzet

Of:

Brutowinst = Netto-omzet - inkoopwaarde van de omzet

Bruto(winst)marge

De bruto(winst)marge geeft de verhouding tussen de brutowinst en de omzet aan en kan als volgt worden berekend:

$$\text{Bruto(winst)marge} = \frac{\text{brutowinst}}{\text{bruto-omzet}} \times 100\%$$

De brutomarge geeft inzicht in de vraag of het bedrijf in staat is om prijsdalingen op te vangen. De brutomarge komt bijvoorbeeld onder druk te staan indien de verkopers te veel korting weggeven. Bij het boeken in de financiële administratie is het belangrijk de verstrekte rabatten en kortingen apart te registreren.

In rubriek 8 wordt het verkoopresultaat van het handelsbedrijf op de volgende grootboekrekeningen bijgehouden:
- 800   Inkoopwaarde van de omzet
- 840   Rabatten en kortingen
- 850   Opbrengst verkopen

De journaalposten die het handelsbedrijf maakt om de verkoopresultaten in rubriek 8 aan het einde van de verslagperiode te bepalen en te analyseren, worden hierna weergegeven.

De journaalpost die in het kasboek wordt gemaakt van de contante verkopen is:

	100	Kas	€	
	840	Rabatten en kortingen	€	
Aan	850	Opbrengst verkopen		€
Aan	175	Verschuldigde OB		€

De volgende journaalpost wordt in het verkoopboek gemaakt van de verkopen op rekening:

	130	Debiteuren	€	
	840	Rabatten en kortingen	€	
Aan	850	Opbrengst verkopen		€
Aan	175	Verschuldigde OB		€

Daarnaast wordt in het memoriaal naar aanleiding van de contante verkoop en de verkoop op rekening de volgende journaalpost gemaakt van de inkoopwaarde van de omzet:

	800	Inkoopwaarde van de omzet	€	
Aan	700	Voorraad handelsgoederen		€

Voorbeeld 15.1 Boekingen bij verkopen bij een handelsbedrijf

Een handelsbedrijf heeft op 3 april 350 goederen geleverd voor een bruto verkoopprijs van € 89,60 per stuk exclusief 21% omzetbelasting. De afnemer heeft schriftelijk met het handelsbedrijf afgesproken dat een korting van 3% op de bruto verkoopprijs wordt verstrekt. De inkoopprijs van de goederen is € 64. De verkoopfactuur is op 3 april verstuurd naar de afnemer.

Gevraagd:
1. Welke journaalpost wordt in het memoriaal gemaakt van de aflevering van de goederen op 3 april?
2. Welke journaalpost wordt in het verkoopboek gemaakt van de verzending van de verkoopfactuur op 3 april?
3. Wat is de brutowinst op deze transactie?
4. Wat is de brutomarge op deze transactie?
5. Wat is de brutomarge op deze transactie indien het handelsbedrijf geen korting verstrekt?

Uitwerking:

1. De journaalpost in het memoriaal van de aflevering van de goederen op 3 april is als volgt:

	800	Inkoopwaarde van de omzet: 350 × € 64	€ 22.400	
Aan	700	Voorraad handelsgoederen		€ 22.400

2. De journaalpost in het verkoopboek van de verzending van de verkoopfactuur op 3 april is als volgt:

	130	Debiteuren: 350 × € 89,60 × 97% × 121%	€ 36.807,23	
	840	Rabatten en kortingen: 350 × € 89,60 × 3%	€ 940,80	
Aan	850	Opbrengst verkopen: 350 × € 89,60		€ 31.360
Aan	175	Verschuldigde OB: 350 × € 89,60 × 97% × 21%		€ 6.388,03

3. De brutowinst op deze transactie wordt berekend met de formule: netto-omzet – inkoopwaarde van de omzet. Dit is:

€ 31.360 - € 940,80 - € 22.400   € 8.019,20

4. De brutomarge op deze transactie wordt berekend met de formule: brutowinst / omzet × 100%. Dit is:

€ 8.019,20 / € 31.360 × 100%   25,57%

5. De brutomarge op deze transactie zonder korting is:

€ 31.360 - € 22.400 / € 31.360 × 100% (of 25,57% + 3%)   28,57%

15.2 Boekingen bij verkoop bij een productiebedrijf

15.2.1 Bepalen verkoopresultaat

Verkoopresultaat De verkoopafdeling is een winstcentrum en moet elke verslagperiode verantwoording afleggen over het behaalde verkoopresultaat. Het verkoopresultaat kan als volgt worden bepaald:

Bruto-opbrengst verkopen	€
Af: rabatten en kortingen	€
Af: kostprijs van de omzet (fabricagekostprijs)	€
Af: directe verkoopkosten	€
Af: toeslag indirecte verkoopkosten	€
Verkoopresultaat	€

In rubriek 8 wordt het verkoopresultaat van het productiebedrijf op de volgende grootboekrekeningen bijgehouden:

800	Kostprijs van de omzet
810	Directe verkoopkosten
820	Toeslag indirecte verkoopkosten
840	Rabatten en kortingen
850	Opbrengst verkopen

Het productiebedrijf maakt de volgende journaalposten om de verkoopresultaten in rubriek 8 aan het einde van de verslagperiode te bepalen en te analyseren.

De volgende journaalpost wordt in het verkoopboek gemaakt van de verkopen op rekening:

	130	Debiteuren	€	
	840	Rabatten en kortingen	€	
Aan	850	Opbrengst verkopen		€
Aan	175	Verschuldigde OB		€

Daarnaast wordt in het memoriaal de volgende journaalpost gemaakt van de (fabricage)kostprijs van de omzet:

	800	Kostprijs van de omzet	€	
Aan	700	Voorraad producten		€

De directe verkoopkosten betreffen de werkelijke kosten. De journaalpost die in het verkoopboek wordt gemaakt van de ontvangst van de kostenfactuur van de directe verkoopkosten is:

	490	Verkoopkosten	€	
	170	Te verrekenen OB	€	
Aan	140	Crediteuren		€

De directe verkoopkosten worden aan het einde van de verslagperiode overgeboekt naar rubriek 8. De volgende journaalpost wordt gemaakt in het memoriaal:

	810	Directe verkoopkosten	€	
Aan	499	Overboekingsrekening		€

De indirecte verkoopkosten worden eerst in rubriek 5 geboekt en vervolgens door-belast aan de verkoopafdeling. De doorbelasting vindt plaats op basis van de werke-lijke hoeveelheid × dekkingstarief. De volgende journaalpost van de doorbelasting van de indirecte verkoopkosten wordt gemaakt in het memoriaal:

	820	Toeslag indirecte verkoopkosten: $H_w \times P_s$	€	
Aan	555	Dekking afdeling verkoop		€

Aan het einde van de verslagperiode wordt het verkoopresultaat als volgt bepaald:

850 Opbrengst verkopen	credit	€
800 Kostprijs van de omzet	debet	€
810 Directe verkoopkosten	debet	€
820 Toeslag indirecte verkoopkosten	debet	€
840 Rabatten en kortingen	debet	€
Verkoopresultaat		€

Het verkoopresultaat wordt aan het einde van de verslagperiode overgeboekt naar rubriek 9, zodat het perioderesultaat kan worden bepaald. De volgende journaal-post wordt in het memoriaal gemaakt bij een positief verkoopresultaat:

	899	Overboekingsrekening	€	
Aan	992	Verkoopresultaat		€

Voorbeeld 15.2 Boekingen verkopen en bepalen verkoopresultaat

Een productiebedrijf heeft de fabricagekostprijs vastgesteld op € 84 per product. Het dekkingstarief voor de indirecte verkoopkosten bedraagt € 4 per verkocht product. De directe verkoopkosten betreffen de vergoedingen aan een vertegenwoordiger die de producten verkoopt aan de afnemers. De vertegenwoordiger ontvangt hiervoor een vergoeding van 2% over de bruto verkoopprijs van € 120 exclusief 21% omzetbelasting per product. De vertegenwoordiger stuurt zijn factuur steeds na afloop van de maand waarop de vergoeding betrekking heeft.

In maand juni doen zich de volgende financiële feiten voor:

- Op 16 juni ontvangt het productiebedrijf een verkooporder voor de levering van 200 producten. Met de afnemer is een korting afgesproken van 2½% van de verkoopprijs exclusief 21% omzetbelasting. De producten en de verkoopfactuur worden op 17 juni afgeleverd.
- Op 20 juni ontvangt het productiebedrijf van de vertegenwoordiger een factuur van € 29.040 exclusief 21% omzetbelasting inzake de vergoeding over de maand mei.
- De totale afzet over de maand juni bedraagt 11.800 producten.

Gevraagd:

1. Welke journaalpost(en) moet(en) worden gemaakt van de levering van de verkoopfactuur en de producten op 17 juni?
2. Welke journaalpost moet worden gemaakt van de ontvangen factuur van de vertegenwoordiger op 20 juni?
3. Welke journaalpost moet op 30 juni worden gemaakt van de doorbelasting van de indirecte verkoopkosten
4. Welke journaalpost moet op 30 juni worden gemaakt met betrekking tot de directe verkoopkosten over de maand juni?
5. Welke journaalpost moet op 30 juni worden gemaakt met betrekking tot de overboeking van de directe verkoopkosten?

Uitwerking:

1. De volgende journaalpost wordt gemaakt van de levering van de verkoopfactuur en de producten op 17 juni:

Verkoopboek:

	130	Debiteuren: 200 × € 120 × 97,5% × 121%	€ 28.314	
	840	Rabatten en kortingen: 200 × € 120 × 2½%	€ 600	
Aan	175	Verschuldigde OB: 200 × € 120 × 97,5% × 21%		€ 4.914
Aan	850	Opbrengst verkopen: 200 × € 120		€ 24.000

Memoriaal:

	800	Kostprijs van de omzet: 200 × € 84	€ 16.800	
Aan	700	Voorraad producten		€ 16.800

2. De volgende journaalpost wordt in het inkoopboek gemaakt van de ontvangst van de factuur van de vertegenwoordiger op 20 juni:

	156	Nog te betalen bedragen*	€ 29.040	
	170	Te verrekenen OB: € 29.040 × 21%	€ 6.098,40	
Aan	140	Crediteuren		€ 35.138,40

* Dit betreffen kosten over de maand mei. In mei zijn deze als nog te betalen bedragen geboekt. Deze verplichting moet nu weer worden tegengeboekt.

3. De volgende journaalpost wordt op 30 juni in het memoriaal gemaakt van de doorbelasting van de indirecte verkoopkosten:

	820	Toeslag indirecte verkoopkosten: 11.800 × € 4	€ 47.200	
Aan	555	Dekking afdeling verkoop		€ 47.200

4. De journaalpost die op 30 juni in het memoriaal wordt gemaakt met betrekking tot de directe verkoopkosten over de maand juni is:

	490	Verkoopkosten: 11.800 × € 120 × 2%	€ 28.320	
Aan	156	Nog te betalen bedragen		€ 28.320

5. De journaalpost in het memoriaal van de overboeking van de directe verkoopkosten luidt als volgt:

	810	Directe verkoopkosten	€ 28.320	
Aan	499	Overboekingsrekening		€ 28.320

Op 30 juni blijkt uit de (gedeeltelijke) saldibalans dat in juni de volgende mutaties zijn geboekt in rubriek 8:

		Debet	Credit
800	Kostprijs van de omzet: 11.800 × € 84	€ 991.200	
810	Directe verkoopkosten (zie journaalpost 5)	€ 28.320	
820	Toeslag indirecte verkoopkosten: 11.800 × € 4	€ 47.200	
840	Rabatten en kortingen	€ 42.480	
850	Opbrengst verkopen: 11.800 × € 120		€ 1.416.000

Gevraagd:
6. Welk verkoopresultaat heeft het productiebedrijf over juni behaald?
7. Welke journaalpost maakt het productiebedrijf van de overboeking van het verkoopresultaat over juni?

Uitwerking:

6. Het verkoopresultaat over juni kan als volgt worden bepaald:

850	Opbrengst verkopen		€ 1.416.000
840	Rabatten en kortingen		€ -42.480
	Netto-omzet		€ 1.373.520
800	Kostprijs van de omzet	€ -991.200	
810	Directe verkoopkosten	€ -28.320	
820	Toeslag indirecte verkoopkosten	€ -47.200	
			€ -1.066.720
	Verkoopresultaat juni		€ 306.800

7. De journaalpost van de overboeking van het verkoopresultaat over juni luidt als volgt:

	899	Overboekingsrekening	€ 306.800	
Aan	992	Verkoopresultaat		€ 306.800

15.3 Bepalen en berekenen verkoopresultaat bij de activity based costing-methode

ABC-methode Bij de activity based costing-methode (ook wel ABC-methode genoemd) worde de indirecte verkoopkosten op basis van de activiteiten (cost drivers) doorbelas Bijvoorbeeld: de kosten van het opstellen van verkooporders worden op basi van een tarief per order doorbelast aan de verkoopafdeling (rubriek 8); de overige indirecte verkoopkosten worden doorbelast op basis van een tarief per verkoch product (afzet).

Verkoopresultaat Het verkoopresultaat bij de ABC-methode kan als volgt worden berekend:

Verkoopresultaat = Netto-omzet - Commerciële kostprijs

Daarbij wordt onder de commerciële kostprijs verstaan: de fabricagekosten plus d verkoopkosten per eenheid product. Dus:

Commerciële kostprijs = Fabricagekostprijs + directe verkoopkosten
+ opslag orderkosten + opslag indirecte verkoopkosten

In rubriek 8 wordt het verkoopresultaat van het productiebedrijf bijgehouden op d volgende grootboekrekeningen:

Rekeningnummer	Naam
800	Kostprijs verkopen
810	Directe verkoopkosten
820	Toeslag indirecte verkoopkosten
830	Toeslag orderkosten
840	Rabatten en kortingen
850	Opbrengst verkopen

Hierna bespreken we de journaalposten die het productiebedrijf maakt om de verkoopresultaten in rubriek 8 aan het einde van de verslagperiode te bepalen en te analyseren.

De volgende journaalpost wordt in het verkoopboek gemaakt van de verkopen op rekening:

	130	Debiteuren	€	
	840	Rabatten en kortingen	€	
Aan	850	Opbrengst verkopen		€
Aan	175	Verschuldigde OB		€

Daarnaast wordt in het memoriaal de volgende journaalpost gemaakt van de (fabricage)kostprijs van de omzet:

	800	Kostprijs van de omzet	€	
Aan	700	Voorraad eindproducten		€

De directe verkoopkosten worden aan het einde van de verslagperiode overgeboekt naar rubriek 8. De volgende journaalpost wordt in het memoriaal geboekt:

	810	Directe verkoopkosten	€	
Aan	499	Overboekingsrekening		€

De indirecte verkoopkosten worden eerst in rubriek 5 geboekt en vervolgens doorbelast aan de verkoopafdeling. De doorbelasting vindt plaats op basis van de werkelijke hoeveelheid × het dekkingstarief. De volgende journaalpost van de doorbelasting van de indirecte verkoopkosten wordt in het memoriaal gemaakt:

	820	Toeslag indirecte verkoopkosten: $H_w \times P_s$	€	
Aan	555	Dekking indirecte verkoopkosten		€

277

De volgende journaalpost van de doorbelasting van de orderkosten wordt in het memoriaal gemaakt:

	830	Toeslag orderkosten: $H_w \times P_s$	€	
Aan	595	Dekking orderkosten		€

Aan het einde van de verslagperiode wordt het verkoopresultaat bepaald.

850 Opbrengst verkopen (is bruto-omzet)	credit	€
840 Rabatten en kortingen	debet	€
800 Kostprijs van de omzet (fabricagekostprijs)	debet	€
810 Directe verkoopkosten	debet	€
820 Toeslag indirecte verkoopkosten	debet	€
830 Toeslag orderkosten	debet	€
Verkoopresultaat		€

Het verkoopresultaat wordt aan het einde van de verslagperiode overgeboekt naar rubriek 9, zodat het perioderesultaat kan worden bepaald. De volgende journaal post wordt in het memoriaal gemaakt bij een positief verkoopresultaat:

	899	Overboekingsrekening	€	
Aan	992	Verkoopresultaat		€

Voorbeeld 15.3 Boekingen verkopen en bepalen verkoopresultaat bij activity based costing-methode

Een productiebedrijf past in de financiële administratie de ABC-methode toe.

De fabricagekostprijs van het product Alpha bedraagt € 150. De orderkosten worden op basis van een tarief van € 120 per order doorbelast aan de verkoopafdeling. De overige indirecte verkoopkosten worden op basis van een tarief van € 14 per product doorbelast aan de verkoopafdeling. De producten worden verkocht voor € 220.

De gegevens over augustus zijn als volgt:

- netto-omzet exclusief 21% omzetbelasting   € 884.420
- afzet   4.200
- aantal verwerkte verkooporders   290

Het productiebedrijf maakt naast de standaardrekeningen gebruik van de volgende grootboekrekeningen:

Rekeningnummer	Naam
595	Dekking orderkosten
830	Toeslag orderkosten

Gevraagd:

1. Welke journaalpost wordt op 31 augustus gemaakt van:
   a. de opbrengst verkopen (cumulatief)?
   b. de kostprijs van de verkopen?
   c. de doorbelasting van de orderkosten?
   d. de doorbelasting van de indirecte verkoopkosten?
2. Bepaal het verkoopresultaat over augustus.
3. Welke journaalpost wordt op 31 augustus gemaakt van de overboeking van het verkoopresultaat?

Uitwerking:

1. De volgende journaalposten worden op 31 augustus gemaakt:
   a. Van de opbrengst verkopen in het verkoopboek:

	130	Debiteuren: € 884.420 × 121%	€ 1.070.148,20	
	840	Rabatten en kortingen: € 924.000 - € 884.420	€ 39.580	
Aan	175	Verschuldigde OB: € 884.420 × 21%		€ 185.728,20
Aan	850	Opbrengst verkopen: 4.200 × € 220		€ 924.000

   b. Van de kostprijs van de verkopen in het memoriaal:

	800	Kostprijs van de verkopen: 4.200 × € 150	€ 630.000	
Aan	700	Voorraad producten		€ 630.000

   c. Van de doorbelasting van de orderkosten in het memoriaal:

	830	Toeslag orderkosten: 290 × € 120	€ 34.800	
Aan	595	Dekking orderkosten		€ 34.800

d. Van de doorbelasting van de indirecte verkoopkosten in het memoriaal:

	820	Toeslag indirecte verkoopkosten: 4.200 × € 14	€ 58.800	
Aan	555	Dekking afdeling verkoop		€ 58.800

2. Het verkoopresultaat kan als volgt worden bepaald:

850	Opbrengst verkopen	credit	€ 924.000
840	Rabatten en kortingen	debet	€ 39.580
800	Kostprijs van de omzet	debet	€ 630.000
820	Toeslag indirecte verkoopkosten	debet	€ 58.800
830	Toeslag orderkosten	debet	€ 34.800
	Verkoopresultaat		€ 160.820

3. De journaalpost die in het memoriaal wordt gemaakt van de overboeking van het verkoopresultaat is:

	899	Overboekingsrekening	€ 160.820	
Aan	992	Verkoopresultaat		€ 160.820

Deel 5

PROJECTGEORIËNTEERDE ONDERNEMINGEN

16 Projectgeoriënteerde ondernemingen

HOOFDSTUK

16.1 Projectgeoriënteerde bedrijven

16.1.1 Verschil tussen projectgeoriënteerde productiebedrijven en bedrijven met massaproductie

Product costing

Een productiebedrijf kan op voorraad produceren (massaproductie). Bij deze typologie wordt de productieafdeling op basis van ervaringen uit het verleden beoordeeld op efficiency. De analyse van de verschillen tussen de nacalculatie (werkelijke kosten) en de voorcalculatie (standaardkostprijs) vindt dan periodiek en per afdeling plaats. Dit wordt ook wel product costing genoemd.

Job costing

Indien een bedrijf produceert op basis van verkoopopdrachten (stukproductie), kan de efficiency niet worden bepaald met behulp van een standaardkostprijs. Per ontvangen order wordt een voorcalculatie gemaakt van de verwachte kosten. De verkoopprijs wordt gebaseerd op deze voorcalculatie. Achteraf wordt de nacalculatie van de productieorder vergeleken met de voorcalculatie en worden calculatieverschillen vervolgens verder geanalyseerd op verklaarbare oorzaken of noodzakelijke aanpassingen van de richtlijnen van de voorcalculatie. Dit wordt ook wel job costing genoemd. Voor deze projectgeoriënteerde bedrijven is het belangrijk om een projectadministratie te voeren.

16.1.2 Voorraad en onderhanden projecten

Projectgeoriënteerde bedrijven zullen de kosten van de geproduceerde producten aan het einde van de verslagperiode opnemen op de balans. Daarbij worden de kosten óf onder de voorraden opgenomen óf onder de onderhanden projecten.

Voorraad

Onder de voorraad worden opgenomen:

- grond- en hulpstoffen of onderdelen die tijdens het productieproces worden verbruikt;
- handelsgoederen en producten die zijn bestemd om te verkopen;
- onderhanden werk (ook wel genoemd: halffabricaten en producten in bewerking).

Voorraden worden gewaardeerd tegen de verkrijgingsprijs (inkoopprijs plus bijkomende kosten) of tegen de vervaardigingsprijs (fabricagekostprijs, bestaande uit directe kosten en een opslag voor indirecte kosten).

Voorbeelden van projectgeoriënteerde bedrijven die hun producten of halffabricaten onder de voorraden opnemen, zijn bedrijven met stukproductie, zoals speciale fietsframes die op basis van een verkoopopdracht worden geproduceerd.

Onderhanden projecten

Onderhanden projecten zijn *langlopende* projecten waarvoor een overeenkomst met een derde is afgesloten en die aan het einde van de verslagperiode nog niet zijn opgeleverd. Onderhanden projecten betekent daarmee iets anders dan onderhanden werk. Voorbeelden van onderhanden projecten zijn:

- bij productiebedrijven met stukproductie: de bouw van een jacht;
- bij aannemingsbedrijven: de bouw van een particuliere woning of een bedrijfspand;
- bij accountantskantoren: de opdracht tot het controleren of samenstellen van de jaarrekening.

Onderhanden projecten worden gewaardeerd tegen de directe kosten plus een opslag voor indirecte kosten. Voor de onderhanden projecten wordt een projectadministratie bijgehouden, die als subadministratie aan grootboekrekening 716 Onderhanden projecten wordt gekoppeld. Op een onderhanden projectenkaart, die per opdracht wordt bijgehouden, worden de voorcalculatorische en nacalculatorische gegevens verzameld, zodat na oplevering van het project een analyse kan

Calculatieverschillen

worden gemaakt van de calculatieverschillen tussen voor- en nacalculatie.

Bij grote opdrachten kan een bedrijf ervoor kiezen de verkoopfactuur niet pas bij oplevering naar de opdrachtgever te sturen, maar termijnfacturen te sturen. De termijnfacturen worden, in verband met het realisatieprincipe, niet gelijk als opbrengst verkopen geboekt maar als vooruitontvangen bedragen gecrediteerd op de balans. De opbrengst (winst) is pas gerealiseerd op het moment dat de oplevering van het project heeft plaatsgevonden. De kosten van het project worden dan ook pas bij oplevering gematcht (productmatching) met de opbrengsten. In de theorie

Completed contract-methode

wordt dit de completed contract-methode (of: percentage of completion with zero profit) genoemd. Dat wil zeggen: de winst wordt pas in het resultaat (rubriek 8) opgenomen als het project compleet is opgeleverd.

16.2 Projectgeoriënteerde bedrijven en voorraden

Voorbeeld 16.1 Productiebedrijf met stukproductie

Een productiebedrijf dat zowel in massaproductie als op basis van verkooporders aluminium frames maakt voor fietsen, krijgt een opdracht voor de productie van 200 frames
specifiek voor de wedstrijdsport, die zowel qua model als qua lakkleur afwijken van de
standaardframes.

Het productiebedrijf maakt de volgende voorcalculatie voor de productie van een
frame:

Verbruik aluminium	3,2 kilogram × € 1,50	€ 4,80
Direct loon productie frames	0,30 uur × € 28	€ 8,40
Bewerkingskosten productie frames	0,15 uur × € 40	€ 6
Direct loon spuiterij frames	0,2 uur × € 30	€ 6
Bewerkingskosten spuiterij frames	0,2 uur × € 52	€ 10,40
Verpakkingsmateriaal	3 meter × € 0,30	€ 0,90
Fabricagekostprijs		€ 36,50

De bewerkingskosten worden doorbelast op basis van een machine-uurtarief. Het
verpakkingsmateriaal betreft karton.

Voor de productie van 200 frames wordt een offerte uitgebracht van € 10.000 exclusief
21% omzetbelasting, die als volgt is samengesteld:

Productie frames	200 × € 36,50	€ 7.300
Orderkosten	4 uur × € 32	€ 128
Transportkosten		€ 272
Winstopslag		€ 2.300
Verkoopprijs		€ 10.000

Het productiebedrijf ontvangt op 3 maart de getekende opdrachtbevestiging.

Naast de standaardrekeningen worden de volgende grootboekrekeningen gebruikt:

Rekeningnummer	Naam
301	Voorraad aluminium
311	Te ontvangen aluminium (tegen inkoopprijs)
321	Prijsverschillen bij inkoop aluminium
535	Dekking bewerkingskosten productie frames
545	Dekking bewerkingskosten spuiterij
555	Dekking kosten verpakkingsmateriaal

Rekeningnummer	Naam
585	Dekking orderkosten
701	Voorraad frames
736	Afgeleverde frames
801	Kostprijs frames
811	Directe verkoopkosten (transportkosten)
830	Toeslag orderkosten

De directe kosten passeren rubriek 4. In rubriek 6 worden uitsluitend de grootboekrekeningen 660 Fabricagekosten en 670 Toegestane fabricagekosten gebruikt.

De volgende financiële feiten doen zich in april voor:

1. Op 2 april wordt de inkoopfactuur ontvangen voor de levering van 650 kg aluminium tegen een inkoopprijs van € 1,56 per kg exclusief 21% omzetbelasting.
2. Op 4 april wordt 650 kg aluminium afgeleverd in het magazijn. De vaste verrekenprijs is € 1,50 per kg.
3. Op 6 april wordt 640 kg aluminium afgeroepen door de productieafdeling.
4. Op 10 april wordt 10 kg aluminium afgeroepen door de productieafdeling, wegens productiefouten.
5. Op 16 april worden 200 frames afgeleverd aan het magazijn.
6. Uit het productierapport blijkt:
   a. Aan de order heeft het productiepersoneel 66 uur gewerkt tegen een uurtarief van € 27,50 voor de productie van de frames.
   b. Aan de order heeft het productiepersoneel 38 uur gewerkt tegen een manuurtarief van € 32,50 voor het spuiten van de frames.
   c. Voor de productie van de frames zijn 32 machine-uren verbruikt.
   d. Voor het spuiten van de frames zijn 38 machine-uren verbruikt.
   e. Voor het verpakken van de frames is 610 meter karton verbruikt.
7. De orderafdeling heeft 5 uur doorbelast aan de verkoopafdeling.
8. Op 18 april worden de 200 frames afgeleverd aan de klant door een transportbedrijf.
9. Op 19 april wordt de verkoopfactuur aan de klant verzonden.
10. Op 21 april wordt de factuur van het transportbedrijf ontvangen voor een bedrag van € 329,12 inclusief 21% omzetbelasting.
11. Op 30 april wordt het resultaat prijsverschillen bij inkoop van aluminium geboekt.

Gevraagd:
Welke journaalposten worden gemaakt van bovengenoemde financiële feiten?

Uitwerking:

1. De volgende journaalpost wordt op 2 april gemaakt van de ontvangst van de inkoopfactuur:

	311	Te ontvangen aluminium: 650 kg × € 1,56	€ 1.014	
	170	Te verrekenen OB: 21% × € 1.014	€ 212,94	
Aan	140	Crediteuren		€ 1.226,94

2. Op 4 april wordt de journaalpost geboekt van de ontvangst van het aluminium in het magazijn:

	301	Voorraad aluminium: 650 kg × € 1,50	€ 975	
	321	Prijsverschillen bij inkoop aluminium	€ 39	
Aan	311	Te ontvangen aluminium		€ 1.014

3. Op 6 april wordt de volgende journaalpost gemaakt van de afroep van het aluminium door de productieafdeling:

| | 660 | Fabricagekosten: 640 kg × € 1,50 | € 960 | |
| Aan | 301 | Voorraad aluminium | | € 960 |

4. Op 10 april wordt de volgende journaalpost gemaakt van de afroep van het aluminium door de productieafdeling:

| | 660 | Fabricagekosten: 10 kg × € 1,50 | € 15 | |
| Aan | 301 | Voorraad aluminium | | € 15 |

5. Op 16 april wordt van de aflevering van de frames in het magazijn de volgende journaalpost gemaakt:

| | 701 | Voorraad frames: 200 stuks × € 36,50 | € 7.300 | |
| Aan | 670 | Toegestane fabricagekosten | | € 7.300 |

6. De volgende journaalposten worden gemaakt met betrekking tot het productierapport:

   a. Van de directe lonen productie frames:

| | 660 | Fabricagekosten:
66 uur × € 27,50 | € 1.815 | |
| Aan | 240 | Tussenrekening lonen | | € 1.815 |

287

b. Van de directe lonen spuiterij frames:

	660	Fabricagekosten: 38 × € 32,50	€ 1.235	
Aan	240	Tussenrekening lonen		€ 1.235

c. Van de bewerkingskosten productie frames:

	660	Fabricagekosten: 32 uur x € 40	€ 1.280	
Aan	535	Dekking bewerkingskosten productie frames		€ 1.280

d. Van de bewerkingskosten spuiterij frames:

	660	Fabricagekosten: 38 uur x € 52	€ 1.976	
Aan	545	Dekking bewerkingskosten spuiterij frames		€ 1.976

e. Van het verbruik van verpakkingsmateriaal:

	660	Fabricagekosten: 610 meter x € 0,30	€ 183	
Aan	555	Dekking kosten verpakkingsmateriaal		€ 183

7. Van de doorbelasting van de uren van de orderafdeling wordt de volgende
   journaalpost gemaakt:

	830	Toeslag orderkosten: 5 uur x € 32	€ 160	
Aan	585	Dekking orderkosten		€ 160

8. Van de aflevering van de 200 frames aan de klant is op 18 april de volgende
   journaalpost gemaakt:

	736	Afgeleverde frames: 200 x € 36,50	€ 7.300	
Aan	701	Voorraad frames		€ 7.300

9. Van de verkoopfactuur zijn op 19 april de volgende journaalposten gemaakt:

	130	Debiteuren: € 10.000 × 121%	€ 12.100	
Aan	175	Verschuldigde OB: € 10.000 × 21%		€ 2.100
Aan	851	Opbrengst verkopen frames		€ 10.000
	801	Kostprijs frames: 200 x € 36,50	€ 7.300	
Aan	736	Afgeleverde frames		€ 7.300

10. Van de ontvangst van de factuur van het transportbedrijf op 21 april is de volgende journaalpost gemaakt:

	811	Directe verkoopkosten (transportkosten): € 329,12 × 100%/121%	€ 272	
	170	Te verrekenen OB: € 272 × 21%	€ 57,12	
Aan	140	Crediteuren		€ 329,12

11. Van het resultaat op prijsverschillen inkoop aluminium wordt de volgende journaalpost gemaakt:

| | 930 | Resultaat prijsverschillen | € 39 | |
| Aan | 321 | Prijsverschillen bij inkoop aluminium | | € 39 |

De totale ingekochte voorraad aluminium met betrekking tot deze verkooporder Is verbruikt, waardoor het saldo op de grootboekrekening 321 Prijsverschillen bij inkoop aluminium per eind april nihil is.

Aan het einde van de verslagperiode april jaar 1 maakt het hoofd administratie een analyse van deze incidentele order door de nacalculatorische kosten te vergelijken met de voorcalculatorische kosten. Het resultaat prijsverschillen op inkoop wordt meegenomen in deze analyse.

Gevraagd:
12. Hoeveel bedraagt de nagecalculeerde winst op deze order? Vul hiervoor onderstaand overzicht in:

Incidentele order			
	Nacalculatie	Voorcalculatie	Verschillen
Verbruik aluminium	€	€ 960	€
Directe lonen productie frames	€	€ 1.680	€
Directe lonen spuiterij frames	€	€ 1.200	€
Toeslag bewerkingskosten productie frames	€	€ 1.200	€
Toeslag bewerkingskosten spuiterij frames	€	€ 2.080	€
Toeslag kosten verpakkingsmateriaal	€	€ 180	€
Directe verkoopkosten	€	€ 272	€
Toeslag orderkosten	€	€ 128	€
Totale kosten	€	€ 7.700	€

Uitwerking:

12. De nagecalculeerde winst bedraagt: € 10.000 - € 7.935 = € 2.065

Incidentele order			
	Nacalculatie	Voorcalculatie	Verschillen
Verbruik aluminium	€ 1.014*	€ 960	- € 54
Directe lonen productie frames	€ 1.815	€ 1.680	- € 135
Directe lonen spuiterij frames	€ 1.235	€ 1.200	- € 35
Toeslag bewerkingskosten productie frames	€ 1.280	€ 1.200	- € 80
Toeslag bewerkingskosten spuiterij frames	€ 1.976	€ 2.080	€ 104
Toeslag kosten verpakkings- materiaal	€ 183	€ 180	- € 3
Directe verkoopkosten	€ 272	€ 272	€ 0
Toeslag orderkosten	€ 160	€ 128	- € 32
Totale kosten	€ 7.935	€ 7.700	- € 235

* € 975 (verbruik grondstof) + € 39 (prijsresultaat op inkoop aluminium).

16.3 Projectgeoriënteerde bedrijven en onderhanden projecten

16.3.1 Het aannemersbedrijf

Directe kosten Bij een aannemersbedrijf worden de volgende directe kosten onderscheiden:
- verbruik materiaal;
- directe lonen;
- werk derden (onder andere onderaannemers).

Daarnaast worden de indirecte kosten door middel van een opslagpercentage aan het project toegerekend (dit is de primitieve opslagmethode).

Voor de ontvangen opdrachten wordt een projectadministratie bijgehouden, waarin per opdracht een projectkaart wordt aangemaakt.

Projectkaart Een projectkaart kan er als volgt uitzien:

Projectnummer:			
	Nacalculatie	Voorcalculatie	Verschillen
Verbruik materiaal	€	€	€
Directe lonen	€	€	€
Werk derden	€	€	€
Opslag overheadkosten	€	€	€
Winst	€	€	€
Aanneemsom	€	€	€

Voorbeeld 16.2 Aannemersbedrijf

Een aannemersbedrijf heeft op 3 augustus jaar 1 een offerteaanvraag ontvangen voor de bouw van een bedrijfspand.

De offerte met nummer 1000420 wordt op 16 augustus jaar 1 aan de klant verzonden. Deze offerte is gebaseerd op de volgende voorcalculatie:

Verbruik materialen		€ 180.000
Directe lonen		€ 230.000
Uitbesteed werk		€ 90.000
		€ 500.000
Opslag overheadkosten:	12% × € 500.000	€ 60.000
		€ 560.000
Winstopslag:	30% × 560.000	€ 168.000
Offerteprijs exclusief 21% omzetbelasting		€ 728.000

Op 31 augustus jaar 1 wordt de getekende opdracht met nummer 1000420 ontvangen. De werkzaamheden starten op 1 december jaar 1 en de verwachte bouwtijd is 4 maanden.

Het aannemersbedrijf maakt naast de standaardrekeningen gebruik van de volgende grootboekrekeningen:

Rekeningnummer	Naam
134	Gedeclareerde termijnen
135	Contractdebiteuren
136	Ongerealiseerde winst op aangenomen projecten
138	Aangenomen projecten
302	Voorraad materialen
322	Prijsverschillen bij inkoop materialen
580	Overheadkosten
585	Dekking overheadkosten

De directe kosten passeren rubriek 4.

In rubriek 6 wordt uitsluitend gebruikgemaakt van grootboekrekening 640 Kosten projecten.

De grootboekrekening 148 Nog te ontvangen facturen wordt bijgehouden tegen de inkoopprijs.

Het aannemersbedrijf boekt intracomptabel de obligoverplichting van de ontvangen opdrachten. Deze obligoverplichting wordt bij het opleveren van de opdracht weer gestorneerd (teruggeboekt).

Het aannemersbedrijf houdt *geen* subadministratie bij van de onderhanden projecten. Wel wordt extracomptabel een projectkaart bijgehouden. De mutatie op de grootboek-rekening 716 Onderhanden projecten wordt telkens aan het einde van de verslagpe-riode in het memoriaal geboekt tegen de nagecalculeerde kosten. De dekking van de overheadkosten wordt aan het einde van de verslagperiode rechtstreeks geboekt op de grootboekrekening 716 Onderhanden projecten.

In december jaar 1 vinden met betrekking tot de bovengenoemde order de volgende financiële feiten plaats:

a. Op 2 december worden materialen met een inkoopprijs van € 120.800 exclusief 21% omzetbelasting rechtstreeks van de leverancier afgeleverd op de bouwplaats van project 1000420.

b. Op 4 december worden materialen uit het magazijn afgeleverd op de bouwplaats met projectnummer 1000420. De vaste verrekenprijs van deze materialen is € 14.600.

c. Op 6 december wordt de inkoopfactuur van de op 2 december geleverde materialen ontvangen.

d. Op 10 december worden materialen in het magazijn afgeleverd met een inkoopprijs van € 53.200 exclusief 21% omzetbelasting. De vaste verrekenprijs van deze materi-alen is € 54.000.

e. Op 12 december wordt met betrekking tot project 1000420 een factuur van een onderaannemer ontvangen voor € 39.200. De omzetbelasting is verlegd.

f. Op 14 december wordt de inkoopfactuur van de op 10 december geleverde materi-alen ontvangen.

g. Op 18 december wordt de eerste termijnfactuur van € 182.000 (25% van de aanneemsom) exclusief 21% omzetbelasting naar de opdrachtgever van project 1000420 gestuurd.

h. Op 31 december jaar 1 blijkt uit de loonadministratie dat voor een bedrag van € 72.900 is besteed aan project 1000420.

Gevraagd:

1. Welke journaalpost wordt op 31 augustus jaar 1 gemaakt van de ontvangst van de opdracht?

2. Welke journaalposten worden gemaakt van de financiële feiten in december jaar 1?

3. Welke journaalpost wordt per 31 december jaar 1 gemaakt van de overboeking van de onderhanden projecten naar de balans?

Uitwerking:

1. De volgende journaalpost wordt op 31 augustus jaar 1 in het memoriaal gemaakt van de ontvangst van de opdracht:

	135	Contractdebiteuren	€ 728.000	
Aan	136	Ongerealiseerde winst op aangenomen projecten		€ 168.000
Aan	138	Aangenomen projecten		€ 560.000

Met behulp van deze journaalpost blijkt intracomptabel de orderportefeuille van het aannemingsbedrijf.

2. De volgende journaalposten worden gemaakt van de financiële feiten in december jaar 1:

a. 2 december: aflevering materialen op de bouwplaats:

	640	Kosten projecten	€ 120.800	
Aan	148	Nog te ontvangen facturen		€ 120.800

b. 4 december: aflevering materialen uit magazijn:

	640	Kosten projecten	€ 14.600	
Aan	302	Voorraad materialen		€ 14.600

c. 6 december: ontvangst inkoopfactuur van de geleverde materialen:

	148	Nog te ontvangen facturen	€ 120.800	
	170	Te verrekenen OB: 21% × € 120.800	€ 25.368	
Aan	140	Crediteuren		€ 146.168

d. 10 december: ontvangst materialen in magazijn:

	302	Voorraad materialen	€ 54.000	
Aan	148	Nog te ontvangen facturen		€ 53.200
Aan	320	Prijsverschillen bij inkoop materialen		€ 800

Omdat de grootboekrekening 148 Nog te ontvangen facturen wordt bijgehouden tegen de inkoopprijs, wordt op dit moment het prijsverschil geboekt.

e. 12 december: ontvangst factuur onderaannemer:

	640	Kosten projecten	€ 39.200	
Aan	140	Crediteuren		€ 39.200

f. 14 december: ontvangst inkoopfactuur inzake geleverde materialen in magazijn:

	148	Nog te ontvangen facturen	€ 53.200	
	170	Te verrekenen OB: 21% × € 53.200	€ 11.172	
Aan	140	Crediteuren		€ 64.372

g. 18 december: verzending eerste termijnfactuur naar opdrachtgever:

	130	Debiteuren: € 182.000 × 121%	€ 220.220	
Aan	175	Verschuldigde OB: 21% × € 182.000		€ 38.220
Aan	134	Gedeclareerde termijnen		€ 182.000

h. 31 december: bestede lonen aan project 1000420:

	640	Kosten projecten	€ 72.900	
Aan	240	Tussenrekening lonen		€ 72.900

3. De volgende journaalpost wordt gemaakt van de overboeking van de onderhanden projecten naar de balans:

Project 1000420:	
Verbruik materiaal: € 120.800 + € 14.600	€ 135.400
Directe lonen	€ 72.900
Uitbesteed werk	€ 39.200
Totaal bestede directe kosten geboekt op 640	€ 247.500
Opslag overheadkosten: 12% × € 247.500	€ 29.700
Kosten onderhanden projecten	€ 277.200

	716	Onderhanden projecten	€ 277.200	
Aan	640	Kosten projecten		€ 247.500
Aan	545	Dekking overheadkosten		€ 29.700

Op 31 maart jaar 2 blijkt uit de projectkaart dat de volgende cumulatieve nacalculatorische kosten zijn besteed aan project 1000420. Tevens wordt op deze datum de laatste termijnfactuur gestuurd van € 182.000 exclusief 21% omzetbelasting.

De projectkaart ziet er op deze datum als volgt uit:

Projectnummer: 1000420			
	Nacalculatie	Voorcalculatie	Verschillen
Verbruik materiaal	€ 186.400	€ 180.000	€ 6.400 -
Directe lonen	€ 221.200	€ 230.000	€ 8.800 +
Werk derden	€ 101.500	€ 90.000	€ 11.500 -
Opslag overheadkosten	€ 61.092	€ 60.000	€ 1.092 -
Winst	€ 157.808	€ 168.000	€ 10.192 -
Aanneemsom	€ 728.000	€ 728.000	

Gevraagd:

4. Welke journaalpost wordt op 31 maart jaar 2 gemaakt van de overboeking van het onderhanden project 1000420 naar de balans?
5. Welke journaalpost wordt op 31 maart jaar 2 gemaakt van het verzenden van de laatste termijnfactuur?

Uitwerking:

4. De volgende journaalpost wordt op 31 maart jaar 2 gemaakt van de overboeking van het onderhanden project 1000420:

	716	Onderhanden projecten: € 570.192 - € 277.200	€ 292.992	
Aan	640	Kosten projecten: € 186.400 + € 221.200 + € 101.500 - € 247.500		€ 261.600
Aan	545	Dekking overheadkosten: € 61.092 - € 29.700		€ 31.392

5. De volgende journaalpost wordt op 31 maart jaar 2 gemaakt van het verzenden van de laatste termijnfactuur:

	130	Debiteuren: € 182.000 × 121%	€ 220.220	
Aan	175	Verschuldigde OB 21% × € 182.000		€ 38.220
Aan	134	Gedeclareerde termijnen		€ 182.000

Het project 1000420 wordt op 2 april jaar 2 opgeleverd.

Gevraagd:

6. Welke journaalposten worden op 2 april jaar 2 gemaakt van het opleveren van het project 1000420?

Uitwerking:

6. De volgende journaalpost wordt gemaakt van het opleveren van het project 1000420:

	800	Kostprijs opgeleverde projecten	€ 570.192	
Aan	716	Onderhanden projecten		€ 570.192

En vanwege de realisatie van de opbrengst:

	134	Gedeclareerde termijnen	€ 728.000	
Aan	850	Opbrengst opgeleverde projecten		€ 728.000

En vanwege de stornoboeking van het obligo:

	136	Ongerealiseerde winst op aangenomen projecten	€ 168.000	
	138	Aangenomen projecten	€ 560.000	
Aan	135	Contractdebiteuren		€ 728.000

16.3.2 Het accountantskantoor en het administratiekantoor

In het verleden werd bij een accountants- en administratiekantoor gewerkt op regiebasis, waarbij ieder aan een opdracht besteed uur gefactureerd werd aan de klant. In de praktijk wordt dit 'uurtje-factuurtje' genoemd.

Het uurtarief per medewerker werd hierbij als volgt berekend:

$$\text{Uurtarief per medewerker} = \frac{\text{brutoloon + overige personeelskosten op jaarbasis}}{\text{Aantal directe uren op jaarbasis}}$$

Het factureertarief wordt als volgt bepaald:
Uurtarief per medewerker   €
Opslag overheadkosten   €
Winstopslag   € ____ .
     €

Het beheersen van de kosten in het 'productieproces' van het accountantskantoor is met name gericht op de productiviteit van de medewerkers.

Tegenwoordig werken accountantskantoren en administratiekantoren voornamelijk op basis van aanneemsommen, waarbij de opdrachtgever een vast bedrag betaalt voor de uit te voeren werkzaamheden en waarbij eventueel meerwerk op regiebasis uitgevoerd wordt.

Voor accountantskantoren zal ook een projectadministratie gevoerd worden.

Voorbeeld 16.3 accountantskantoor met regiewerk

Een accountantskantoor hanteert voor zijn medewerkers drie tarieven:

	Accountant	Groepsleider	Assistent
Productiviteitseis	70%	90%	95%
Uurtarief per medewerker	€ 90	€ 30	€ 20
Opslag overheadkosten 30%	€ 27	€ 9	€ 6
Winstopslag 100%	€ 117	€ 39	€ 26
Factureertarief	€ 234	€ 78	€ 52

Naast de standaardrekeningen maakt het accountantskantoor gebruik van de volgende grootboekrekeningen:

404 Doorberekende directe lonen

575 Doorberekende overheadkosten

670 Kosten samenstellen jaarrekening

717 Ongerealiseerde winst in onderhanden projecten

801 Kosten samenstellen jaarrekening

851 Opbrengsten samenstellen jaarrekening

De onderhanden projecten worden aan het eind van iedere verslagperiode (maandelijks) op de balans opgenomen tegen het factureertarief. Zodra de opdracht is afgerond (dit is bij facturering van de opdracht) worden de bedragen vanuit de onderhanden projecten overgeboekt naar rubriek 8.

Het accountantskantoor ontvangt op 4 januari van jaar 10 een regieopdracht van een klant tot het samenstellen van de jaarrekening over het jaar 9. De jaarrekening moet op 28 februari jaar 10 bij de bank liggen vanwege een financieringsaanvraag. De werkzaamheden starten daarom op 20 januari jaar 10. Voor deze opdracht worden 2 assistenten, 1 groepsleider en de accountant ingepland.

Uit de urenverantwoording van januari blijkt de volgende besteding van uren voor deze opdracht:

Accountant	2 uur
Groepsleider	10 uur
Assistent 1	40 uur
Assistent 2	56 uur

Gevraagd:

1. Welke journaalpost wordt gemaakt van de doorberekende directe lonen naar de opdracht in januari?

2. Welke journaalpost wordt gemaakt van de onderhanden projecten per 31 januari?

Uitwerking:

1. De volgende journaalpost wordt gemaakt van de doorberekende directe lonen naar de opdracht in januari:

	670	Kosten samenstellen jaarrekening: 2 × € 90 + 10 × € 30 + 40 × € 20 + 56 × € 20	€ 2.400	
Aan	404	Doorberekende directe lonen		€ 2.400

2. De volgende journaalpost wordt gemaakt van de onderhanden projecten per 31 januari:

	716	Onderhanden projecten: 2 × € 234 + 10 × € 78 + 40 × € 52 + 56 × € 52	€ 6.240	
Aan	670	Kosten samenstellen jaarrekening		€ 2.400
Aan	575	Doorberekende overheadkosten: 2 × € 27 + 10 × € 9 + 40 × € 6 + 56 × € 6		€ 720
Aan	717	Ongerealiseerde winst in onderhanden projecten: 2 × € 117 + 10 × € 39 + 40 × € 26 + 56 × € 26		€ 3.120

De jaarrekening wordt op 27 februari na de bespreking aan de klant overhandigd.

Uit de urenverantwoording van februari blijkt de volgende besteding van uren voor deze opdracht:

Accountant	6 uur
Groepsleider	16 uur
Assistent 1	20 uur
Assistent 2	96 uur

Op 7 maart wordt de verkoopfactuur inclusief 21% omzetbelasting aan de klant gestuurd.

Gevraagd:

3. Welke journaalpost wordt gemaakt van de doorberekende directe lonen aan de opdracht in februari?
4. Welke journaalpost wordt gemaakt van de onderhanden projecten per 28 februari?

5. Welke journaalpost wordt op 7 maart gemaakt van de verzonden verkoopfactuur?

Uitwerking:

3. De volgende journaalpost wordt gemaakt van de doorberekende directe lonen aan de opdracht in februari:

	670	Kosten samenstellen jaarrekening: 6 × € 90 + 16 × € 30 + 20 × € 20 + 96 × € 20	€ 3.340	
Aan	404	Doorberekende directe lonen		€ 3.340

4. De volgende journaalpost wordt gemaakt van de onderhanden projecten per 28 februari:

	716	Onderhanden projecten: 6 × € 234 + 16 × € 78 + 20 × € 52 + 96 × € 52	€ 8.684	
Aan	670	Kosten samenstellen jaarrekening		€ 3.340
Aan	575	Doorberekende overheadkosten: 6 × € 27 + 16 × € 9 + 20 × € 6 + 96 × € 6		€ 1.002
Aan	717	Ongerealiseerde winst in onderhanden projecten: 6 × € 117 + 16 × € 39 + 20 × € 26 + 96 × € 26		€ 4.342

5. De volgende journaalpost wordt op 7 maart gemaakt van de verzonden verkoopfactuur:

	130	Debiteuren: (€ 6.240 + € 8.684) × 121%	€ 18.058,04	
Aan	175	Verschuldigde OB: (€ 6.240 + € 8.684) × 21%		€ 3.134,04
Aan	851	Opbrengsten samenstellen jaarrekening		€ 14.924

En

	801	Kosten samenstellen jaarrekening	€ 7.462	
	717	Ongerealiseerde winst in onderhanden projecten: € 3.120 + € 4.342	€ 7.462	
Aan	716	Onderhanden projecten		€ 14.924

Voorbeeld 16.4 accountantskantoor met aanneemsom

Een accountantskantoor hanteert voor zijn medewerkers drie tarieven:

	Accountant	Groepsleider	Assistent
Productiviteitseis	70%	90%	95%
Uurtarief per medewerker	€ 90	€ 30	€ 20
Opslag overheadkosten 30%	€ 27	€ 9	€ 6
Winstopslag 100%	€ 117	€ 39	€ 26
Factureertarief	€ 234	€ 78	€ 52

Naast de standaardrekeningen maakt het accountantskantoor gebruik van de volgende grootboekrekeningen:

404 Doorberekende directe lonen

670 Kosten samenstellen jaarrekening

680 Doorberekende kosten samenstellen jaarrekening

717 Ongerealiseerde winst in onderhanden projecten

801 Kosten samenstellen jaarrekening

851 Opbrengsten samenstellen jaarrekening

De onderhanden projecten worden aan het eind van iedere verslagperiode (maandelijks) op de balans opgenomen tegen nagecalculeerde uren keer het factureertarief. Aan het begin van de volgende verslagperiode worden de onderhanden projecten weer teruggeboekt naar rubriek 5 en 6. Bij de facturatie van de opdracht worden de voorcalculatorische kosten in rubriek 8 geboekt.

Het accountantskantoor ontvangt op 4 januari een offerteaanvraag van een klant tot het samenstellen van de jaarrekening over het afgelopen jaar. Het accountantskantoor offreert een bedrag van € 14.144 exclusief omzetbelasting aan de klant gebaseerd op de volgende voorcalculatie:

Uren accountant	8 uur × € 234	€ 1.872
Uren groepsleider	24 uur × € 78	€ 1.872
Uren assistenten	200 uur × € 52	€ 10.400
		€ 14.144

De jaarrekening moet op 28 februari bij de bank liggen vanwege een financieringsaanvraag. De werkzaamheden starten daarom op 20 januari. Voor deze opdracht worden 2 assistenten, 1 groepsleider en de accountant ingepland.

Uit de urenverantwoording van januari blijkt de volgende besteding van uren voor deze opdracht:

Accountant	2 uur
Groepsleider	10 uur
Assistent 1	40 uur
Assistent 2	56 uur

Gevraagd:

1. Welke journaalpost wordt gemaakt van de doorberekende directe lonen aan de opdracht in januari?
2. Welke journaalpost wordt gemaakt van de onderhanden projecten per 31 januari?

Uitwerking:

1. De volgende journaalpost wordt gemaakt vanuit de urenverantwoording van januari:

	670	Kosten samenstellen jaarrekening: 2 × € 90 + 10 × € 30 + 40 × € 20 + 56 × € 20	€ 2.400	
Aan	404	Doorberekende directe lonen		€ 2.400

2. De volgende journaalpost wordt gemaakt van de onderhanden projecten per 31 januari:

	716	Onderhanden projecten: 2 × € 234 + 10 × € 78 + 40 × € 52 + 56 × € 52	€ 6.240	
Aan	670	Kosten samenstellen jaarrekening		€ 2.400
Aan	505	Doorberekende indirecte kosten: 2 × € 27 + 10 × € 9 + 40 × € 6 + 56 × € 6		€ 720
Aan	717	Ongerealiseerde winst in onderhanden projecten: 2 × € 117 + 10 × € 39 + 40 × € 26 + 56 × € 26		€ 3.120

De jaarrekening wordt op 27 februari na de bespreking aan de klant overhandigd.

Uit de urenverantwoording van februari blijkt de volgende besteding van uren voor deze opdracht:

Accountant	6 uur
Groepsleider	16 uur
Assistent 1	20 uur
Assistent 2	96 uur

Op 7 maart wordt de verkoopfactuur inclusief 21% omzetbelasting aan de klant gestuurd.

Gevraagd:

3. Welke journaalpost wordt op 1 februari gemaakt van de terugboeking van het onderhanden project?

4. Welke journaalpost wordt gemaakt van de doorberekende directe lonen aan de opdracht in februari?
5. Welke journaalpost wordt gemaakt van de onderhanden projecten per 28 februari?
6. Welke journaalpost wordt op 1 maart gemaakt van de terugboeking van het onderhanden project?
7. Welke journaalpost wordt op 7 maart gemaakt van de verzonden verkoopfactuur?
8. Hoeveel bedraagt de voorcalculatorische winst in rubriek 8?
9. Hoeveel bedraagt het fabricageresultaat in rubriek 6? Geef aan of dit resultaat positief of negatief is.

Uitwerking:
3. De journaalpost van de terugboeking van het onderhanden project per 1 februari is als volgt:

	670	Kosten samenstellen jaarrekening	€ 2.400	
	505	Doorberekende indirecte kosten	€ 720	
	717	Ongerealiseerde winst in onderhanden projecten	€ 3.120	
Aan	716	Onderhanden projecten		€ 6.240

4. De volgende journaalpost wordt gemaakt vanuit de urenverantwoording van februari:

| | 670 | Kosten samenstellen jaarrekening: 6 × € 90 + 16 × € 30 + 20 × € 20 + 96 × € 20 | € 3.340 | |
| Aan | 404 | Doorberekende directe lonen | | € 3.340 |

5. De volgende journaalpost wordt gemaakt van de onderhanden projecten per 28 februari:

	716	Onderhanden projecten: 8 × € 234 + 26 × € 78 + 60 × € 52 + 152 × € 52	€ 14.924	
Aan	670	Kosten samenstellen jaarrekening: € 2.400 + € 3.340		€ 5.740
Aan	505	Doorberekende indirecte kosten: 8 × € 27 + 26 × € 9 + 60 × € 6 + 152 × € 6		€ 1.722
Aan	717	Ongerealiseerde winst in onderhanden projecten: 8 × € 117 + 26 × € 39 + 60 × € 26 + 152 × € 26		€ 7.462

6. De journaalpost van de terugboeking van het onderhanden project per 1 maart is als volgt:

	670	Kosten samenstellen jaarrekening	€ 5.740	
	505	Doorberekende indirecte kosten	€ 1.722	
	717	Ongerealiseerde winst in onderhanden projecten	€ 7.462	
Aan	716	Onderhanden projecten		€ 14.924

7. De volgende journaalpost wordt op 7 maart gemaakt van de verzonden verkoopfactuur:

	130	Debiteuren: € 14.144 × 121%	€ 17.114,24	
Aan	175	Verschuldigde OB: € 14.144 × 21%		€ 2.970,24
Aan	851	Opbrengsten samenstellen jaarrekening		€ 14.144

En

	801	Kosten samenstellen jaarrekening	€ 7.072	
Aan	680	Doorberekende kosten samenstellen jaarrekening: 8 × € 90 + 24 × € 30 + 200 × € 20		€ 5.440
Aan	505	Doorberekende indirecte kosten: 8 × € 27 + 24 × € 9 + 200 × € 6		€ 1.632

8. De voorcalculatorische winst in rubriek 8 bedraagt € 7.072 en kan als volgt bepaald worden:

851	Opbrengst samenstellen jaarrekening	credit	€ 14.144
801	Kosten samenstellen jaarrekening	debet	€ 7.072
Voorcalculatorische winst			€ 7.072

9. Het resultaat in rubriek 6 bedraagt negatief € 300 en kan als volgt bepaald worden:

670	Kosten samenstellen jaarrekening	debet	€ 5.740
680	Doorberekende kosten samenstellen jaarrekening	credit	€ 5.440
Negatief resultaat			€ 300

Het verschil met de winst van het voorgaande voorbeeld (regiewerk) kan als volgt verklaard worden:

Behaalde winst in voorgaande voorbeeld	€ 7.462
Voorgecalculeerde winst in dit voorbeeld	€ 7.072
Lagere winst	€ 390

Misgelopen winstopslag op uren medewerkers:	
100% × (€ 5.740 - € 5.440)	€ 300
Misgelopen winstopslag op doorberekende overheadkosten:	
100% × (€ 1.722 - € 1.632)	€ 90
Lagere winst	€ 390

Index